迎向現實人間

聖嚴法師的倫理思想與實踐

林其賢———著

【代序】

從現實人生出發的倫理關懷

一、佛教現代化的核心：倫理重建

　　百年來中國現代化歷程從洋務、維新、新文化運動到今天，在器物層面的問題大抵處理完成，在制度層面似亦大致底定，唯在理念層次尚有對焦失準的問題，於是對整個世界感覺模糊而零亂。這實在是非常弔詭的事：走過了「整體性反傳統」❶的階段，才體認到傳統與現代的雙向交流關係：不但傳統影響了我們對現代的認識，現代也影響了我們對傳統的認識。同樣的，器物、制度、理念三層級的關係也不是單向的從心到物或從物到心，在心、物以及心物之間的規則三者間，恆是相互作用的影響關係。檢視佛教在中國現代化的參與歷

---

❶　「totalistic antitratitionallism」語出林毓生所著：*The Crisis of Chinese Consciousness*（《中國意識的危機》，臺北：全國出版社，1981 年 3 月）。

程，佛教應有哪些調整？佛教傳統對中國整體社會的現代化事業能夠提供哪些資源？

現代化的主要特徵是理性、除魅、世俗化、市民倫理的形成……。舍勒（Scheler, Max）稱此現代現象為一「總體轉換」，包括社會制度層面，國家組織、法律制度、經濟制度的結構轉換和精神氣質，體驗結構的結構轉變。而劉小楓則把現代性問題概括為社會秩序和人心秩序之正當性基礎的重新論證。❷也就是說，現代化的核心在於社會秩序和人心秩序的重新安位。

我國文化傳統中宗教地位從來都在政治之下，因此沒有宗教退位和解魅的問題，但宗教或者宗教師在當今社會的基本定位則確實在提供生命意義與價值的思考。生命意義及其在平常生活中的價值體驗，就是倫理學的內涵。齊格蒙·鮑曼（Bauman, Zygmunt）指出，「倫理學是哲學家、教育家和宗教師所關注的問題。當談及人們對待自己和對待他人的方式時，他們實際上是在發表關於倫理方面的論述」❸，聖嚴法師亦自覺地以此為主軸。早年閉關高雄山中，主要著力

---

❷ 參見：劉小楓選編，〈編者導言〉，《舍勒選集》（上海：三聯書店，1999 年 1 月）。

❸ 齊格蒙·鮑曼（Zygmunt Bauman）著，郁建興等譯，《生活在碎片之中：論後現代道德》（上海：學林出版社，2002 年 10 月），頁 1。

於佛教內部興革的檢討，而後留學日本、弘化西方，再從禪修推廣與學術研究中找到綰合內外的關鍵，於是有「提昇人的品質、建設人間淨土」，以及後來的「心靈環保」、「心五四」、「心六倫」的提出。

這些理念的落實便成為聖嚴法師的佛教志業，主要開展為法鼓山的相關體系。法鼓山發展約略可分為三個階段，三階段所呈現出來的角色形象，足以引來象徵聖嚴法師倫理思想的特色。

聖嚴法師於一九七七年自美返臺，爾後奉東初老人遺命承繼中華文化館及農禪寺法業。兩處道場約有信眾百人維持著基本的規模。翌年一九七八年起開始定期舉辦禪七，推展禪法。嗣後雖有佛學研究所之辦理招生、開展佛教高等教育事業等舉措，但社會大眾主要印象為農禪寺乃禪修道場。

一九八九年，因佛學研究所、農禪寺用地受限關渡平原建築法規問題，於是有金山地區法鼓山創建因緣。而法鼓山建設的組織發展與臺灣的社會經濟發展恰正同步，聖嚴法師以其獨特的宗教體驗與弘化方便，因應社會大眾需求而開展了一系列人間淨土的教學，並以關懷為核心發展法鼓山組織。加上法鼓山購買土地時雙方〈大悲咒〉因緣與法師少年沙彌生活的觀音信仰體驗結合。此時所串連起的大眾印象是：法鼓山是觀音道場。

　　二○○四年，聖嚴法師一方面爲解決傳承禪宗曹洞宗、臨濟宗法脈的名稱問題，再方面也爲使多年來的教學理想落實於建立僧團教團以爲佛法永續的堅實核心，於是有「中華禪法鼓宗」的建立。這時，法鼓山成爲漢傳禪佛教的宗派道場。❹

　　「禪修道場」，修學者習禪而爲禪修者。「觀音道場」，則修學者學做觀音而爲菩薩，雖只是凡夫菩薩、嬰兒菩薩。「宗派道場」，則修學者爲漢傳禪佛教的徒眾。從禪修道場到觀音道場，再從觀音道場到建立宗派，禪者、觀音、宗派，這三個角色形象，指涉了修學者的進修歷程，也極具象徵性地呈顯出聖嚴法師倫理思想教學與實踐的特色來。

　　禪修者的學習基模是孤立自我、照顧自我、關心自我，期以自立；以觀音爲代表的菩薩則表現出關懷他人、同情心、同理心的助人利他。但是這兩個階段雖然有自利、利他的區別，和第三階段的宗派比較起來，又有個體和群體的區別。觀音形象的菩薩關懷雖然已經推己及人從自我而及於他人，但這種關懷仍然是個別的，因此仍然是一種「初級的」社會關係而不是「次級的」

---

❹ 這個時間點有二，二○○四年對僧團內部講說，二○○六年刊布於《法鼓》雜誌。

社會體制。從群體治理的關係來理解就是：第二階段仍然是人治，要到第三階段才是法治的層次。

從照顧自己的禪者發展到關懷他人的菩薩，需要轉換的是立場改變的思維習性，必得養成了以對方立場為立場的思考才算是成熟的關懷者。當今各社會學科所提倡的，如管理學的「消費者中心」、「行銷導向」，教育學的「學生導向」、「學習者中心」，都是在說明這種思維立場的轉換。

但如果只停留在這個階段，就算這個團體的人數再多，由於維繫的主軸是變動性流動性最大的「人」際關係，因此不容易穩定維持。佛已入滅、法亦無言，佛教在現實世間的弘揚與傳播靠的確實是人，是人能弘道，是人在弘法。但是人又是無常中的無常，弘道的責任因此不能由獨立的個別的僧人修行者來承擔，而是由整體的僧團修行團體來承擔，所以說「鐵打的常住，流水的僧」，用相對穩定的團體來穩固住個別流動的散失。這是為何需要建立佛教組織的原因所在。而團體的穩定性建立在制度與軌則。

二、以心靈環保建設人間淨土

制度是人建立的，什麼品質的人就會創設出什麼品質的制度來；制度建立後又回過頭來約制個人，什麼品

質的制度就會形塑出什麼品質的人來。人心秩序的收拾
與社會秩序的收拾成爲雙向的建構關係。但是這兩種秩
序從何開始著手建構呢？

　　劉小楓指出，人心秩序、心態氣質是世界的價值序
的主體方維，心態氣質、體驗結構的現代轉型比社會政
治經濟制度的歷史轉型更爲根本。因爲一旦體驗結構的
品質發生轉變，對世界之客觀的價值秩序之理解必然會
產生根本性的變動。他引申舍勒的主張：人心秩序、精
神氣質或體驗結構，是一個實質價值的偏愛系統，給時
代倫理和文化共同體的倫理打上印記；如此一來，具體
的、實際的價值偏愛就構成了生活中價值優先判斷的規
則、倫理，進而規定了這個文化共同體，或其中的個體
的世界觀的結構和內涵。❺就是從「人心秩序是給時代
和文化共同體的倫理打上印記」，於是人心秩序取得了
比社會秩序優先的地位。

　　這裡我們可以回答前面的提問：有什麼不變的「常
經」是我們可以據以做爲去取增補的判準？答案有兩
個，第一個答案是「沒有」，因爲沒有什麼是堅實不變
的眞理；第二個答案是「有」，那就是最日常、最一般

---

❺　見：劉小楓選編，〈編者導言〉，《舍勒選集》（上海：三聯書店，
　　1999 年 1 月）。

普遍感知的道德直覺。只有第一個答案會掉入懷疑論或
虛無主義裡，只有第二個答案則又會把道德直覺誤會成
真理。道德直覺，或稱良心、良知、人性、佛性……，
不是真理，但卻是人類倫理共許的最大公約數，由此建
立起倫理意識的公理法則，再發展出具體的倫理規則。

因此，提倡心靈環保、重視心靈並非唯心主義，重
視心靈而輕忽甚至取消了知識、技術、器物、制度，才
是唯心。天台家說：「為實施權，則權含于實；開權顯
實，則實融于權。」❻飄動的人心人性、抽象的真理實
相，這些都不是一個現成的東西，而是需要從事實經驗
中才能具體呈現。不是單向地把人心秩序調整再據以安
排社會秩序，也不是安排好社會秩序再來安頓人心；人
心秩序與社會秩序是在相互支持中相互成就。

人心秩序是關於倫理意識結構的重整，社會秩序
是倫理制度結構的重整，這兩部分在佛的教說中，即為
「法」與「律」的建立。「法」，是對世界的說明和如
何面對世界的指導，屬真理的言說；「律」，則是規範
個人行為的戒和規範團體生活軌則的律，除了道德勸
說，也帶有強制處置的性質。規範團體生活軌則的律，
是組織倫理學討論的範圍；規範個人行為的戒包括消

❻ 《教觀綱宗》卷1，《大正藏》第46冊，頁937上。

極底線要求的「不傷害他人」和積極主動的「利益他人」，則主要是德行倫理學和關懷倫理學討論的範圍。

太虛大師依據我們所面對的時代特質，如科學、理性、民主、法治等元素，揭櫫了「現實的人生化、證據的科學化、組織的群眾化」三策略，為當代佛教的現代化運動指出了方向，從此而有「人生佛教」、「人間佛教」的一步步開展。

聖嚴法師創建宗派道場，試圖建構僧俗四眾合作可長可久的組織體系，深化了太虛大師「組織群眾化」的方向；教導學習觀音學當菩薩、傾聽他人關懷社會，延續了太虛大師「現實人生化」的方向；加上創辦佛學研究所、佛教研修學院等高等教育機構，以佛教學術化來深化太虛大師「證據科學化」的方向。這些都是佛教倫理的新詮釋，也都是佛教倫理的實踐。❼

聖嚴法師的思想主軸為倫理關懷，而其思想性格又有極為明顯的現實感，對社會趨勢與當前議題都有十分貼近的觀察與掌握。他曾說：「我不考慮五十年後的人

❼ 聖嚴法師曾對佛教倫理學的內涵有此說明：「倫理學是研究人類的責任或義務的科學，那麼，衡之於佛教的整個內容及其全部精神，無非是為了倫理學的配置而作的設施。全部教理的開展，乃係理論的倫理學；一切教儀的遵行，乃係實踐的倫理學。」《學佛知津》，《法鼓全集》05-04（指：第五輯第四冊，以下《法鼓全集》簡寫同此），頁 35。

是否要看我的文章，我關心的是現代人需要什麼。因為
後來者自然有不同於我們現在的語彙和需要，也自然有
人會去滿足新的需求，不必是我。」❽而他對佛教的推
廣與弘揚，是期望能落實到社會每一角落都能接受佛教
的倫理。❾

　　這樣的思想特性，在學科上從應用倫理學來描述最
為相應。因為應用倫理學就是對目前現在人類社會所面
臨的重要問題做倫理描述、分析及建構的知性活動。❿

---

❽　聖嚴法師，《歡喜看生死》，《法鼓全集》08-10，頁 60。
❾　聖嚴法師對佛教倫理的本質曾表示：「佛教倫理，除了戒律，別無其
　　他，唯有社會每一角落都能接受佛教的戒律，佛法才能推廣，否則只是
　　空口說白話，佛教便與社會脫節了。」（見：〈適應時空的菩薩戒
　　會〉，《菩薩戒指要》，《法鼓全集》01-06，頁 154）可見其思想是以
　　實用、普遍見長。
❿　有關應用倫理學的學科性質以及它和規範倫理學的關係，學界有許多澄
　　清和討論；葉保強曾說明應用倫理學的性質，指出：「對當前社會所面
　　臨這些重要問題的倫理面，進行經驗研究是社會學家的工作，而對此
　　進行規範及觀念的研究則是哲學家的工作，兩者都屬於應用倫理學的範
　　圍。」見：葉保強，〈有關應用倫理學的誤解與迷思〉，《應用倫理研
　　究通訊》第 29 期（中壢：國立中央大學哲學研究所應用倫理研究室，
　　2004 年 2 月），頁 24-29。生命倫理學家邱仁宗則說明生命倫理學的性
　　質，主張：「生命倫理學是要問，在有關生命科學技術和醫療保健的問
　　題上，我們應該做什麼和我們應該如何做？它是對科學技術行動的規
　　範，將科學技術的研究及其成果的應用引向有利於人類的方向。生命倫
　　理學不謀求建立體系，而是要圍繞問題來研究。」把邱仁宗所稱的「生
　　命倫理學」擴大改為「應用倫理學」也是適用的。另可參見甘紹平，
　　〈有關「應用倫理學」這一概念的種種誤解〉，《應用倫理學前沿問題

可就其倫理思想與實踐爲範圍，探討其思想特色與規畫實踐，從其實踐軌跡中尋繹倫理關懷之核心準則，並探究其在面對社會發展問題的具體回應。

三、人間淨土思想的階段總結

聖嚴法師在〈印順長老的佛學思想〉中提到：「他（印順長老）的著作太多，涉及的範圍太廣，因此使得他的弟子們無以爲繼，也使他的讀者們無法辨識他究竟屬於那一宗派。」⓫ 這個說法亦可做爲聖嚴法師的自況。也許是出於這樣的顧慮吧，法師因此也不斷地自述思想主軸、核心理念。但要從已經出版的百冊龐大著作以及仍然不斷出版的書籍、不斷播出的節目談話、不斷發表的時事評議……中清晰掌握法師思想脈絡，仍需要繼續長期努力。

面對二十一世紀人類社會，聖嚴法師選擇創設「漢傳禪佛教法鼓宗」做爲弘揚佛法與延續漢傳佛教傳統的鎮石，這是內修爲禪佛教，外顯則呈現爲「人間淨土」、「心靈環保」等理念，並衍生爲「心五四」、「心六倫」等社會運動及「三大教育」的廣大志業。從

研究》（南昌：江西人民出版社，2002 年 10 月），頁 5-13。
⓫ 〈印順長老的佛學思想〉，《評介·勵行》，《法鼓全集》03-06，頁
70。

這條主線來理解聖嚴法師在佛教現代化運動中的倫理建
設，大致發現有幾個特點：

（一）入世取向的再確認

　　聖嚴法師所開展的法鼓宗核心教學有人間淨土和
禪佛教，但兩者的內涵是否完全相容？歷史上禪者的離
世取向始終是存在的，因此「人間淨土」和「禪佛教」
的內在元素就難免有優位抉擇的問題。我們發現：聖嚴
法師把「慈悲」設定為最後目的，終極取向是慈悲而不
是解脫，因此人間淨土的核心教法和解脫道的相對關係
得以確認。人間淨土雖也強調禪修、強調智慧以解脫煩
惱，同時也講出離心以免落入世俗，但是關懷世界的入
世取向是無可懷疑的。

　　這樣的取向並不是只把「世界」當作不得已的中間
「過渡」過程，而是從開始到最後都不離開的歷程。聖
嚴法師曾說明以漢傳佛教為立足點吸收其他各系傳承教
法的範例，如：太虛大師以宗喀巴大師的下士道、中士
道、上士道教判次第為藍本，也推出了五乘共學、三乘
共學、大乘不共學的三個次第。在結構上看似相同，但
是這兩種教法的精神卻是不同的。聖嚴法師指出：

　　　　藏傳佛教是以下士道及中士道作為上士道的基

礎，上士道才是其終極。可是，太虛大師卻是以人的立場出發，又回到人的本位，所以主張「人成即佛成」，主張「人生佛教」，主張「建設人間淨土」，這種以人為本位的思想，就不是藏傳佛教的觀點了，乃是道道地地屬於漢傳佛教的特色。❷

　　把宗教修學的起點設定在人間（起信），把修學的終點設定在人間（成佛），而修學歷程也始終不離人間（學法）。這是對「煩惱即菩提」、「不離世間覺」取向的人間教法的再一次肯認。於是修學主軸才能從「捨離世間」轉換為「在世間學」。涅槃、寂滅等佛教根本教法仍然是存在著，但那是終極目標，佛教教導的重心與比重已經移轉到世間來。仍要放下、仍會有取捨，但要放下捨離的是負面的情緒／情感、負向的觀念思維與習性，而不是對整個世界的遺棄。「出世」仍是必須的，但是已經意謂著是將世界的不善不淨調整改變以提昇世界，而不是離棄世界了。「放下、無住、不執著」的教法自然是正確的，但卻不是第一著，在放下的「捨」之前，還有慈、悲，還有喜。

❷　〈序《太虛菩薩藏》──《太虛菩薩藏》是漢傳佛教新活力的泉源〉，《書序 II》，《法鼓全集》03-10，頁 103-104。

　　就像布施教學的層次一樣，在布施的習性尚未養成以前，是沒有所謂的「有相布施」。有相布施是要和無相布施做出區分來的相對概念，而在布施的習性尚未養成以前，要區分的相對概念是「布施」和「不布施」。「無相布施」的重點在布施而「不執著」，這是要和布施而「執著」做出區分。但對沒有布施習性的人來說，主要的是要養成「布施」的習性以對治「不布施」的習性，在尚未養成布施習性就高談「無相布施」，多是會將「無相布施」理解為「不執著」於布施，甚至一再流衍異化為「不必執著布施」、「不必布施」。因此，著重教學應有層次的善巧安排，才不會在尚未培養正向的情感便談超越情感，以致有落入虛無主義的疑慮。

　　由於有這個面向人間的基本肯認，因此重視人世倫常、重視人世倫常所憑依的自我與情感、重視人世倫常秩序的規制……等才得以開展成立。「人間淨土」顯示出：佛教的「道場」不單指的是叢林，也不單指的是禪堂佛殿，而更指的是日常生活，日常生活既是佛法倫理實踐的初始的場域，也是最後的場域。佛法的啟蒙從這裡起，佛法修為的檢驗也在這裡。

（二）正視情緒的存在，肯定情感的價值

　　法師指出：佛法，並非反對感情生活，而是要

指導我們如何過合理合法的感情生活。他認為善於處理感情問題而過正當的感情生活，就是修行佛法的開始。修行佛法是一種宗教生活，是一種宗教教育，從情意的發展來說，宗教教育的目的雖然在於培養宗教情操，但也必須從虔誠心恭敬心的激發開始，以生起神聖感與莊嚴感。

肯定了情緒、情感的功能，在修學的安排因此必須先是向著「有情」而不是無情，是要體驗對人的關懷與關愛，而不是平等無私的愛。平等的愛是最高境界，工夫不到只會學成「無情」、「不愛」。

對情緒與情感功能的肯定，並且確立了終極目標的慈悲是情感的提昇，也確立了中間過程是向著有「情」而提昇。這就肯定了最高目標的慈悲和初始的情緒、中間的情感的直接關聯。不管對「愛」、「情」的內涵如何定義，只要確立慈悲是從有條件的愛而至無條件的愛，再從有我的愛而至無我的愛，這就肯定了慈悲是情感家族的一分子。而不論在修學歷程中，質地方面是否產生變化，太上忘情也罷、太上無情也好、超越情感也行，慈悲確確實實是從情感、從關愛中提昇的。這也就又肯定了情緒、情感的角色與功能。

不分階段不分層次就要把所有的情緒情感一概捨

離，這是一種躐等也就容易形成誤會。修學者講求捨情捨愛，卻連最基本的正向負向情緒都無法分辨覺察，於是把冷漠當放下、把無情當出離、把疏離當不攀緣、把麻木不在乎當超越、把沒有感覺當客觀、把不敢承擔不能堅持不敢拒絕當成不執著。修學解脫道，以出離為首出的姑不論；大乘行者、人間淨土行者，如果連關懷、同情、同理的心情都不具備，如何開展出慈悲來？而關懷、同情就是一種情感。對善法的追求就是一種情感，對「實德能深忍樂欲」也是一種情感。

這一個脈結打通的指點，則人間淨土大乘教法的脈絡才真正開通，對於世界的投入與關懷才具備了合法性。

（三）重視個體小我，肯定組織大我

「無我」的修學歷程，法師設置了小我、大我的階程，並對此一歷程在修學上的重大意義特予表出。

無我指的是一個目的，無我也指的是一個過程，一個消融自我的過程。但是自我的消融需先認識自我，認識自我之後則有肯定自我與批判自我的階段發展。而從四悉檀的次第看來，先需有對自我良善成分的肯定才容易有接受自己缺點改善缺點的意願。法師因此施設出小我成長歷程的指點：認識自我、接受自我、肯定自

我、放下自我。這和傳統視「自我」如寇讎，必欲遠離捨棄的觀念有很大的不同。而肯定自我如何而不致墮入自私自是的我執深重呢？觀音法門開展的「關懷他人」以及組織體制的「融入大我」都是「放下自我」的細部功課。

而佛教在現實世間的弘揚與傳播責任是由相對穩定的團體而非個別的僧侶承擔，因此需要從制度（律）與教法（法）建立有效能的組織，此即「大我」的施設，也即是延續太虛大師「群眾組織化」的原則，期待以原始佛教的清淨僧團為藍圖，建立有效能有組織的修學團體，俾能使佛法在人間永住。即，「僧團常住」是達成「正法久住」的基本前提，為了佛法能長久流傳人間利益大眾救渡世間的悲心，需要有住持佛法弘傳佛法的清淨組織。而組織的永續經營，則需要有組織內部的持續改善。

法師站在現代社群組織與傳統宗派組織之間，非常善巧地借重僧律尊重制度依律而住，以消解自我習氣的傳統來建構組織文化。同時又能從相對穩定的制度結構去規範易變的相對不穩定的人心。這便是從小我到大我的成長歷程。從小我到大我的建立，關涉到的是個人與群體的關係。個人如何能在群體成長，既能自利也同時建構了群體的效能。

四、人間淨土思想後續觀察

從倫理思想的討論來看，只要體系合宜完整，任務就算完成。但做為宗教家，重視倫理實踐的宗教家，則考究到的不只是智育的範疇，更得是從德育、從倫理實踐的視角，探討從理論認知到情意內化的完成。這時需要的就不只是理論的完整，而是教育方法的執行與實踐。

對當代漢傳佛教的大乘菩薩行者，特別是人間佛教行者來說，主要的問題是如何以凡夫身生起度他的道德承諾與承擔，關涉的是入世和出世的抉擇，是教法永續和個人解脫的抉擇，亦即如何發起菩提心、如何行菩薩道的問題。人間佛教的意旨是「不離人間而成佛」，成佛是目的，是一切大小乘佛教、所有宗派的共同目標，而不共處在「不離人間」。人間淨土則又特別就這「不離人間」的不共所在，揭櫫「不離人間而莊嚴人間成淨土」。因為要抉擇的是教法永續和個人解脫，是入世和出世，因此主要的區分點在於對眾生的慈悲與關懷。此所以聖嚴法師鼓勵「嬰兒菩薩」並強調「發菩提心」、「起大悲心」。

但是發心發願是個人的行為而且是內在的心意的行為，落到實際面，則如何把個別的個人集聚起來、如何

把心意呈現表現出來，則需有規制需有教法才可能建立起使佛法永住的教團。而佛法在世間永住以救度世人就必須以教團永續為前提。

倫理學的研究發現：古代社會以德行為倫理中心，現代則以規則為中心。這應是看出現代社會關聯強大的組織特性與傳統社會關聯簡單的特性有別。以德行為倫理中心，追尋的是無私利他的寬恕與仁愛，這是最高的善最高的道德。以規則為中心，則公正是比仁愛要更優先考慮的倫理原則。公正、公平、平等雖然不是最高的道德，但卻是社會治理的最根本原則。

這個部分卻正是我國文化積蓄甚薄之處。傳統的倫理思想在公共領域方面的規範，常表現出一種泛道德主義傾向，習於用綱常倫理來支配、統攝一切道德規範，在個人權利和公共權力之間的合宜性、合法性與合理性缺乏理性充分而細緻的討論。而制度是長出來的，什麼樣的群眾就會創設出什麼樣的規則來。不同文化的規制不容易直接移植，就算移植過來，什麼樣的群眾也就會把它改造成符合本地水土的規則來。但是，「諸行無常」，如何透過教育、論辯等方式，漸次地往良善的方向前進。尤其各層級領導人的智慧，有義務引領協助大眾往創建良好制度的方向走，而避免往便宜的、短視近利的方向走。而從日常生活中各種對談與會議討論的進

行中，將佛法慈忍智慧中公正、合理的一面呈現落實公共政策的理性論辯以建立深度民主與法治的組織文化，則更是對教團永續經營的最大貢獻。

在教法方面，生命關懷與心靈意識的探討一直是佛教傳統中的核心大事，生命與心靈精神的困擾也一直是當代社會的重大問題。佛教如果想進入二十一世紀現代社會，對現代人的心靈產生教化的效用，便無法迴避現代人的真實困境。當西方宗教界已積極與科技文明對話的同時，佛教當然也應更積極去揭露其宗教核心——神祕經驗、超乎世俗的價值、多次元的生命藍圖，以說明人類生存狀態的千差萬別，顯示果報業力的複雜性，激起人類對神聖解脫的嚮往；但同時卻不應漠視世俗倫理的階段性價值，做為方便接引的手段。

一九八八年梁漱溟先生過世時，勞思光曾撰文書感，❸對梁先生有一非常深刻的評斷。勞先生認為，梁先生早年立說的名著《東西文化及其哲學》這本書，從學院標準看，幾乎「一無是處」，因為梁先生對儒學的了解並不準確，對印度文化、西方文化的陳述與判斷也極少有確當處。而後梁先生從事鄉村運動想改造中國社

---

❸ 勞思光，〈悲情、悲劇與生命之悲涼——聞梁漱溟先生逝世書感〉，《中國時報》（1988 年 6 月 25 日），18 版「人間副刊」。

會，勞先生稱此一作為「從頭起便注定是一個悲劇」。
但勞思光盛讚梁先生「人格偉大」，這種偉大來自於一
種承擔，來自於對時代的悲情。勞先生指出：「雖然他
的學力不足以成為一個學人，他的悲情則使他成為一個
偉人。」

勞思光先生對梁漱溟先生的評判，令人慨歎，而
更引人深省：時代交付的使命，只憑悲願的承擔是不夠
的。如果思想理據的分疏並不充分，如果實踐方向的掌
握並不契機，則投注下去的努力並不會有累積的效能。
或者是及身而止，或者是很早就知道只是熱鬧一場的空
歡喜。雖然有「功不唐捐」的說法，有「凡走過必留下
痕跡」的安慰，但是如果關心的是眾生的幸福，是多少
眾生能否早一點獲得幸福，而且培福惜福原就是佛教的
重要倫理指導，則心力人力等龐大社會資源投注的運動
是否合理合宜、是否具備累積發展的效能……，對這些
論題斤斤計較就不會是無謂的挑剔和無聊的言語，反而
是一種愛惜物力珍惜資源應該進行的行當。我們當然要
不斷反省思惟：我們所努力的所從事的，是不是向著對
的方向走？還是走在一條無效的路上，甚至愈走愈遠？

太虛大師在民國四大師之間的歷史地位愈來愈突
出，當即由於其識見所開展出來一條對多數眾生相契的
方向來。而聖嚴法師自覺地選擇了太虛大師所引領的佛

教現代興復大計，他提到：

　　如今，漢傳佛教的海峽兩岸，都在闡揚人間佛教
　及人間淨土，大陸有趙樸初長者，臺灣有印順、星
　雲、證嚴諸師；法鼓山則是由於先師東初老人宣導
　人生佛教，我則步其兩代的後塵，將整個生命來實
　踐「人間淨土」理念的建設，那已不僅是一句標語，
　而是從理論依據的深入探討到實踐方法的整體施設，
　結合海內外的僧俗四眾，已作了不少的努力。❶

　　聖嚴法師開辦密集及定期的禪修、創設佛學研究
所、成立法鼓山組織、推動佛化奠祭禮儀環保等各項社
會心靈改革運動、將漢傳佛教觀念融入世界和平的推
動……；適時地扮演各種承上啟下的角色，而從信仰的
佛教到學術的佛教、從儀式化的佛教到實踐的佛教、從
菁英的專修的佛教到大眾的普遍的佛教……，法師這樣
的實踐與作為，需要承繼與開展，而在「理論依據的深
入探討」方面，更需要繼續深化與開拓。對照著藏傳、
南傳等系的佛教傳弘，回歸印度、面向西方，本土化、

---

❶　〈序《太虛菩薩藏》──《太虛菩薩藏》是漢傳佛教新活力的泉源〉，
　　《書序II》，《法鼓全集》03-10，頁104。

國際化⋯⋯等，聖嚴法師思想來源的漢傳佛教元素，以及他確立以漢傳佛教爲基本立場的價值，這些考察工作就顯得更爲急迫而必要了。

目次

人間佛教思想的傳承弘揚與實踐❶

一、佛教現代化的接力運動

聖嚴法師之生命歷程充滿驚奇：

1. 法師兩度披剃，兼具「童貞入道」與「半路出家」的身分。

2. 法師早年棄學，學歷有限，竟能留學日本榮取博士之最高學位。

3. 取得博士後，又以一具現代國際學養的學者回歸傳統，以禪師身分指導修行。

4. 宗教事業起步甚晚，所承又甚有限，竟以六十之年創建出法鼓山之龐大業績。

5. 在社會普遍對佛教觀感不高時，提昇佛教僧侶的

---

❶ 本文原發表於「第二屆聖嚴思想國際學術研討會」，臺北：聖嚴教育基金會主辦，2008 年 5 月 24-25 日。收入《聖嚴研究第一輯》，臺北：法鼓文化，2010 年 3 月，頁 153-205。

社會形象。❷

6. 毫無世家庇蔭的農村子弟出身，站上世界舞台代表漢傳佛教發聲，呼籲世界和平。

法師再度出家時依律受戒，並深研戒律，但並未以戒師名。閉關時歷練各種禪修法門，以致於海內外主持禪七，然社會並未以禪師稱。青年時以批判基督教名，而後研究宗教比較學、留學東洋接受現代學術教育取得博士學位、執教上庠，亦未以學者名。以宗教師提倡禮儀辦理佛化婚禮、佛化奠祭、設置生命園區、關心自殺防治……。如何辨識法師的身分與角色？

法師思想與教學施設也充滿許多奇特的組合，如：

1. 建設人間淨土與往生西方淨土。

2. 觀音信仰與禪修鍛鍊。

3. 禪法弘揚的根本依據：性空論或如來藏論。

4. 立足人生佛教，又辦理法會薦亡。

5. 重視各宗教學，又自立宗派。

如何理解法師生命歷程的跳躍與思想的奇特組合？

聖嚴法師少年時從學之靜安佛學院為太虛大師學

---

❷ 如留日取得博士學位，參加國家建設研究會（簡稱國建會），接受總統、行政院長邀請指導禪修。

生所創辦主持，二度出家之和尚東初長老亦爲太虛大師
學生，而聖嚴法師亦自述理念係承自太虛大師、印順導
師、東初長老。❸如果把佛教現代化的啓始以楊仁山居
士爲第一代，太虛大師、歐陽竟無居士等爲第二代，印
順導師、慈航法師、東初長老、呂澂居士等爲第三代，
則星雲法師、證嚴法師、聖嚴法師等爲第四代。路線或
有偏重印度或偏重漢地之別，但基本上當代佛教的現代
化和人間化幾乎是重疊的兩個概念。現代化是從時間的
範疇立說，人間化是從空間的範疇觀察。

「現代化」是從時間概念立說，是當代佛教回應
西方帶來的全面挑戰，而有「佛教何處去」、「佛教如
何延續」之問。由於對當時佛教表現不滿意，但對佛陀
教法有信心，於是從「什麼是佛教」的問題意識出發回
溯到原始佛教去確認佛教的本質，並由此得出「佛在人
間」、「佛教應該人間化」的答案。

---

❸ 一九六○年法師三十一歲，研讀印順法師大作《成佛之道》後，稱仰其
特長爲強調「人間佛教」，認爲此書契合時代潮流、通透先聖先賢脈
絡，且能貫徹未來思潮，允爲傳世之作。（〈《成佛之道》讀後〉，收
入《評介‧勵行》，《法鼓全集》03-06，頁 168-170）。後兩年，又有
〈太虛大師評傳〉，讚歎太虛大師爲卓越成熟而成功之宗教家。今日之
有「人生」或「人間佛教」的觀念者，受他的影響很大。見：〈太虛大
師評傳〉，《評介‧勵行》，《法鼓全集》03-06，頁 51。日後，又詳
述承受自三大德的影響。見：〈印順導師的人間佛教〉，《法鼓山的方
向》，《法鼓全集》08-06，頁 501。

　　「人間化」是在佛教「現代化」的問題中發展出來的答案，從空間的範疇立說，可視為努力目標的不斷修正，從鬼道、天道拉回到人道，從死後拉回到現生，從遠離眾生的山林拉回到不離人群的世間。

　　從儒家與佛家的現代化發展對照著來看，義理深度與生活應用廣度的詮釋轉換別具意味。

　　當代儒家曾感慨，千百年來儒學活動的場域如孔廟、州縣學校，到了現代，這些空間的功能全都消解不見了。而原來做為家庭教育核心的儒家倫理也大抵退位。儒家的現代化過程，主要是在大學裡的學術層面進行轉換。儒學在大學系所中確立了地位，而佛教僧侶則連一般演講都還被大多數的大學拒絕在門外。❹對比著儒家學院化的榮景與生活儒學的蕭條，佛教則是從生活的佛教為基礎發展支持著學術的佛教。

　　聖嚴法師的生命歷程正是當代佛教現代化過程中，

---

❹　一九八〇年代前後，大學佛學社團要邀請出家人到校演講普遍不被允許，而大學開設有佛學課程的系所更是非常稀少。從聖嚴法師邀請大學教授餐聚之不易可見一斑。聖嚴法師謂：「一九八〇年十月二十六日晚上，方甯書先生建議我應該對教內外的知識分子，做一些聯繫和接引的工作，以利於佛法的推展，所以請曼濤先生代我邀到臺灣大學哲學系的郭博文、劉增福、余英華、林正弘、師大的林玉體、國立編譯館的趙天儀，以及正在潛隱中的韋政通等諸教授。」文見〈悼念張曼濤先生〉，《悼念・遊化》，《法鼓全集》03-07，頁153-154。

接續著佛教何處去的大問題，繼續解答「爲什麼要人間化」以及「如何人間化」的問題，而愈來愈偏重對後一項的答問。因此其教學特色尤在於應用的經驗的聯結，把佛教艱深高遠的面向盡量地生活化以爲平常實用。此一取向即以「人間淨土」爲標記。

一九八九年，聖嚴法師創建法鼓山。同時提出「提昇人的品質，建設人間淨土」做爲法鼓山的精神指歸。❺此後這兩句衍爲二十句的〈四眾佛子共勉語〉，❻再又歸納爲〈法鼓山的共識〉。❼「人間淨土」從此成爲法

---

❺ 一九八九年九月二十四日法師於農禪寺晨間開示〈法鼓山理念〉，首次對「提昇人的品質，建設人間淨土」之理念提出完整說明。兩日後（同年九月二十六日）對法鼓山中華佛學研究所護法理事會諸會員所做開示亦再次闡明。詳見：〈法鼓傳法音〉，《法鼓山的方向》，《法鼓全集》08-06，頁31-55；〈法鼓山的心願〉，《法鼓山的方向》，《法鼓全集》08-06，頁13-30。

❻ 〈四眾佛子共勉語〉原題〈與法鼓山僧俗弟子共勉語〉有二十句，落款爲「一九九〇年（庚午）季春撰」，最初刊於《法鼓》雜誌7期（臺北：中華佛學研究所，1990年7月）：「信佛學法敬僧，三寶萬世明燈。提昇人的品質，建設人間淨土。知恩報恩爲先，利人便是利己。盡心盡力第一，不爭你我多少。慈悲沒有敵人，智慧不起煩惱。忙人時間最多，勤勞健康最好。爲了廣種福田，那怕任怨任勞。布施的人有福，行善的人快樂。時時心有法喜，念念不離禪悅。處處觀音菩薩，聲聲阿彌陀佛。」

❼ 〈我們的共識〉四則八句於一九九一年八月法鼓山護法會勸募會員聯誼會中提出：「我們的理念：提昇人的品質，建設人間淨土。我們的精神：奉獻我們自己，成就社會大眾。我們的方針：回歸佛陀本懷，推動世界淨化。我們的方法：提倡全面教育，落實整體關懷。」參見《法

鼓山弘化的精神指標，也成爲聖嚴法師的弘化標記。如二〇〇〇年，獲頒行政院文化獎，就是因爲推動「人間淨土」思想，秉持「提昇人的品質，建設人間淨土」理念不輟，落實文化教育的努力事蹟而受到評審委員的肯定。❽

　　建設人間淨土是接續楊仁山居士、太虛大師以來佛教現代化取向的繼續發展，因此「建設人間淨土」所要面對的問題除了進一步解釋「爲何要人間化」，並在存有論層次處理「人間化如何可能」外，與前期發展最大的不同是，問題意識轉移爲討論：「如何」建設人間淨土的問題。

　　面對此問題，聖嚴法師如何回應？解決哪些問題，獲得哪些成果？而佛法常住以及中國佛教現代化的問題仍然存在，聖嚴法師回應的方式與解決問題的策略與方法對後來者有何啓發？這些都是本文所關注的，因此擬就「如何建設人間」的層面討論法師對建設人間淨土的規畫方案來檢視其各項教學施設，討論其思想及實踐之成果價值以及其可能的發展。而尤集中於：

　　1. 了解人間淨土思想的定性與定位。

鼓》雜誌 21 期（臺北：中華佛學研究所，1991 年 9 月），頁 14-15。
❽ 參見：〈聖嚴師父榮獲文化獎殊榮〉，《法鼓》雜誌 131 期（臺北：中華佛學研究所，2000 年 11 月 15 日），第 1 版。

2. 探討人間淨土思想的價值與功能。

二、人間淨土思想的傳承與實踐

聖嚴法師早期的佛法實踐，最被稱道的有：少年時拜懺的體驗建立了對觀音的信仰、對佛教的信心；二度出家依律受戒，❾閉關六年，深入經藏並實修禪法，出國留學時依律而住……。這些都是非常特殊而有倫理實踐上的深刻意涵。但是，這些操履只能說明法師宗教師身分能力的養成，而無法解釋：為什麼是人間佛教的取向？和人間淨土思想的直接關聯為何？本節先探討法師人間淨土思想的形成、建立與實踐。

（一）人間淨土思想的形成

聖嚴法師人間淨土標記的彰顯雖然為時較晚，約當法師六十之年，但是聖嚴法師對人間淨土信念的蘊釀與確立則起源甚早。先後有來自太虛大師人生佛教和印順導師人間佛教的啟發。

太虛大師的「人生佛教」，一則是用「生」來區

---

❾ 對照印順導師，〈中國佛教瑣談〉，《華雨集》第四冊（頁151）中，「還俗與出家」一節對當代僧人身分出入情形之描述，則聖嚴法師於從軍十年後，再度如律披律就成了非常特別的事了。而當時確實有人告訴他，並不必再度受戒，直接回復僧籍即可。

分「死」，用「人」來區分「鬼神」。印順導師的「人間佛教」，則是在人生佛教的基礎上再進一步用「人間」來區分密宗的重視天道、淨土宗的重視他方、禪宗的重視山林。我們可以再進一步概括，人生佛教主要是要和度亡佛教做區分，人間佛教則是要和山林佛教做區分，這系列發展所對照出的佛教兩種不同取向，可以視為長遠以來入世與出世之辨的老命題。遠從佛陀時代的僧團僧與蘭若僧之緊張關係，到上座部、大眾部之諍，大乘、小乘之辯，都可視為這個命題的不同呈現。出世是出離煩惱的象徵，這是佛法不可少的重要成分，但是卻含帶有遠離人間遠離眾生的傾向。入世是化度世間濟度眾生，這又是佛法的功能所在，但如何能不沾滯於塵俗？兩者是否該並存？該並存則優先順序如何安排？因此歷來不免有或重或輕的偏向。

　　法師少年出家，以當時（一九四〇年代）一般對佛法的認識水平，多是「對佛教採取歧視及批評的態度，連佛教徒自己都誤解因果的道理，以為未來是無法改變的，命運是無法掌握的，把佛家的因果觀，說成了宿命論，使得佛教的人生觀變得非常消極、厭世、逃避」。❿然而法師卻非常特別地能辨識出那是變了質的信仰，並

---

❿ 聖嚴法師，〈後現代佛教〉，《人間世》，《法鼓全集》08-09，頁40。

非佛陀的本懷。認為「真正的佛教應該是活用、實用、積極、入世且為關懷人間疾苦而設」。❶

　　這除了是法師早慧使然，亦與少年時的宗教體驗有深切的關聯。

　　法師曾自述少年於狼山出家，師長教他禮拜觀音以消業障。三個月後，於禮拜時覺通體清涼，從此頭腦清明、記憶明澈。對觀音菩薩深生信心，更引生向法之心。❷此為法師對佛法利益之初次體驗。由於深切地體認佛法對人的現世是有用的，同時由於師長的講授，知道佛經不僅僅是拿來誦給亡靈做為超度之用，還應該是用來講給人類大眾聽而照著去做的。法師認為：「孔孟之道可以治世，佛教的義理及其方法可以化世，若能互為表裡，一定可以實現世界大同或人間淨土的局面。因此有一種不能自我控制的願望，要盡我所能，讀懂、讀通佛經，用來告訴他人。」❸

　　法師在上海的時期，親見國家社會的動亂和人民生活的不安，於是有「要想國泰民安，要從挽救人心做

❶ 聖嚴法師，〈後現代佛教〉，《人間世》，《法鼓全集》08-09，頁40。
❷ 參見聖嚴法師，〈Autobiography〉，《Getting the Buhhda Mind》；〈觀世音菩薩〉，《佛教入門》。
❸ 聖嚴法師，〈童年和少年〉，《聖嚴法師學思歷程》，《法鼓全集》03-08，頁17。

起」，要想「挽救人心，須從教育著手」的想念。而其
所謂教育，即是佛教信仰核心的因果觀念，認爲能有因
果觀念，每一個人便都能安分守己，盡其在我，努力不
懈。既不逃避現實，也不推諉責任。只可惜，「佛教雖
然是那麼地好，由於佛教沒有人才去普遍地弘揚，所以
知道它的人很少，而誤解它的人很多」。❹

　　對佛法有正面的理解與切實的體會，但也有佛法
並未發揚的遺憾，因此引導著法師與當代佛教復興運動
接上關聯。法師自述：近世以來，佛教和整個廣大社會
的群眾脫節，以致於佛教給人的印象是逃避現實，與世
無益，甚至迷信有害，而應加以廢止和淘汰的宗教。因
此有楊仁山居士提倡刻印佛經、流通佛書，並且成立學
院，培育僧俗弘法人才。楊仁山的學生太虛，起而提倡
「人生佛教」；太虛的學生印順，繼而主張「人間佛
教」；聖嚴法師的師父東初老人，則辦《人生》月刊；
而他創立「法鼓山」，目的是在「建設人間淨土」。這
都是爲了挽救佛教慧命於倒懸的措施，也是回歸佛陀釋
迦牟尼本懷的運動。❺

---

❹ 聖嚴法師，〈童年和少年〉，《聖嚴法師學思歷程》，《法鼓全集》
　 03-08，頁 18。
❺ 聖嚴法師，〈軍中的歲月〉，《聖嚴法師學思歷程》，《法鼓全集》
　 03-08，頁 46。

　　這就說明，爲什麼法師並沒有走上傳統佛教的路子，而是依著太虛大師開展一系列佛教現代化的走向。從這個角度，我們也才能比較理解，爲什麼法師在二十至三十五歲這段青年期，寫了許多文章，批判抱持逃避主義的居士與出家人，❶ 而其基本主張，即是法師二十八歲（一九五七年）時首次提出學佛者應該要「在人間努力，使人間成爲淨土、成爲佛國」的呼籲。法師說：

　　我們能把地球淨化以後，地球也未嘗不能稱爲極樂世界，筆者以爲，爲了免除「十萬億佛土」的長途跋涉，我們應該因地制宜，在人間努力，使人間成爲淨土，成爲佛國。

　　佛說「心淨國土淨」，能使人人做到「心淨」，此土豈不就是淨土？如果專求往生西方去享樂，而不顧人間罪惡的消除，實在與基督教的上生天國說同

❶ 除已收入《法鼓全集》的〈從東西文化談到今日佛教的責任〉、〈走在缺陷處處的人生道上〉、〈中國當代的佛教苦悶〉、〈教育、宗教、佛教的宗教教育〉、〈引論今後中國佛教的教育與文化〉……篇外，未收入者如〈站起來吧！中國佛教！〉、〈敬爲中國佛教的現狀請命〉、〈掃除老年佛教的晦氣〉、〈今日中國佛教會的大責重任〉等，均爲批判性甚高的篇章。詳見林其賢，《聖嚴法師七十年譜》（臺北：法鼓文化，2000 年），譜文及後附著作繫年。

樣的屬於厭世與逃世，佛教徒怎會如此地自私？❼

同年八月，有〈理想的社會與美化的人生〉提到：
「世間淺見人士，都以為佛教的人生過於消極，因為學
佛的最後目的是在超脫三界，離開這個世界，而不是來
努力於這個世界的建設。事實上，離開這個世界是學佛
的目的，建設這個世界才是學佛的手段。」又說：「美
化人生是佛國淨土的基礎，佛國淨土是美化人生的表
現。」法師強調：

　　我們應該先從最基本的地方做起，那就是五戒、
　　十善，由戒生定、由定發慧，如果戒定慧三學俱足，
　　那就是了生脫死的機緣成熟，也就是真常妙有，美
　　化人生的境界。
　　大同世界或人間淨土，是佛國境界的一個過程，
　　也是美化人生的一種表現，然而過程不是終點，表
　　現也不是究竟，超出三界火宅，擺脫六道輪迴才算
　　是佛國淨土的目的，才算是美化人生的理想。那就
　　是彌陀淨土之類的佛國淨土。❽

---

❼ 聖嚴法師，〈人從何處來？又往那裡去？〉，《人生》（舊）9：7（臺
　北：人生雜誌社，1957 年 7 月 10 日）。
❽ 原刊《人生》（舊）9：8（臺北：人生雜誌社，1957 年 8 月 10 日），

　　這已經顯示其日後「建設人間淨土，往生西方淨土」的思想根源，將傳統佛教與人間淨土綰合。

　　一九五八年，法師二十九歲，撰有〈論佛教人生的創造與建設〉，指出時代雖然艱鉅，佛教不但要面對，更要領導時代、化民導俗。方法即在於健全自己，並以所處世界，做為創造淨土之中心，進而影響他人。他說：

> 《維摩經》上說「菩薩隨所化眾生而取佛土」，我們既然生在這個世界，就該以這所在的世界，作為創造淨土的中心。……先從我們本身著手，然後再由我們去影響他人，他人再去影響他人，……到最後，豈不就是佛國淨土的顯現嗎？❿

　　宗教體驗引發了生命內在強烈的責任感、義務感等道德情感，承擔了追尋與實踐所需要的心理動力。加上「佛教的義理與方法可以化世」的深刻信念，維繫著對佛法義學的渴望。法師從少年出家起，先是爭取念佛學院，

今改題為〈理想的社會〉，收入《神通與人通》，《法鼓全集》03-02，頁 126-135。
❿ 見：《人生》（舊）10：1（臺北：人生雜誌社，1958 年 1 月 10 日）。

再有日後設法退伍再度出家，努力六年閉關，在師長道友
的同聲反對下毅然東去留學，在美國風雪中借宿成立道
場教導禪修，跪地求成一長老成就辦佛學研究所，長年
努力在立法、修法上促成通過辦理宗教研修學院……。
當然還有法鼓山的創建與上百本的各類著述。如此諸多
大事不可思議的一一成辦，如果從這一個基礎來理解，
也才比較容易說明其努力和堅持的原動力來自何處。

（二）人間淨土思想的建立與弘揚

一九七七年法師奉東初老人遺命返臺主持文化館
後，翌年三月，首度應邀赴大學演講，就以〈人的佛
教〉爲題，指出：佛是由人而成；要成佛，首先要做個
普通人，盡應盡的本分，這也就是成佛的基本條件。[20]

一九八二年，〈淨土思想之考察〉說明淨土有
他方淨土、唯心淨土、人間淨土，而肯定世尊之出現
實爲淨化此土，因歸重於人間淨土。他指出，如果佛
法是爲人間所設，必須肯定釋迦世尊出現人間，旨在
淨化人間，即是將此娑婆穢土而轉化爲相當程度的淨
土。法師特別指出，在淨土的層次之中，人間淨土最
爲脆弱，但卻是最爲親切和基礎的起點。「人間成佛

---

❷⓪ 收見：《神通與人通》，《法鼓全集》03-02，頁238。

的釋迦佛，工作的重心乃在人間」，而且「唯人是修道之正器」。❷

　　一九八三年三月，於臺南演講：〈人間淨土與佛國淨土〉，已提出「人間淨土」的概念。而一九八五年四月，發表〈以出世精神做入世事業〉，已明確提出「人間佛教」與「人間淨土」的基本性格與應有之走向，亦看出法師之基本立場與精神。❷

　　至一九八九年創建法鼓山後，則對「人間淨土」理念的闡揚更是著重，明確表示要「從教育、文化、學術與社會觀點從事佛學研究，並在社會中實踐『人間淨土』的理想」。❷此後於各地演講、舉辦弘化活動，幾乎都是以人間淨土為主軸。其犖犖大者如：

　　一九九二年，訂定法鼓山年度重點為心靈環保年。

　　一九九六年九月，於臺北市國父紀念館宣講《法華經》，即以〈法華經與人間淨土〉、〈法華經與佛國淨土〉為題。同年十月，主持法鼓山奠基典禮，以〈人間淨土法鼓山〉為題，強調法鼓山弘揚正信、正

❷ 聖嚴法師，〈淨土思想之考察〉，《學術論考》，《法鼓全集》03-01，頁114-178。
❷ 聖嚴法師，〈以出世精神做入世事業〉，《明日的佛教》，《法鼓全集》05-06，頁60。
❷ 聖嚴法師，〈闡人間淨土，辦佛學教育〉，《心靈環保》，《法鼓全集》08-01，頁254。

統、正確、正常健康之佛法,再度說明法鼓山在教育
與社會所做的努力是正常健康的佛法,必定是智慧
的、慈悲的、合情合理的、入世化世的;凡是神鬼
化、世俗化、厭世的、不合因果原則、違背正常倫
理、乖離善良風俗的宗教行為,都不是法鼓山所弘揚
的正確的佛教。

　　一九九七年,訂定本年為【人間淨土年】,以推
動人間淨土之主題為法鼓山年度活動重點,展開系列活
動。同時出版《人間淨土》,收錄七篇闡揚人間淨土的
專文。同年三月,於「太虛大師圓寂五十週年學術座談
會」專文致詞〈人間佛教之啓蒙〉。讚揚太虛大師對現
代佛教最大貢獻,在於「人生佛教」及「人間淨土」觀
念之提出;今日中國佛教諸多團體皆承此而發揚。❷同
年七月,舉辦第三屆中華國際佛學會議,會議主題即為
「人間淨土與現代社會」。法師於會中開幕致詞與閉幕
致詞以及所發表之論文亦皆以此為主軸。十月,於日本
東京立正大學演講〈人間淨土與現代社會 —— 我們今後
要探討的課題〉。

　　一九九八年,撰成〈人間佛教的人間淨土〉。

　　一九九九年十月,發表〈心佛相應當下即淨土〉,

---

❷ 收見《人生》164 期(臺北:人生雜誌社,1997 年 4 月),頁 34-35。

詳細說明所提倡「人間淨土」之根據與內容。

二〇〇〇年八月，應聯合國關係機構「國際宗教中心」（Interfaith Center）邀請，參加「千禧年世界宗教暨精神領袖和平高峰會議」，開幕致詞呼籲所有族群應和平相處，遠離戰爭，以心靈環保改善心靈貧窮，一同為建設人間淨土而努力。

二〇〇二年六月，前往泰國曼谷，出席「世界宗教暨精神領袖理事會」成立大會。除了擔任大會共同主席，並在開幕典禮中擔任主題演講人，發表〈宗教領袖在二十一世紀的任務〉。

二〇〇二年十月，於瑞士日內瓦「第一屆全球和平婦女宗教暨精神領袖會議」以〈結合婦女力量尋求世界和平〉為書面開幕致詞，提出建設「人間的淨土」，要先把無私的智慧及平等的慈悲，在現實的世界中積極普及地推展。

二〇〇五年，世界銀行在愛爾蘭首都都柏林舉辦「信仰暨發展領袖會議」，針對全球衝突問題共商對策，共有四十八位來自全球之宗教、精神、政治領袖參加，法師出席並發表〈以慈悲和智慧處理衝突〉專文，說明世間現象無一不存在矛盾和衝突，解決之道不在於追求或要求平等，而在於學習包容、調和彼此的差異。

以上俱見聖嚴法師之努力與影響。也由於這些努力

與影響，國內知名的《天下》雜誌，在其第二百期特刊
及後續票選活動中，獲選爲臺灣四百年歷史中，具有影
響力的五十位人物之一。❷

（三）人間淨土思想的實踐❷

建設人間淨土是接續太虛大師以來佛教現代化的取
向。因此「建設人間淨土」所要面對的問題除了繼續解
釋「爲何要人間化」，並在存有論層次處理「人間化如
何可能」外，最主要的問題是：如何建設人間的問題。
有關「人間化如何可能」的問題，聖嚴法師有多篇談
及，並從經證取得人間化的合法性。❷此處專就「如何
建設人間」的層面討論。

在《聖嚴法師七十年譜》中，個人曾方便地將法師
至二〇〇〇年爲止的學思歷程大略分成五個階段：

第一階段是從幼年至三十二歲第二度出家受具足
戒。這一階段裡的大事有：法師第一次出家、從軍、成

❷ 見：莊素玉，〈人心微塵勤灑掃 聖 嚴〉，《天下》雜誌 200 期（臺北：天下雜誌社，1998 年 1 月），頁 133。
❷ 本節改寫自林其賢、曾濟群，〈聖嚴法師的思想與志業〉，第一章。原發表於「科技發展與人文重建」學術研討會，臺北：行政院文建會主辦、法鼓大學承辦，2001 年 10 月 8-10 日。
❷ 聖嚴法師，〈傳薪、信心、願心〉，《法鼓山的方向 II》，《法鼓全集》08-13，頁 76；另見《法鼓》雜誌 112 期（1999 年 4 月 15 日），第 2 版。

為寫作能手。

第二階段是三十三歲受戒後到赴日本留學，於四十六歲獲得博士學位止。其間兩度在高雄美濃山中閉關，在佛學院授課、主持佛七、著作更多、視野更廣。在日本留學期間，參加許多修行及學術活動，增加佛教傳弘的實際認識。

第三階段是四十七歲學位完成後應邀赴美，至五十九歲創建法鼓山之前為止。以宗教師的身分傳揚佛法，同時以學者身分辦學。

第四階段從六十歲創建法鼓山至六十九歲。此為法鼓山初創的辛苦十年。

此後為第五階段。

從各期的發展來看，法師有許多的身分，故而需要扮演不同角色，博士、教授、所長、禪師、董事長、主任委員……，但最重要最根本的是「宗教師」的身分，這正是最核心的身分。法師投注的事務雖多，但其始終一貫的重心為：佛教生命之開展與延續。其他的都是由這個身分和這個身分的發展需求而來。這些身分和角色必須放在一個主軸上來觀察才更有價值。這主軸就是：如何能讓佛教常住、新生，讓兩千餘高齡的佛教生命不致於老化更能新生？這也是以太虛大師為代表，諸先賢所共同致力的「佛教的現代化」問題。從這問題出發，

試從當時歷史環境來考察，法師在「佛教的現代化」這
一問題的解決方向上，採取的策略與實踐的成果大致有
以下幾點創發：

1. 從信仰的佛教到學術的佛教。

2. 從儀式化的佛教到實踐的佛教。

3. 從菁英的專修的佛教到大眾的普遍的佛教。

傳統佛教，特別是清末民初以來重信仰、重儀
式、偏於菁英專修的佛教，在與現代社會接觸時常覺
扞隔。佛法原蘊藏深厚的義解與實踐的內涵，但如何
與當代社會脈動相呼應、才能與時俱進，更進而引導
時代？這先必須被社會接受，獲得社會的認同，否則
「佛法永住」只能是一廂情願的祈望。因此這些創發
並非意味著佛教中信仰、儀式以及菁英取向該被取消
或取代，而是意味著要從學術、實踐以及大眾面向去
補強以取得平衡，此為解行並重、信智一如所必然應
有的開拓。

這三項成績的取得是先接受世界悉檀、尊重世界
悉檀，從承認並肯定世間學術的地位以與世界學術主
流接軌，而後逐漸從參與世間活動的社會參與中，讓
社會大眾能肯定佛教、接受佛教，從而發揮佛教淑世
的功能。

1. 從信仰的佛教到學術的佛教

佛教現代化的學術化工程有兩個內涵：一是將傳統論師的方式接上現代意義的學術規格。二是將講經宣教的方式轉化為論證的辯證的途徑。前一個代表人物是印順導師，從《成佛之道》到《中國禪宗史》是一個轉化的典範。這個典範雖然是由印老完成，但是當時聖嚴法師與青松法師（張曼濤居士）呼籲推動之功甚力。而第二項工作更是龐大，如何能說明並說服宣教講經師，讓他們了解：對信徒傳教的講經寫作和現代意義的學術演講、學術研究是截然不同的兩種方式，不只是寫作格式、表達語言不同，根本是兩種不同的思考型態。聖嚴法師雖然推動前輩進行完成了一個典範，但是如何呼應著時代的潮流，而不止是單純地「但開風氣」，而是完整地構建進行全面的轉化，這有待自己實地到日本去留學受教育，然後經過辦研究所、辦學報、舉辦國際學術會議……。這樣的開辦歷程十分辛苦，❷而法師也樂於和教界分享這樣的辛苦

---

❷ 當時開辦佛教研究所十分困難，法師曾述及當時接受中國文化大學邀請，擔任中華學術院佛學研究所所長，但是經費必須自備，由於沒有信徒、支持者少，只有和李志夫教授下跪求得成一法師擔任副所長，並由成一法師華嚴蓮社數十位信眾支持研究所。兩年後開始招生，每次招生時，連學生們都會問：「下學期不知是否能開課？」〈我是風雪中的行腳僧——法鼓山的未來與展望〉，《歸程》，《法鼓全集》06-01，頁

成果，❷並且努力推動。❸經由這樣一個完整的過程與
實踐步驟，將其制度化體系化形成慣性運作的常軌，
才有可能藉此影響佛教界的其他單位也走向這個方
向，才算學術化的完成。

　　佛教要不要知識化，佛教要不要學術化，學術知識
會不會影響宗教性，這是一個可以討論，而且應該反省
的命題。歷來一直有這樣的反省。但在當時，佛教無法
與當代一流人物對話，無法與學界接軌，如再因循不尋
求知識界的接受將是一種自棄。❸佛教徒心中美好的、

251-252。

❷ 佛教界有某機構擬開辦研究所，請求將規約章程等經驗成果分享。內部
　職員有異議者，認為辛苦經驗不宜輕易送出去。法師則欣然同意，並謂
　「我們做得那麼辛苦，難道我們忍心看人家也那麼辛苦地做嗎？我們不
　要做唯一的，不做獨一的，我們只是要奉獻我們自己，成就佛教，成就
　社會！」見周玉璽，〈孤掌與鼓掌〉，《法鼓》雜誌52期（臺北：中
　華佛學研究所，1994年4月15日），第4版。

❸ 一九八一年八月中華學術院佛學研究所開始招生，法師即拜訪政府相
　關機構如內政部長邱創煥、教育部長朱匯森，就宗教教育、設立宗教
　學院、宗教科系問題討論。（〈世界各國宗教教育現況及展望〉，收
　入《教育‧文化‧文學》，《法鼓全集》03-03，頁75）。後又聯合宗
　教教育界向政府爭取宗教教育納入國家體制。至一九八八年，才有宗
　教研究所的設立，但尚不能設單一宗教系所。至二〇〇四年，宗教界始
　得政府認可開辦宗教學院。此係經歷二十餘年努力始得修法通過。另參
　見：釋恆清，〈宗教教育辨義——兼論宗教研修機構體制化的問題〉，
　《宗教教育及宗教資源應用》（內政部編印，2002年12月），頁249-
　292。

❸ 惠空法師引述一八八九年「基督教在華傳教會議」紀錄，該會議檢討基

可以對世界有貢獻的佛法勢將在現代社會中缺席。

2. 從儀式化的佛教到實踐的佛教

法師自美返國後，於一九七八年第一次在臺舉辦禪七，以後每年定期舉辦，開展了禪修的風氣。[32] 在此以前，臺灣社會接觸佛教的原就不多。接觸佛教的，絕大多數是皈依之後受五戒，五戒之後菩薩戒就算完事了。修行的內容除了受戒就是素食、早晚定課，有些還會加上忍辱等在生活中修行或是把修養當修行。這些雖然都是修行，但有的是修行的助緣而不是核心，或者是階段不同功能有別。對於修行的指導，不是講得太簡單就是講得太高遠。法師舉辦禪七，並開辦禪坐訓練班，從基本禪法教起，有次第的從數息、小止觀、再依序依層次而至話頭禪、默照禪。循序漸進地教學，將信解行的程

督教在中國傳教百餘年發展，認為功能未彰的原因在於清朝科舉制度下，優秀人才走向儒家，會議因而決議辦理大學以掌握知識分子、優秀人才。參見：兩岸僧伽教育交流座談會，〈佛教僧團辦大學的理念與展望〉，《佛藏》第 22 期（2001 年 6 月）。

[32] 當時舉辦禪七密集修行課程的十分罕見，全臺從一九四九年到一九七八年三十年間舉辦的總次數可能不超過十次。參見：章克範，〈附錄：禪七與禪悅〉：「在國內，只聽說有打『佛七』的。若論禪七，談何容易？從三十八年到現在，快三十年了，出家人所主持的禪七，怕不會超過五次吧？」收見：聖嚴法師，《拈花微笑》（臺北：東初出版社，1987 年 11 月再版），頁 353-380。此後，在佛教內部甚至新興宗教禪修風氣的開展，與法師的禪修教授大多有直接間接的關聯。

序內容伸展開來。

戒律亦是如此。法師肯定戒的功能在清淨與精進；律的作用在和樂與無諍。這是今日世界每一個家庭及社會所需要的。大乘菩薩的「三聚淨戒」能消融煩惱、導正社會風氣、平等接納一切眾生；戒律對佛法的化世，絕對是必要的。❸但是，也必須轉化戒律使能具備相當的親和度，讓現代人接受，才有可能對現代人產生助益，提昇現代人的生活品質。

法師針對五戒中的不飲酒戒、邪淫戒以及在家人的佛教團體提出新的解釋方向：

(1) 今日人類的社交頻繁並顯得相當重要，對於不飲酒，則頗有指責，因此有人將烈酒認定是酒，其他如啤酒、米酒、水果酒等，只當作一般飲料，依律能否解釋得通？

(2) 對於邪淫的界定，原來是指在已婚夫婦以外的男女性關係，如今的單身男女，未有法律上的婚姻，卻是生活在一起，長相廝守，形同夫妻，也算邪淫嗎？他們彼此相悅，又不妨害家庭和社會，罪

---

❸ 聖嚴法師，〈傳統戒律與現代世界〉，《菩薩戒指要》，《法鼓全集》01-06，頁 17。

在何處？……

(3) 越來越多新興的在家佛教團體，於世界各地紛紛建立，無視於比丘僧團的地位，我們是否承認他們也是合乎戒律的僧團？❹

法師對此並未直接提出答案，但其開放的態度已然顯示保留討論的空間，看出法師重視的是規範的實踐性，因爲有被實踐的可能才能對人發生作用。而法師傳授菩薩戒，從戒條的持守轉置重於以三聚淨戒的綱領來深化對菩薩精神的掌握，❺如此則佛教就不致於停留在信仰，而眞能步入「戒、定、慧」的修學歷程。

3. 從菁英的專修的佛教到大眾的普遍的佛教

前代祖師，或許是遭逢亂世的經驗，因此而有「藏之名山、傳之其人」的觀念，著重找到菁英傳承。現在看起來，這種旗桿式的教團結構型態比較單薄，而且封閉，與存在的世界缺乏互動分享。理想的結構型態縱使不是矩陣型也該是金字塔型的，其中下層和社會的其他體系是流通的。

這是出世性格與世俗性格的調理與選擇。佛法走向

---

❹ 聖嚴法師，《菩薩戒指要》，《法鼓全集》01-06，頁 16。
❺ 〈從三聚淨戒論菩薩戒的時空適應〉，《菩薩戒指要》，《法鼓全集》01-06，頁 19-75。

人間，從某種意義來看，是有世俗化的意味。如何能向
實際人生滲透指導，世俗化而又免於流俗媚俗，這是必
須長時期反省堅持的，但卻不宜因有俗化的可能就此怯
步。走向人間，讓更多人能在不同需求層次都受用到佛
法。法師自謂：

> 佛教當有深厚的哲理基礎，也當有淺易的實踐指
> 導，正由於此，便使我除了致力於教育與學術工作
> 之外，也做著通俗性的弘化工作。㊱

　　而從在美初辦禪七，以及返臺早期在中華佛教文化
館舉行的禪七看出，參加的人數少，聖嚴法師的教法與
標準卻不少。㊲禪風高峻，走的也是菁英路線。日後則
為百餘人、甚至兩三百人參加，已經把禪七課程從菁英
路線調整為向大眾普及化。
　　而在慧學方面，正見正信的引導與推廣則從心靈環
保、四種環保、心五四運動、心六倫……，更可看出把

㊱ 聖嚴法師，《聖嚴法師學思歷程》，《法鼓全集》03-08，頁167。
㊲ 法師一九七七年在美舉辦第一次禪七只有九人參加。到一九八一年，四
　年間臺、美兩地共舉辦二十七次，總共參加人數約四百五十人，平均每
　次參加人數不到二十人。與後來動輒上百甚至數百的人員參加相去甚
　遠。參見聖嚴法師：〈序〉，《禪門囈語》（臺北：東初出版社，1982
　年3月再版）。

佛法淺顯化推廣給社會大眾的用心。法師表示，法鼓山的任務是「一大使命、三大教育」；一大使命是推動全面的教育，三大教育是：大學院教育、大普化教育、大關懷教育。「我們要用關懷來達成教育的功能，同時以教育來完成關懷的任務。」❸

三、人間淨土思想的建設方案

聖嚴法師為法鼓山規畫的主要任務是一大使命、三大教育，但三大教育中的普化和關懷其實有很大的關聯性。因此又可以把三大教育分成兩層：一為普化關懷，一為學術文化。❹普化關懷是使命的前端呈現，學術文化則是使命背後支持的根柢。法師擅長把深奧的佛法用淺顯的形式與世人分享，因此人間淨土思想在普化關懷教育的層面，主要呈現為對社會大眾的思想啟蒙，屬於對倫理生活的教育施設。其主要精神為「提昇人的品質，建設人間淨土」，而實踐的方法則是以心靈環保為核心，再開展為「心五四」和「心六倫」。

本節略述人間淨土思想的架構內容，再依知情意三

---

❸ 聖嚴法師，《法鼓山的方向》，《法鼓全集》08-06，頁 79-80。

❹ 法師於一九九四年口述「法鼓山的使命」，說明法鼓山目前的方向是教育，共分二類，一為普化教育，一為學術文化。見《法鼓山的方向》，《法鼓全集》08-06，頁 56-77。

向度來檢視以心靈環保提昇人品、建設人間淨土的思想
方案，討論其施設實踐之可行性。

（一）人間淨土建設方案的主軸：心靈環保

　　一九八九年，聖嚴法師創建法鼓山。同時提出「提
昇人的品質，建設人間淨土」做為法鼓山組織的精神指
歸。❹ 一九九〇年，這兩句衍為二十句的〈四眾佛子共
勉語〉，❹ 一九九一年再又歸納為〈法鼓山的共識〉。❹
同年，提出「心靈環保」，❹ 做為建設人間淨土總方案

---

❹ 一九八九年九月二十四日法師於農禪寺晨間開示〈法鼓山理念〉，首次
　對「提昇人的品質，建設人間淨土」之理念提出完整說明。詳見：〈法
　鼓傳法音〉，《法鼓山的方向》，《法鼓全集》08-06，頁 31-55；〈法
　鼓山的心願〉，《法鼓山的方向》，《法鼓全集》08-06，頁 13-30。

❹ 〈四眾佛子共勉語〉原題〈與法鼓山僧俗弟子共勉語〉有二十句，一九
　九〇年（庚午）季春撰，刊於《法鼓》雜誌 7 期（臺北：中華佛學研究
　所，1990 年 7 月）。

❹ 〈我們的共識〉四則八句於一九九一年八月法鼓山護法會勸募會員聯誼
　會中提出，參見《法鼓》雜誌 21 期（臺北：中華佛學研究所，1991 年
　9 月），頁 14-15。

❹ 一九九六年佛教世界靜坐日，法師於大安林森林公園演講《心靈環
　保》，謂「一九九三年我曾提出『心靈環保』這個名詞」。二〇〇三
　年，於北京大學「東亞思想傳統中的身心關係及其現代意義」學術研
　討會主題演說，有「我在一九九一年開始，積極倡導『心靈環保』」
　之語。（見：〈從東亞思想談現代人的心靈環保〉，《學術論考 II》，
　《法鼓全集》03-09，頁 55）。經查，一九九一年十一月，已與環保
　署長趙少康以「心靈環保」舉行對談（見當年《人生》99 期，第 1
　版），故當以一九九一年為是。

的主軸。

「建設人間淨土」是莊嚴國土；「提昇人的品質」是成熟眾生。此正回應佛教歷來佛菩薩的大願。而心靈環保則是因應現代社會，對禪法所做出來的現代詮釋。法師說明提出「心靈環保」的緣由云：

> 當時因為社會脫序，出現了許多的亂象，而環保人士一連串抗爭的結果，非但未能改善環境，反而使得環境更形惡化。因此我就提倡了「心靈環保」的運動，我深切地感受到，人心如果不能淨化，社會也就不可能得到淨化；人的內在心理環境若不保護，社會的自然環境也沒有辦法獲得適當的保護。❹

因此，「心靈環保」雖然是新創的詞，但內容其實就是「以觀念的導正，來提昇人的素質，除了能夠不受環境的影響而產生內心的衝擊之外，尚能以健康的心態，面對現實，處理問題」。❺ 此約當是八正道中「正見」的內涵。從三慧的次第來說，正見是從聞思修而證得；從八正道的次第來說，則正見更得從正語、正業、

---

❹ 聖嚴法師，《致詞》，《法鼓全集》03-12，頁 9。
❺ 聖嚴法師，〈心靈環保 —— 慈悲沒有敵人，智慧不起煩惱〉，《致詞》，《法鼓全集》03-12，頁 41。

正命……來習得。心靈環保的施行亦是如此。法師還根據學習對象將心靈環保的推廣分成兩層：

> 一是學佛禪修的層面：是以有意願、有興趣於學佛禪修的人士為對象，用學佛禪修的觀念及方法，使得參與者，從認識自我、肯定自我、成長自我，而讓他們體驗到有個人的自我、家屬的自我、財物的自我、事業工作的自我、群體社會的自我，乃至整體宇宙時空的自我，最後是把層層的自我，逐一放下，至最高的境界時，要把宇宙全體的大我，也要放下，那便是禪宗所說的悟境現前。但那對多數人而言，必須先從放鬆身心著手、接著統一身心、身心與環境統一，而至「無住」、「無相」、「無念」的放下身心與環境之時，才能名為開悟。

> 二是「四種環保」及「心五四運動」：是以尚沒有意願學佛以及無暇禪修的一般大眾為對象，盡量不用佛學名詞，並且淡化宗教色彩，只為投合現代人的身心和環境需要，提出了以心靈環保為主軸的「四種環保」及「心五四運動。」❹

---

❹ 聖嚴法師，〈從東亞思想談現代人的心靈環保〉，《學術論考 II》，《法鼓全集》03-09，頁 58-59。

可見心靈環保是一個總稱，包括了對佛教徒／學佛者
完整的學佛歷程，以禪修爲主要內容，從放鬆、認識
自我……以致於放下身心世界的開悟；後者則對非佛
教徒／一般社會大眾，偏重觀念的開導啓發。但都是
從佛學的角度來談心靈環保，以轉化貪、瞋、疑、慢
等煩惱心爲智慧、慈悲。智慧能使自己的身心，經常
處於快樂、平安的狀態；慈悲則使他人也獲得快樂、
平安的身心。❹

（二）人間淨土建設方案的基礎：日常生活

「建設人間淨土」既是以佛教大眾化及生活化爲宗
旨，則自然是注重日常生活。但是日常生活是佛法的應
用或是佛法的基礎呢？如果是佛法的應用，則當另有養
成的教育過程或場域，如果是基礎，則日常生活就是實
踐的起點和場所。

法師弘揚禪修，主持禪七，以禪師名；留學日本
榮取博士學位，並開辦佛教高等教育，有學者名。但是
法師並未以禪坐、也未以義學做爲建設人間淨土的第一
步。建設人間淨土的第一步在：日常生活。此不獨是對

---

❹ 聖嚴法師，〈從東亞思想談現代人的心靈環保〉，《學術論考 II》，
《法鼓全集》03-09，頁 41-42。

一般在家居士如此，甚至是以佛教為志業的僧伽教育都
是如此。

> 初出家者當以生活威儀及課誦的熟習為首務。其
> 次為生活環境的整潔，再次為禪坐，最後始為教義
> 的鑽研。若尚有餘力，可用少分時間旁涉世間文藝
> 學術。切之不可將此順序，輕重倒置。……
> 須知出家人的生活威儀，乃是由外形而內觀的修
> 行方便之初門，自攝身而至攝心的最佳方法，亦為
> 自修至能化人的正途坦道。出家人但能威儀齊整、
> 殿堂肅穆、環境明潔，處身其間者必起愛道向道之
> 心。❹

但是日常生活，這是原來就已經慣習的，又如何
與修學佛法、如何與道相應？法師於是提出安定身心的
三個層次：「安心於道，安心於事，安心於名利」，而
鼓勵修學者從安心於日常行事以求相應於道，這和孔子
「下學而上達」的精神是一致的。法師這麼說：

---

❹ 聖嚴法師，〈致農禪寺諸弟子、釋子箴言〉，《教育‧文化‧文學》，
《法鼓全集》03-03，頁 207。

　　出家修道之人，若不能安心於道，至少當得安心
於事，即以建塔築寺、慈濟刊物、弘講寫作、法
會齋戒、勸善興福，此所謂佛教的社會、文化、
教育、福祉工作是也。能安於事者，必也接近於
道，……至於以道安心者，乃於戒定慧學，已得修
證經驗，信心堅固而願力特勝之士，非初學者所能
企及。故得以聖賢安心於道者自期，斷不可以安心
於道者自詡。❹

日常生活既是佛法倫理實踐的初始場域，因為禪修者時
時刻刻、一言一行都是修行，把生活當作提昇自我的場
域，所以初始的練習是在日常生活中鍛鍊：

　　禪的修行者時時刻刻都在生活之中，而生活中的
一言一行都是修行，他必須留心，把注意力落實在
生活的每一個點上，這是基本的要求。當你的日常
生活有條不紊，很清楚地知道自己在做什麼，而不
是像無頭蒼蠅似的瞎飛亂撞，你才能進入禪的修行
工夫之中。……

---

❹ 聖嚴法師，〈致農禪寺諸弟子、釋子箴言〉，《教育‧文化‧文學》，
《法鼓全集》03-03，頁208。

　　當身心經過這樣的訓練之後，就能處理日常中的一切問題，安然通過一切順逆境遇的考驗，使生活充滿著智慧和愉快，不僅自利又能利他。❺

而漢傳佛教由於融合了儒家的道德生活、道家的自然主義，以「平常心」為修行原則，不表露超自然的宗教經驗，將智慧與禪定的果境落實在平常生活中，過平常人的正常生活。因此，日常生活也是修學的最後場域。

　　佛教到了中國，為了順應儒家所注重的倫常關係與道家的放任自然，便以戒律精神來配合儒家的道德生活，復以禪定與智慧的內容，誘導道家的自然主義。戒律，使得佛教徒的生活，正直清淨；禪定與智慧，能使修行者的內心，獲得寧靜自在。……禪宗的大師們，否定一切形式上、教條上及思想上的偶像觀念，強調以保持「平常心」為修道者的原則，並以恆常的平實心，去過平常人的正常生活。禪師們縱有超乎尋常的宗教經驗和能力，但是卻絕不輕易表露。所以在禪宗大師們的生活形態和觀念，

---

❺ 聖嚴法師，〈指與月〉，《禪的生活》，《法鼓全集》04-04，頁130-131。

與中國初期的禪觀相比，迥然不同。❺

　　從日常生活中做起，從日常生活中鍛鍊，也從日常生活中完成。日常生活成了不離人間而修學佛法的重要保證。

（三）人間淨土建設方案的開展：四環、心五四、心六倫

　　「四環」是四種環保，指的是心靈環保、禮儀環保、生活環保、自然環保。❺「心五四」則包含四安、四要、四它、四感、四福，❺「心六倫」則是家庭倫理、生活倫理、族群倫理、自然倫理、職場倫理、校園倫理等六個倫理範疇。❺總體而言，都是以心靈環保為核心的「精神啓蒙運動的生活教育」，目的在「淡

❺　聖嚴法師，〈禪與禪宗〉，《學術論考》，《法鼓全集》03-01，頁106。
❺　聖嚴法師，〈如何保護二十一世紀的人類環境〉，《平安的人間》，《法鼓全集》08-05-2，頁123-127。
❺　「四安」：安心、安身、安家、安業；「四要」：需要、想要、能要、該要。「四它」：面對它、接受它、處理它、放下它。「四感」：感恩、感謝、感化、感動。「四福」：知福、惜福、培福、種福。詳見：聖嚴法師，〈二○、「心」五四運動〉，《抱疾遊高峰》，《法鼓全集》06-12，頁116。
❺　參見：〈「心六倫」運動的目的與期許〉，《我願無窮——美好的晚年開示集》（臺北：法鼓文化，2011年4月），頁275-284。

化佛法玄深化、神奇化、流俗化的色彩，使佛法讓人一聽就懂，一懂就可以運用在日常生活中，以達成入世導俗、淨化社會的目的」。❺和「心靈環保」一樣，「心五四」運動也是將佛法深奧難懂的名相和學理，轉化爲一般人都能夠理解、接受，並在生活中運用的觀念及方法。名詞雖是新創的，而其精神和內涵，依舊是佛陀的本懷。❺

法師指出：心五四運動是生活化的佛法、人性化的佛學、人間化的佛教，期許此一「精神啓蒙運動」的推廣，能將人類自私自利、自害害人之價值觀轉化爲以成就他人做爲成長自己之價值觀，期於人世間遍弘生活佛法、於火宅中建設清涼淨土。❺

現在將「心靈環保」及其開展的四環、心五四、心六倫等關係架構，列表如下：❺

❺ 參見：聖嚴法師，〈二○、「心」五四運動〉，《抱疾遊高峰》，《法鼓全集》06-12，頁 117。

❺ 聖嚴法師，〈心五四運動的時代意義〉，《法鼓》雜誌 119-120 期（臺北：中華佛學研究所，1999 年 11-12 月），第 2 版。

❺ 聖嚴法師，〈心五四運動的時代意義〉，《法鼓》雜誌 119-120 期（臺北：中華佛學研究所，1999 年 11-12 月），第 2 版。

❺ 據溫天河製表（聖嚴書院教師參考資料，未刊）改編。

四環	心五四	範圍/對象	相應	對治	心六倫
心靈環保	四安	安心	與定學相應	提昇人品	
		安身			
		安家			家庭倫理
		安業			職場倫理
	四要	安心於「物」	與戒學相應	對治貪毒/安定人心	校園倫理
	四它	安心於「事」	與慧學相應	對治癡毒/解決困境	族群倫理
	四感	安心於「人」	與菩提心相應	對治恚毒/與人相處	
	四福	安心於「境」	與修福相應	莊嚴人間❺❾增進福祉❻⓪	
禮儀環保		社會環境			
生活環保					生活倫理
自然環保		自然環境			自然倫理

四、人間淨土建設方案的價值與特色

聖嚴法師人間淨土思想起始於少年期，並蘊釀於後

---

❺❾ 聖嚴法師，《自家寶藏——如來藏經語體譯釋》，《法鼓全集》07-10，頁63。
❻⓪ 聖嚴法師，〈二〇、「心」五四運動〉，《抱疾遊高峰》，《法鼓全集》06-12，頁120。

來的學經歷,而其明確化則是在具體的社會參與與實踐
過程中凝定呈顯。明顯可見的里程碑當是留日期間對日
本佛教的學術能力與布教能力的認識,以及長期旅美對
西方社會文化的體會,這些與現代社會都會生活的親密
接觸,使來自農業社會舊時代的佛法熏習能有進一層向
現代調適的發展。也因此人間淨土運動承接了當代佛教
現代化的接力地位,這便得從佛教現代化的方向與任務
開始討論。

　　太虛大師曾提出三點對新佛教的期待,期望能
因此而與世界文化接軌:現實的人生化,證據的科學
化,組織的群眾化。❻ 接軌之後,則當便是交流甚至是
以佛法來淑世濟民了。民國肇建,清王朝的崩落造成
了文化的第一次解組;以五四運動為中心的新文化運
動,則更促成了儒學的解體。❻ 法師從建設人間淨土為
起點,開展出心五四運動、心六倫運動,不論是有意
或無意,都顯示出和五四運動相對照要重建文化倫理
秩序的承擔。

　　前節略述以心靈環保為主軸開展的人間淨土建設方
案的架構,本節接著討論此方案的功能價值與特色,以

---

❻　太虛大師,〈人生佛學的說明〉,《太虛大師全書·第二編五乘共學》
　　(新竹:印順文教基金會,2006 年 2 月,光碟版 4.0),頁 208。
❻　林毓生,《思想與人物》(臺北:聯經出版,1983 年),頁 78-89。

了解建設人間淨土的方案此一重建任務已經進行以及尚待進行的工作。

建設人間淨土方案的最高指導原則，當即太虛法師所提示的注重「現實的人生化」。依此宗旨因而著重實用、有效的佛法，在媒體形式的掌握講究以簡易淺顯的傳播形式，做爲大眾與佛法的繫聯界面。在思想內涵則有下列幾項特色：

1.注重心靈層面的教學，特別是品德教育。

2.肯定自我做爲學習行爲主體。

3.鼓勵從嬰兒菩薩發心做起。

4.建立宗派，融入大我：立足本土，融攝各系佛法。

5.性空緣起爲體，並順應如來藏傾向的時風與根機。

以上一至四點，和「離群索隱、直修無我、少談關懷、略無組織」的佛教型態做出區分，而以「嬰兒菩薩」爲主要概念。各點都是從「嬰兒菩薩」的成長需求來指點的。

（一）重視心靈層面品德教學

人間淨土建設運動是以「提昇人的品質」爲途徑，而「提昇人的品質」又是以「心靈環保」爲核心；重視

心靈與人品自是人間淨土建設方案中的首要特色。佛教向來被稱作「內學」，重視內證，重視道心、品格是絕無異議的。聖嚴法師的教學也一向如此，從留日期間，指導教授教導的「道心中有衣食，衣食中無道心」，到創辦佛學研究所，告誡學生「道心第一、健康第二、學問第三」，都是這個精神。就修學斷煩惱的自度目標，心靈環保有「擒賊先擒賊王」的正本清源的功能；❸ 就利人而言，如果沒有道心，品格有問題，則對社會及世界反而會是傷害；所以也同樣要重視「心靈環保」。❹

重視心靈、重視品格確是大眾所能認同，而從太虛大師「注重人生現實」的指點來顯發，更顯示出提倡品格的特殊意義。

把「提昇人的品質」放在人生現實的原則來看，則心靈環保、重視人品要區分的是「重修行而不重修養」，或是「修行很好但修養很差」的修行意向。這當是山林佛教或是聲聞性格以出離為首要任務，於是欲以超越人性來解脫生死。在佛門內部看來，自是精進刻苦

---

❸ 環保的主要問題是在於自私的人心所造成，擒賊宜先擒賊王，環保宜先從心靈的正本清源做起，所以我們具體地提出了心五四運動的主張。詳見：聖嚴法師，《自家寶藏——如來藏經語體譯釋》，《法鼓全集》07-10，頁63。

❹ 聖嚴法師，《平安的人間》，《法鼓全集》08-05-2，頁63。

淡薄世事；但對常俗來說，則不免有性格古怪、不通人情之嫌。其下者則恐不免有流於神祕主義的傾向：相信打坐誦經迴向的功德，卻不願相信當面溝通的功能；發心度化一切眾生，卻不關心眼前的任何眾生。從這個角度來理解，則心靈環保的提昇人品就不止是針對眼前社會的需求，而且有佛教現代化的歷史深度。

而從宗教弘揚的需求來說，心靈層次的教育也仍是最重要的。法師在一九八五年尚未創立法鼓山時，曾引慈航法師「教育、文化、慈善」三個救命圈的概念，提出「以出世精神做入世事業」，明確提出「人間佛教」與「人間淨土」的基本性格與應有之走向。法師指出：太虛大師、慈航法師、東初老人都是以建設人間淨土，做為佛化社會的目標。而三個救命圈，各有不同功能：

> 教育的目的，在自求完善；文化的目的，在廣化人群；慈濟的目的，在為現實的社會解決現實的困難。這三者，如鼎之三足，缺一不可。若不以佛法作為修持的依準，則文化和慈濟的發揚，頂多成就人天善法。若只側重自修自了，則苦難的眾生，將何以依怙？而佛教的生存，亦值得擔憂。❻

---

❻ 詳見：聖嚴法師，〈以出世精神做入世事業〉，《明日的佛教》，《法

因此對山林佛教與世間佛教發展上之可能偏失，提出對策：佛教教育、文化弘揚、慈善事業，此三者應平衡發展，才不至爲社會所排斥，而且能達成化世理想。唯三者仍有正、助與本、末之分。❻

　　從基督教在二〇〇〇年的宗教調查，顯示對心靈層次的契入最是重要。基督教在迎接二〇〇〇年時，曾對一百四十餘年來在東亞各國的宗教傳播成績做過檢討，發現新舊基督徒加總也只占總人口數的 5%。這樣的成績自然是說不上光彩的。基督教神職人員因此十分不解，「爲什麼我們做了那麼多的社會慈善事業，博得很好的社會名聲，卻沒有讓中國人因此受感動而皈依基督，信奉主耶穌？」、「問臺灣民眾，基督教好不好，大家都說好，可是一問到信不信呢？都說不信、不信。」於是發出「爲什麼佛教可以征服華人而基督教不能」的疑問。❼ 宋光宇分析並解釋其中緣由在於：基督

鼓全集》05-06，頁 58。

❻ 聖嚴法師指出：「弘揚正法，是佛弟子的正行，慈濟工作是助行，如何本末兼顧而不顛倒，應是今後佛教徒們共同努力的目標了。」見：聖嚴法師，〈以出世精神做入世事業〉，《明日的佛教》，《法鼓全集》05-06，頁 60。

❼ 參見：宋光宇，〈爲什麼佛教可以征服華人而基督教不能？〉，《佛學與科學》6 卷 2 期（臺北：圓覺文教基金會，2005 年 7 月），頁 66-87。

教只著力於社會慈善事業而沒有能顧及心靈層次。❻

　在社會問題、經濟問題層出不窮的今天，對品格教育的重視，當也是多數從事教育工作者的共識。因此，對心靈環保的質疑，當不是來自於是否應該重視心靈，而主要是來自於對「唯心論」傾向的提醒。

　心靈環保是不是唯心論？論者對此多是有唯心論傾向的擔心，因此或者將「心淨則國土淨」的命題詳述爲「心淨則眾生淨、眾生淨則國土淨」，或者強調事相的努力、重視客觀外境的努力。❻

　「心靈環保」重視心靈層面，這是佛法原來就重視三業發動的意業。必須有行動才能具體展現意圖，但行動之前仍是觀念先行，抽象的概括性強的願景也是指引行動方向標顯核心價值所必須。這是在佛教現代化問題

❻ 宋光宇將宗教傳播分成「普覺、普度、普濟」三個層面，普濟是慈善事業，普度是超度儀式，普覺則是心靈的層次。見：宋光宇，〈爲什麼佛教可以征服華人而基督教不能？〉。

❻ 參見：楊惠南，〈當代台灣佛教環保理念的省思──以「預約人間淨土」和「心靈環保」爲例〉，《當代》第 104 期（臺北：當代雜誌社，1994 年 12 月），頁 32-55；楊惠南，〈從「境解脫」到「心解脫」建立心境平等的佛教生態學〉，《佛教與社會關懷學術研討會論文集》（臺南：中華佛教百科文獻基金會，1996 年 1 月），頁 195-206；惠敏法師，〈「心淨則佛土淨」之考察〉，《中華佛學學報》第 10 期（臺北：中華佛學研究所，1997 年 7 月），頁 25-44；昭慧法師，〈「心靈環保」之我見〉，《自立晚報》（2001 年 5 月 23 日）。

意識下的策略選擇。

西方哲學家舍勒把現代化的各種特徵如理性化、除魅化、世俗化、市民倫理的形成……總稱爲一「總體轉換」，包括社會制度層面（國家組織、法律制度、經濟制度）的結構轉換和精神氣質（體驗結構）的結構轉變；劉小楓則把現代性問題概括爲社會秩序和人心秩序之正當性基礎重新論證，並肯定：人心秩序（心態氣質、體驗結構）的現代轉型比社會政治經濟制度的歷史轉型更爲根本。因爲一旦體驗結構的品質發生轉變，對世界之客觀的價值秩序之理解必然產生根本性變動。劉小楓說：

> 人心秩序、精神氣質或體驗結構，是一個實質價值的偏愛系統，給時代的和文化共同體單位的倫理打上印記，具體的、實際的價值偏愛構成了生活中價值優先或後置的規則（倫理），進而規定了某個民族共同體或其中的個體的世界觀的結構和內涵。❼

對照著和心靈環保性質相近如哲學家弗蘭克的意義

---

❼ 見：劉小楓選編，〈編者導言〉，《舍勒選集》（上海：三聯書店，1999 年 1 月）。

治療，或是心理學家大衛‧柏恩斯的認知療法，為何不會有人批評意義治療、認知療法是唯心論；而心靈環保有禪修的憑藉進行技術性操作，卻被質疑有唯心論的傾向？因此，對心靈環保有唯心論傾向的擔憂，當是來自於對傳統佛教受中國文化偏重直覺思考不重論證，以及對孟子式心學講究最初工夫、最高境界而不講究中間歷程的擔心。

回應這些提醒，也回應社會學大師韋伯（Weber, Max）區分「意圖倫理」和「責任倫理」的提醒：不能只是提出方向和意圖，還要有中間過程，應該要重視責任倫理；也理解到：從小乘發展到大乘的歷史，佛法由最核心的真實法向下落實、向權法迴向的具體滲透和呈現。因此，建設人間淨土的方案除了應該包括最基礎的心淨的教育，從心淨的起點到國土淨的終點，兩者之間歷程的開展安排以及操作步驟的指導都需有細緻的呈現。這也是為什麼要有禮儀環保、生活環保、自然環保，以及心五四、心六倫的完整規畫說明。

（二）肯定自我是行為的主體

心靈環保的教學設計分成兩層，四環與心五四等是做為尚未信佛學佛者的前端接引，至於完整的規畫則是

禪修的教學。而禪修教學是以自我為核心,從自我提昇
的歷程來舖設的:從認識自我、肯定自我、成長自我,
到放下自我的開悟為目標。❼

　　自我的討論,一直是佛法修學的中心議題。歷來由
於教學施設常把倫理學上實踐「去我執」的意義和存有
論上「否定不變形上實體」的意義相混淆,❼於是行為
主體的自由意志不是被取消就是被壓抑,修學的動力和
方向就此失落了。法師自述早期教學亦直接以「無我」
觀念為入手,而後覺得這樣對初學者太難太深,所以改
先從「有我」開始談起。❼

　　其實不止是出於教學效果的考量,應還有容易產生
誤解出錯的顧慮。法師指出,如果誤解「無我」或「放
下自我」,或者會由於放棄自我的尊嚴而不再努力,不
能肯定自我的價值,於是變得非常消極而不負責任;或
者會自以為立志奉獻自我,不再自私,而強迫別人接

❼　見前節「(一)人間淨土建設方案的主軸:心靈環保」。
❼　有關自我和無我觀念的釐清討論,請參見:楊郁文,〈以四部阿含經為
　　主綜論原始佛教之我與無我〉,《中華佛學學報》第 2 期(臺北:中
　　華佛學研究所,1988 年),頁 1-65;霍韜晦,〈原始佛教「無我」觀
　　念的探討〉,《原始佛教研究》,《現代佛教學術叢刊》第 94 冊(臺
　　北:大乘文化,1978 年 12 月),頁 135-160;王開府,〈初期佛教之
　　「我」論〉,《中華佛學學報》第 16 期(臺北:中華佛學研究所,
　　2003 年)。
❼　聖嚴法師,《找回自己》,《法鼓全集》08-12,頁 115。

受。❼前者是不能自利，遑論利他；後者則雖然有心利他，卻由於未有自知，因而也無法了解他人需求，所以並未眞能利益他人。

法師因此再把「有我」到「無我」的層次分成「小我、大我、無我」的三階，或是「認識自我、肯定自我、成長自我、消融自我」的四階，或是「身體、心、世界、宇宙、眾生與業力、願力、解脫」的七階。❼雖然有三階、四階、七階的不同，但從以「無我」爲教學主題到以「有我」爲教學主題的轉換，顯示了對行爲主體肯認的重大意義。這是人間淨土教法的一大特點。確認了行爲主體，道德修養、倫理實踐才有現實的起點。這正符合太虛大師現代佛教要求的第一點：注重現實人生。

有了正確且具體的實踐起點，接著就是實踐方向的抉擇：發心往何處去？這個抉擇便決定了山林佛教和人間佛教的重要區分，也是傳統禪者轉換爲人間行者的重要步履。

---

❼ 聖嚴法師，〈照顧自己，關懷他人〉，《禪門》，《法鼓全集》04-11，頁 114。
❼ 聖嚴法師，《福慧自在》，《法鼓全集》07-02-2，頁 44-46；《禪門》，《法鼓全集》04-11，頁 4；〈照顧自己，關懷他人〉，《禪門》，《法鼓全集》04-11，頁 115。

（三）鼓勵發心從嬰兒菩薩學起

聖嚴法師鼓勵學習者發心當菩薩，當凡夫菩薩。
他說：

> 菩薩不是高高在上的「神」，而是常以凡夫的形
> 相，在世間隨緣化眾的修行者。所以，「菩薩」主要
> 是發了菩提心的眾生，而不拘於特定的形相，凡能已
> 發「願斷一切惡，願修一切善，願度一切眾生」的菩
> 提心者，便會誓願學習慈悲與智慧的菩薩行。以此可
> 知，人人都可以成為現在的菩薩、未來的佛。❼

鼓勵當「菩薩」、當「凡夫菩薩」的重點在鼓勵
「菩薩」的發心，重點在於動機、目標訂定的「因行」
而不在已然完成的「果德」。因此諸如「己尚未度，焉
能度人？」或者「先自度或先度他？」的質問，都是不
相關的問題，錯把定性分析和定量分析的範疇混在一起
討論。

定性分析關心的是「有無」的問題，定量分析關心
的是「多少」的問題。「己未度，就未能度人」，這是
從定性分析的範疇來討論，其中預設了度己和度人是兩

---

❼ 聖嚴法師，《人行道》，《法鼓全集》08-05-1，頁33。

種不同的質性，兩者關係是「此有則彼無」無法同時存在，因此需分別處理。但是什麼是度己，什麼是度人？要到什麼程度才稱做度己，才能度人？這其中又預設了要到「解脫生死」才是度己，才具備度人的能力。這兩個預設，在定量分析的討論範疇都不存在。

在定量分析的討論中認為：度人和度己並非處於不同的世界中兩種截然不同的存在，兩者是同時存在的。在兩兩相對的關係裡，今天的度人者可能明天會成為被度者；而在更廣大的關係群中，某甲對某乙是個度人者，但某甲對某丙則是個被度者。度己和度人並非絕對的關係。再者，度己度人的能力是一個量多量少的相對關係，而不是質性不同的絕對關係，亦即：並不需要達到「解脫生死」這種質性才具備度人的能力，重視的是相對關係中相對能力的高低，因此能相互學習與支持。

因為預設不同，關心的問題和處理的方法自然不同，面對生死的態度因此有別。聖嚴法師指出，漢傳大乘佛教「不被生死煩惱所困」的解脫和小乘「出離三界生死」的解脫兩者的區別：

　　菩薩的意思是「覺有情」，自覺覺他，又叫做「大
　道心眾生」。菩薩是要求自己覺悟，同時也要幫助他
　人覺悟。這個覺悟是知道煩惱是什麼，知道生死是

什麼，而鼓勵眾生不要貪戀生死，亦不畏懼生死，不要被這兩重煩惱所困擾，這就是大乘菩薩的解脫，也就是漢傳大乘佛教的特色，而與小乘以出離三界生死的解脫很不相同。❼

發了菩薩願的凡夫，是初發心的「嬰兒菩薩」。是嬰兒，所以能力不夠是正常的，會犯過錯是正常的，但也就是要在犯錯改過的跌跌撞撞中，修正學習、漸漸成長。只要方向確立，持之以恆地實踐。法師指出：

> 發了菩提心的眾生，雖然是凡夫，雖然還有缺點，但已是在修行菩薩道的初發心菩薩，是「嬰兒行的菩薩」。嬰兒時期的人，學走路時總是搖晃著而常常跌倒，跌倒的時候多，站起來走的時間少。雖然站起來的時間少，爬在地上的時間多，還是得練習著，一直要到漸漸成長以後，才會獨立站起來。
>
> 因此作為一名「嬰兒行的菩薩」，要勉勵自己，跌倒了沒有關係，只要再站起來就好，繼續前進就能照著我們所要修行的菩薩道，一直走下去。❼

---

❼ 聖嚴法師，〈中華禪法鼓宗〉，收見《承先啓後的中華禪法鼓宗》（臺北：聖嚴教育基金會，2006 年 10 月初版），頁 37。

❼ 聖嚴法師，《平安的人間》，《法鼓全集》08-05-2，頁 25。

　　凡夫菩薩，要呈顯的第一點是：現現實實的凡夫，
所以要從人間常有的道德品格做起，從認識自我做起；
而第二點則是要區分出聲聞乘的解脫道。解脫道和菩薩
道如何辨識？

　　解脫道與菩薩道行者的差別，除了習見用載具量
的大小而以大乘、小乘來區分，也常見以三覺來區分：
阿羅漢具自覺，菩薩具自覺、覺他二覺，佛具自覺、覺
他、覺行圓滿的三覺；這是以是否度他來作區別。除了
用載具大小、是否度眾這兩個判準外，用現代社會學科
的概念來理解，解脫道與菩薩道的主要區別其實在於是
否具備「當事人主義」的態度。現代企業的發展主流是
消費者導向而不是生產者本位；教育發展的思考也是以
學習者為中心而不是教師本位。生產的技術、教師的專
業……，都已經是預設而不必討論，或至少不是需要優
先考量的問題。菩薩行者的第一優先是傾聽的問題：能
不能傾聽到他者的聲音。也是從傾聽到他者的需求出發
而在利他中也不自覺地完成自利。這種傾聽的能力即是
一種同理心的技術養成，即是關懷力的養成。也是學做
人間菩薩發菩提心的第一步。❼

---

❼　在教育專業領域中，常強調要有愛心、耐心與信心等所謂的三心態度；
　　而心理輔導領域則認為僅是這三心是不夠的，因為愛心、耐心、信心僅
　　只是做到接納的態度，還必需要有同理心、真誠等態度技術的充分配合

　　然而，關懷力如何產生？其動力來源為何、如何引發？這是當前品德教育、倫理教育的討論核心，也當是社會精神啟蒙運動倫理教育中所應著眼。

　　從近年來道德教育的研究顯示：道德行為的培養，道德認知雖然是必要的，但認知未必能轉成道德行動。因此要提供機會演練道德行為。而道德行為的產生，在很多情形下是發抒正面情緒及克制負面情緒乃至生理和心理欲望的結果，因此學習過程中，要讓學習者體驗並認知這些情緒及欲望，然後進一步讓他們具備能力來發抒或克制這些情緒。❽而除了經由認知，經由熏習、感化、體驗都會是道德行為內化的途徑。經師、人師各有不同的作用。對社會大眾精神啟蒙的普化教育來說，人師或是良善楷模的表現自會因為認同度高而產生良好的教育效果。因此從事者的教學態度無疑是道德教育的重要變項。

　　聖嚴法師鼓勵大眾要以佛的圓滿人格，來自我期許，也就是要發願成佛，並且常常以初發心的嬰兒菩薩自我看待。但由於是嬰兒菩薩，常有不足常有不如法常

才行。參見：謝明昆，《道德教學法》（臺北：心理出版社，1994年8月），頁6。

❽ 但昭偉，《道德教育：理論、實踐與限制》（臺北：五南圖書，2002年5月），頁79。

會犯錯，怎麼辦呢？法師指點：

　　犯了錯怎麼辦？要知慚愧、常懺悔，……菩薩的
　　精神就是七倒八起、八倒九起。❽

　　這與情緒教育中，從重視羞恥情緒所要保護的價值
著手的教學十分類似。❾而法師從天台家的「利益眾生
禪」抉取「知恩報恩」做為〈四眾佛子共勉語〉的核心
工夫，❽施設有慚愧、懺悔、感恩……等教法，❽推展
「四感」並且不斷鼓勵呼籲且將「關懷」列入三大教育
之一，當都是著眼於這項學習。

（四）融攝各系，建立宗派
　　近年，法師把多年來對心靈環保、心五四運動以及
禪修教學等種種指導進一步聚焦在法鼓宗的立宗。法師
謂，這是以漢傳禪佛教為核心但已不是昔日中國大陸那

❽　聖嚴法師，《法鼓山的方向》，《法鼓全集》08-06，頁246。
❾　林建福，《德行、情緒與道德教育》（臺北：學富文化，2006年3月
　　初版），頁191。
❽　「知恩報恩為先」為〈四眾佛子共勉語〉正宗分第一句，即提示知恩報
　　恩為發菩提心之首先學習。
❽　慚愧、懺悔、感恩則為法師主要教學項目，平常講話乃至禪七對此均有
　　指導。參見：《聖嚴法師教禪坐》，《法鼓全集》04-09，頁114。

樣的禪宗，而是融攝各宗之長的現代佛教：

> 我們是承繼中國大陸的禪宗，但已不是十九世紀
> 中國大陸那樣的禪宗。那時的中國禪宗，是山林式
> 的，尚沒有接觸到南傳及藏傳佛教的優良面及實用
> 面，但是我接觸到了，同時我也接觸到了韓國、日
> 本，乃至越南的禪佛教。我把這些新見聞，運用在
> 傳統的禪法之中。❽

法師並把中國失傳八百多年的默照禪，以及把在日本接
觸的「只管打坐」、在美國接觸到南傳的內觀禪重新整
理，這「便在頓中開出次第化的漸修法門，是任何根器
的人都適合用來起信實修的好方法」。❻ 這些都是法師
對課程目標與精神，對課程內容與架構的明確指示。

　　從文化運動或是課程發展的觀念來理解三寶，
「佛」是課程目的、宗旨與精神方向的說明；「法」是
課程實施的內容；「僧」則是具體執行課程的組織與成
員。佛教現代化的歷程，從「佛」的內涵重新定義為佛

---

❽　見：聖嚴法師，《承先啓後的中華禪法鼓宗》（臺北：聖嚴教育基金
　　會，2006 年 10 月初版），頁 12。
❻　見：聖嚴法師，《承先啓後的中華禪法鼓宗》（臺北：聖嚴教育基金
　　會，2006 年 10 月初版），頁 12。

在人間，於是有在「法」的層次對佛陀本懷的確認，以及在「僧」的層次對教會組織、信眾組織的發展。太虛大師三點對新佛教的期待：現實的人生化、證據的科學化、組織的群眾化，約當也是這三個層次的原則指示。

法師對此社會精神啓蒙運動的宗旨與目標屢有開示，此當屬於政策主張的宣示。但是政策主張必須靠組織人員來運作執行才得以落實，其間有層層轉換具體實踐的問題。法師從早期在美期間因爲感慨「鳥需有巢」於是創建東初禪寺，返臺後創建法鼓山，應都是基於需要組織人員這樣的需求。

而從菩薩道的修學歷程看，小我到大我的提昇有兩個大角度的轉換：起初是從自己的小我察覺到身外許許多多他者的小我，從這裡開展出對個體性煩惱的修學；其次則是從小我對應的各種大大小小的大我，開展出對總體性煩惱的修學。[87] 個體性煩惱關涉的是個人品德的修養，此爲私德的討論；總體性煩惱則關涉的是公共事務的組織與制度，誼屬公德的範疇。這也是太虛大師佛

---

[87] 個體性煩惱和總體性煩惱的區分來自於謝大寧師的啓發。天台家用見思惑、塵沙惑的概念來區別大、小乘，謝則以「無始無明住地煩惱」來區別，並以世界網絡相互關聯的「結構性煩惱」來詮釋此概念，並指出如此佛學才不會只局限於心理學的範疇。詳見：謝大寧，《頓悟之道：勝鬘經講記》（臺北：東大圖書，2002 年 4 月初版），頁 28-41。

教現代性的第三點：組織群眾化。

　　許多人感歎：中國佛教歷史上不乏持戒精嚴的戒師，但如律而行的教團卻較罕見。這和一般對中國傳統文化重私德而不重公德的印象十分一致。和前述幾項指導比較起來，這個轉換所要扭轉的習性因此顯得困難得多。禪者向來山林佛教的聲聞氣息濃重，與悲願深重關懷意切的菩薩性情已是不易調和，而其隨緣自在、灑脫飄逸，這樣閒雲野鶴般不受羈縻的性格又如何可能建構成有力量的組織？

　　因此需先提問的是：為什麼要有組織？為什麼要有大我？簡單地說，是因為人有組成群體的本能上的需要。而從學習成長的必要性來說，則是群體組織提供了比較良好的學習效能。成人教育專家柯特李文提示我們：一個人要改變想法、態度和行為，先要改變對自己和周圍社會環境的原有觀念。社會環境愈支持、接受、照顧，人們愈能自由自在地試驗新的行為、態度和觀念。為了永久地改變行為模式、態度和想法，個人和社會環境都需要改變。當你成為一個新團體其中的一員時，比較容易改變你的想法、態度和行為模式。❸ 因此

---

❸ 簡維理（Jane Vella）著，王明心譯，《從對話中學習——提昇成人學習的有效互動與改變》（臺北：洪建全基金會，1998 年 8 月初版）。

最方便有效的學習方式，就是從參與團體中去學習來改變自己自我成長。

但是為什麼要立法鼓宗？法鼓宗和原來的法鼓山體系組織有何不同？這是現代社會體制的法人組織和傳統的宗派組織叢林組織的分合問題。

和太虛大師當時社會普遍對組織陌生的情況相較，現代社會提供了各種法人團體組織的體式與各級政府的輔導管制。但是在實質上，是否能於這樣的組織形式中體現組織中民主平等法治……的現代精神，則尚有許多成長空間。太虛大師「組織群眾化」的原則指點仍然是有效的。

法師指出他所傳揚的禪法與傳統的禪宗有別，因此其立宗，當也不能從傳統宗派來理解。可能比擬的發展當有類似西方學科的發展。西方學術各學科的發展，從學習該學門問問題的方法、解決問題的方法程序，形成了學科的養成教育，並由此而建立學科意識。因此同一學門或同一學科能提供較為完整的基礎訓練，此其優點。而其缺點則類同於後期印度佛教的部派意識與中國佛教的宗派意識。

從落實運動的宗旨來說，組織是必要的、宗派是必要的。如同小我是該被肯認的行為主體，則團體組織以及建構宗派當亦是一該被肯認的大我的行為主體。小我

是現實上的存在，法師對小我成長歷程的指點是認識自我、接受自我、肯定自我、放下自我。同樣的，大我當亦如此，組織與宗派是現實的必然，需要組織成員中的每一個小我從認識大我、接受大我、肯定大我而至放下大我。防止我群意識我族意識的氾濫以免演變成部執類型的宗派見自然是重要的，這是組織發展的防腐劑，但是該更優先的議題當是：如何使個別的小我，融入大我的體制歡喜成長而沒有委屈壓迫從而帶動使組織大我隨之成長。太早放下大我解構大我反而是不健康的。法師有各種對願景、共識、院訓、規約的提示強調當是著眼於此。法師早年曾期望以戒律做爲建構大我的基礎謂：

> 要想今後的中國佛教，有穩定性，有組織體，有
> 團結力，必須積極於律制的推行；要想中國的僧團，
> 有統一性，有制裁權，有活動力，必須推行律制的
> 教育；要想佛教徒們，層層相因，彼此節制，保持
> 身心的清淨，達於離欲之境，必須教育大家，使得
> 人人受戒學戒並且持戒。❽

法師站在現代社群組織與傳統宗派組織之間，擬借重僧

---

❽ 聖嚴法師，《戒律學綱要》，《法鼓全集》01-03，頁 56。

律尊重制度依律而住，以消解自我習氣的傳統來建構組織文化自是非常高明。而從現代組織管理與學科建立的觀點來看，從計畫方案預算等執行面逐層精確地和願景主張規章的政策面勾稽，並且把制度和組織文化不同層面分開處理，當也是可能的發展。因為，共識、願景誠然不可少，但當此尚未蘊釀發展成為有力的組織文化時，組織成員就大抵仍是依照自己原有的習性甚至是本能在運作。宣示的教法與執事者的落差，除了靠組織文化填補縫隙，更有賴從認識大我、接受大我、肯定大我的過程中長出規章制度來架構綱維。而這一步是比較艱難的。不只是自我消解的難處，歷史的思維慣性、現代社會提供有關公共大我的知見尚不夠充分都是原因。面對目前全球範圍的商品大流通和自由經濟大發展的時代和個人導向的世俗倫理衝擊，有必要繼續補強。顧肅指出：

中國傳統的倫理思想對於政治、法律、宗教和社會生活各方面的強烈影響，表現出一種泛道德主義傾向。以綱常倫理來論證、支配、統攝公共哲學，因而缺乏對個人權利與公共權力的正常性做理性和制度性的論證，未能建立起強健的公共哲學體系。❾

---

❾ 顧肅，〈重建東亞社會公共哲學的反思與設想〉，黃俊傑、江宜樺編，

　　佛教現代化運動的過程，先是佛陀內涵從「現實人生化」重新定義、再是教法講究「證據科學化」的重新詮釋，必然也會有「組織群眾化」的重塑建構。

五、小結

　　佛教在心靈層次依照知情意三種官能開展出戒定慧三學。據此檢視人間淨土建設方案，則聖嚴法師在心靈層面戒定慧三學的教學施設有以下特色：1. 強調關懷與感恩；2. 重視自我，肯定其從小我提昇到大我的價值；3. 對知識的態度是重視致用實用。這和佛教現代化運動人間化的發展策略是一致的，並對此有進一層的深化和發展。而在思想的實踐上從信仰的佛教引發到學術的佛教，從儀式化的佛教引發到實踐的佛教，從菁英專修的佛教引發到大眾普遍的佛教也有相當耀眼的業績。但是佛教現代化運動尚未完成、建設人間淨土也尚待開展。

　　管理界每隔數年便有新流行的管理運動，管理學大師彼得‧聖吉（Senge, Peter M.）對這種風行一時便成塵埃的情況頗有所感，於是努力使自己所提出的「第五項修練」不斷地強化其應用效能，使之能實踐到經驗的

《公私領域新探：東亞與西方觀點之比較》（臺北：國立臺灣大學出版中心，2005 年 8 月初版），頁 35-53。

層次而不是只停留在概念的層次。他說：

> 我們對文化有一種天真的信念，以為只要我們宣
> 布新的價值觀，文化就會應聲而改變。事實上，這
> 只會帶來冷嘲熱諷。但是，當經驗改變的時候，信
> 仰和假設就會改變，文化也隨之改變。**❾**

人間淨土思想是在實踐中建立開展的，菩薩戒的施
行、法會懺儀的轉變、宗教教育的推動……，都經過長
時間的努力堅持，才得成果。人間淨土的建設與佛教現
代化的努力也必然是從不斷強化應用效能、不斷持續實
踐中具體呈現對文化改變的正面力量。

---

❾ 彼得·聖吉（Senge, Peter M.），《第五項修練 II 實踐篇》（臺北：天
下文化出版，1995 年 8 月 15 日第一版 2 刷），頁 34。

繼承與發揚：
聖嚴法師人間淨土思想的抉擇❶

太虛大師揭櫫「人生佛教」，印順導師提倡「人間佛教」，聖嚴法師則以「人間淨土」為標誌。三位大德為當代佛教人間化運動不同世代的重要代表。承先啟後，聖嚴法師對於前代大德所承繼的是什麼？另有開展的又是什麼？相關討論範圍應涵括：思想立場、修學歷程、發展根據……議題。本文先就聖嚴法師在思想立場上對如來藏與性空的抉擇做討論。

為方便了解三位大德思想異同，本文提出「苦、集、滅、道」的觀察框架。從對當前佛教所處困局的感受（苦）與問題癥結的判斷（集），以及對佛教發展方向、基本精神與宗旨的指導（滅），和具體實踐方法的安排（道）這四個方面來觀察。

---

❶ 本文原發表於「第三屆聖嚴思想國際學術研討會」，臺北：聖嚴教育基金會主辦，2010 年 5 月 30-31 日。收入《聖嚴研究第二輯》，臺北：法鼓文化，2011 年 7 月，頁 155-200。

　　同為佛教人間化運動健將的太虛、印順、聖嚴三位
大德，彼此間的相同處明顯地要比其相異處來得多。此
係由於對佛教發展方向、基本精神與宗旨的指導大致相
同。這一個相同點也是人間佛教和其他佛教發展路線差
異最大的地方。因此，對比著佛教界其他大德，三位大
德思想實為「大同」而「小異」。其「小異」處則可從
思想根據與立場之抉擇而得進一步的理解。

一、前言：問題與方法

（一）問題的提出

　　聖嚴法師（1930－2009）的佛教志業主要開展為法
鼓山的相關體系。他以「建設人間淨土」做為法鼓山志
業的發展理念，為佛教現代化運動的持續而努力。

　　檢視這百年來佛教現代化的歷程，太虛大師
（1889－1947）揭櫫「人生佛教」，開創了佛教面對人
世面對人生的人間佛教運動。其學生印順導師（1906－
2005）提倡「人間佛教」承繼，為第二代。聖嚴法師則
以「人間淨土」為標誌，誼屬第三代。❷三個世代各有多

---

❷　「人生佛教」和「人間佛教」都是太虛大師首先提出。但在使用上，太
　　虛大師偏重「人生佛教」，印順導師則對「人間佛教」有更豐富的開
　　展。本文以人間佛教（不加引號）做為廣義，指太虛大師以來所倡導的
　　佛教復興運動，「人間佛教」（加引號）則為狹義，特指印順導師所開

位法將，本文謹以此三位大德做為當代佛教人間化運動不同世代的代表，探討聖嚴法師對於前代大德所承繼的是什麼？另有開展的又是什麼？佛教發展的長河應要當不是一逕向前，而是蜿蜒東流的。這一曲曲折折的考量是什麼？聖嚴法師是如何做出抉擇的？這些問題牽涉範圍甚廣，應討論的至少要包括：思想立場、修學歷程、發展根據……議題。本文先就聖嚴法師在思想立場上對如來藏與性空的抉擇做討論，做為日後繼續相關論題探討的基礎。

（二）四聖諦方法為框架

　　太虛、印順、聖嚴三位大德，都是著述宏富、論理深邃、弘化多方的大家，欲理解一家已為不易，遑論三家，今為討論三位大德思想異同，需有方便，因此提出一個框架做為理解的基礎。

　　成中英於討論儒佛間思想交涉時曾提出一個判斷的架構，他把思想體系分解成四部分：

　　1. 思想方式及結構。

　　2. 思想內涵及所指。

　　3. 思想方向及目標。

展的內涵。

4. 思想綱目及重點。

成中英指出，經由這樣的分析，就可以看到宋明理學與心學在第一、第二點上，有與中國佛學極其相似並可溝通的部分，但在第三、第四上卻與佛學決然相反。❸這樣的架構建立起來，也就比較能釐清三教異同的本質部分，不致於儱侗地在影像的形似部分發生誤判。

經由這個啓發，我們把這個觀察的元素，配合佛教「四聖諦」的理念，轉化出一考察人間佛教思想的架構來。

「四聖諦」的基本性質是佛教對世界本質的說明，並由此開出修道證道的方法。如果將四聖諦的理解，從經驗世界的方法論轉換爲理解文本的方法論，則思想家建構思想的程序應當是這樣的：

1. 苦：察覺困境、感受問題、發現問題。

2. 集：分析問題成分、提出根源問題。

3. 滅：確認宗旨、目標，提出答案。

4. 道：發展解決方案、開展細部架構、論證解決效能。

從思想的建構來說：「苦」是對困境的察覺與感受；「集」爲由現象到理念、由事到理的概括過程，用以掌握問題的癥結；「滅」是提出答案、訂定目標或方

---

❸ 成中英，〈從傳統儒佛的交涉與互融到現代佛學與現代性的對立與溝通〉，收入：《1995 年佛學研究論文集：佛教與現代化》（臺北：佛光，1996 年 1 月），頁 251-261。

向；而「道」則是從核心到細節、由理到事具體的開展歷程。是從觀察問題、提出問題到分析問題，然後依此分析設定目標範圍，建構解決方案。

以上是從時量來理解，思想體系的發展順序大致是由上而下一貫的，間亦有上下來回的修正。而思想體系彼此之間必然會有相容、相似乃至相反的部分，如何來論定其異同？無著菩薩提出一個非常形象化的判斷模式。無著菩薩是以金剛杵比喻般若波羅蜜：

> （金剛杵形狀）初、後闊，中則狹。如是，般若波羅蜜中狹者謂淨心地，初、後闊者謂信行地、如來地。此顯示不共義也。❹

印順導師曾多次舉無著這個金剛杵的比喻來說明佛法學習的修證過程是「首尾粗大而中間狹小」。❺思想

---

❹ 無著菩薩，《金剛般若論》卷1，《大正藏》第25冊，頁759上。
❺ 印順導師指出：「最初發心修學，觀境廣大，法門無量；及至將悟證時，唯一真如，無絲毫自性相可得，所謂『無二寂靜之門』；『唯此一門』。這一階段，離一切相，道極狹隘；要透過此門，真實獲證徹悟空性，才又起方便——後得智，廣觀無邊境相，起種種行。」見《般若經講記》，頁13、《學佛三要》，頁181。又案：本文中印順導師著作係使用《印順法師佛學著作集》（新竹：印順文教基金會，2006年2月，電子4.0版）。

家思想建立的過程當亦如此：當由問題現象（苦）尋求
問題癥結（集）時，這是一概括歸納的過程，數量是從
多而少；而當確認宗旨（滅）而後開展呈現（道）時，
則是演繹和具體的轉化，數量為從少而多。中間交叉點
是窄的，上下兩頭是寬的。從上而下，愈向中間交叉點
靠，數量愈形減少，這表示愈來愈聚焦、問題根源愈來
愈清楚，因此目標明確而簡單。而從中間交叉點再往
下，數量愈形增加，這表示從目標宗旨要實踐轉化時，
具體呈現的細緻與密度。上下兩頭是寬的：上端的寬廣
表示現象混亂、問題複雜，還沒有釐清問題，因此無法
歸納統合出條理與層級關聯；必須從諸多問題現象整理
出上下層級關係。而下端的寬廣則表示從核心理論開展
出許多具體細緻的下層概念與操作執行。參見下圖。

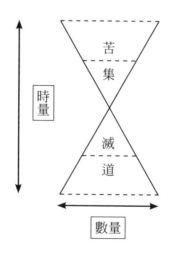

　　我們先用這個框架把人間佛教的論題論旨展示出來：

　　苦／問題現象：「佛門淡泊，收拾不住。」❻人材凋零是現代佛教的主要問題。

　　集／問題癥結：佛法與人生脫節。

　　滅／解題主軸：立足於人間，將佛法與人間的關聯充分展現。

　　道／解決方法：將佛法與人世間各層面各向度充分結合。

　　藉著這個框架，我們可以清楚地掌握太虛大師以來人間佛教運動的本質，此其「不共」處。這一「不共」即是中間狹小的「宗旨」設定，這是區分是否為人間佛教的根本判準。符合這個判準，則儘管問題意識不同、解決方案不同，仍不妨其為人間佛教，而即使宗旨不同，佛門教法亦不是全然不相容。❼

　　對比著佛教界其他大德，同為佛教人間化運動健將的太虛、印順、聖嚴三位大德，彼此間的相同處自當要比其相異處來得多。本文比較三位大德，

❻　宋儒張方平曾有「儒門淡泊，收拾不住，皆歸釋氏」的感歎，此處借其語。
❼　此所以闕正宗將臺中蓮社李炳南居士列為人間佛教運動範圍時，會有質疑的聲音。從宗旨來判斷，確屬不同；但從內容視之，則實有相容處。

雖主要討論其間差別，但並未忽略三位大德之間的
「大同」。

　　此一「大同小異」的判斷是就「苦、集、滅、道」
的框架觀察而來。三者在當前佛教所處困局（苦）的體
會相同，佛教發展方向、基本精神與宗旨（滅）的把握
相同，於是而言其為「大同」。而在此基本精神與方向
確立後，其具體實踐方法的安排（道）有所差別。此為
「小異」。

　　以下即依此框架來理解三位大德的思想。唯思想
家的思想發展，雖然理當有感受問題、診斷原因、核
心主軸以及解決方案的思維歷程，但在論述表達時，
這些層次常是同時呈現、彼此聯繫的：解決方案必然
含攝著核心主軸，問題診斷實已預設了核心主旨。因
此以下討論開展，大致先呈現當代佛教遭逢的處境
（苦），然後同時討論太虛大師和印順導師對問題的
診斷（集）及解決目標和主軸的設定，最後再從主軸
設定後所提出的解決方案（道）來討論聖嚴法師的
抉擇。

二、太虛大師「人生佛教」思想主軸

（一）當代佛教遭逢的問題

　　教運不離國運。當代佛教的復興面對的是中國現

代化的啓始過程。而佛教現代化的發起因緣是佛教遭遇「廟產興學」這樣的重大危機而驚覺到佛教人才的缺乏：住持佛教的人才不足、護持佛教的信眾也不足。由果推因，信眾質量不足來自於缺少充分的信仰教育，住持人才缺乏則是由於禪證與義學的衰微。然而，教產成爲各界覬覦的對象，又是長期以來民眾對佛教的普遍信仰所帶來及所積累的莊園資源。佛教內外人才俱呈不足，但竟仍然能保持群眾對佛教的信仰於不墜。這個落差顯示什麼意義？

人的問題來自教法，而什麼才是正確的教法？爲什麼會有不正確的教法？問題意識於是首先集中在對問題的診斷。太虛大師從整個中國現代化所面對的情境，同時也是佛教現代化所共同要面對的環境來觀察。主要觀察結論有三點：

1. 教徒素質低數量少，住持佛法的出家人和護持佛法的信眾都明顯缺乏力量。

中國晚唐以來，達人雖眾，陋儒亦多，每肆狂言闢佛，陰盜陽憎，心奉口違。故考民俗風習，雖皆信行佛教，而多不居爲佛教徒，唯任出家二眾僧尼遊乎方外，若存若亡，鮮在家眾持續傳守，且時或凌折之。故我佛聲光雖嘗大振乎隋唐，浸衰者遠，

淪替及茲，已成千鈞一髮之勢。❽

2. 教法空疏，教理偏於玄談，禪證趨於陋劣。

中國佛教，唐以後為畸形發展，一方則下逗愚民為神道之設教，一方則上適高哲為圓頓之玄談，而無常智常德之講求修踐，致今下者為世詬病為迷信，上者若台、賢、禪、淨等亦流為空疏虛渺之僻習，且已無舊宗門之可循求哉！故今在中國施設之佛教，應為從人至佛之大乘漸教，而切實從做人起。僧寶之建立，當從律儀院、教理院以為基礎。而佛學之研究，則當如世界佛學苑計畫書所擬教理行果系統而依解修證之。❾

中國佛教特重禪觀為正統，要恢復振興，必須重修禪觀。可是越到後來越簡單了，僅看一句話頭，這樣門庭愈狹小、愈孤陋寡聞，便成一種空腹高心，

---

❽ 太虛大師，〈佛法導言〉，《太虛大師全書‧第一編佛法總學》，頁105-107。又案：本文有關太虛大師著作係引用《太虛大師全書》，新竹：印順文教基金會，2006 年 2 月，光碟版 4.0。
❾ 太虛大師，〈答趙伯福問〉，《太虛大師全書‧第十七編酬對》，頁461。

一無所知的人，不但不達禪宗，而且也完全荒廢了
教律，以致成為現在這樣的衰頹現象！實際上，連
實行的淨土，也愈簡易愈陋劣而成空殼了！❿

3.寺院道場家族化，注重宗派，不重修學。

中國因宗族思想濃厚，影響到佛教亦成為一菴一
寺變相家庭、徒子法孫的制度，此種現象，明末清
初以後逐漸加盛，最為近代佛教衰落之要因！⓫

中國民族的一般文化思想，特重敬祖的家族制
度——所謂宗法社會，而佛教也還是受其影響；尤
其明末、清初以來，變成一個個特尊各寺祖師的寺
院。……并不注重徒眾的教化，使之修學學佛法，
自度度他，而專重視法派與剃派的相傳和遵守祖規，
保守祖基。大的寺院須遵祖規傳戒、坐禪，比較
有佛教的傳習，一部份人對於佛法也還稍有實際修
學；而多數寺院的剃派、法派相傳，猶如在家之注

❿ 太虛大師，〈台四教義與中國佛學〉，《太虛大師全書·第七編法界圓
覺學》，頁 2784-2785。
⓫ 太虛大師，〈存在、僧、僧羯磨〉，《太虛大師全書·第十編學行》，
頁 160。

重子孫，若無徒弟，便同俗人一樣起斷絕後代的恐
慌……。⑫

　　這是佛教現代化運動發動的因緣。由於遭遇到這
樣的問題，太虛大師於是提出有名的三大革命：教理革
命、教制革命、教產革命。三大革命又可以「人生佛
教」總括之。

（二）佛教現代化的方向：人生佛教

　　一九一三年，太虛大師在上海靜安寺首次公開提出
佛教「三大革命」的主張。這三大革命後來改稱為教理
革命、僧制革命、寺產革命，是從思想、制度和經濟從
事佛教改革。⑬三大革命的關聯性與建設的進行方式，
在一九二八年發表的〈對於中國佛教革命僧的訓詞〉一
文做了具體闡發，太虛大師提出「革除、革改、建設」
三方面的策略，也就是把「問題」中可改善者加以修正
調理，此為「革改」的部分；無法改善修正者則予裁撤
放棄，此即「革除」的部分。

---

⑫ 太虛大師，〈人群政制與佛教僧制〉，《太虛大師全書‧第十三編真現
　　實論宗用論》，頁 1097-1099。
⑬ 太虛大師；〈我的佛教革命失敗史〉，《太虛大師全書‧第十九編史
　　傳》，頁 61。

1. 要革除的：

(1) 國君利用神道設教以愚民的迷信。

(2) 習染家族制將僧產變爲師徒授受的剃派法派制度。

2. 要革改的：

(1) 將遁世高隱的態度，改爲精進修習三學並廣化及利濟民眾。

(2) 改變專顧脫死及服務鬼神的態度爲服務人群及兼顧資生問題的態度。

3. 要建設的：

(1) 以大乘十信位菩薩行，建設由人而菩薩而佛的人生佛教。

(2) 以大乘的人生佛教精神，建設適應現時中國的僧制。

(3) 宣傳大乘人生佛教以吸收新信眾、開化舊信眾，組織建設適應現時中國的信眾制。

(4) 昌明大乘人生佛教於中國，使群眾融洽於佛教十善風化，擴充至全人世爲十善文化的人世。❹

這個方案提出八點應興應革事項，都是屬於大方

---

❹ 太虛大師，〈對於中國佛教革命僧的訓詞〉，《太虛大師全書・第九編制議》，頁 597-598。

向的規畫，我們可以從「要建設的」和「要革改的」明確抽繹出「人生佛教」的主軸。太虛大師又提出改革應相應於契機契理的選擇原則。他指出：現代人思想生活，已成為普遍世界文化者有三事：1.現實的人生化；2.證據的科學化；3.組織的群眾化。因此當代佛法的施設與規畫亦當相應於此。太虛大師設定教學的對象是以「人」中心；教學施設選擇以「大乘法」為中心；大乘法又以「圓漸大乘法」為中心。他說：

> 佛法雖普為一切有情類，而以適應現代之文化故，當以「人類」為中心而施設契時機之佛學；佛法雖無間生死存亡，而以適應現代之現實的人生化故；當以「求人類生存發達」為中心而施設契時機之佛學，是為人生佛學之第一義。
>
> 佛法雖亦容無我的個人解脫之小乘佛學，今以適應現代人生之組織的群眾化故，當以大悲大智普為群眾之大乘法為中心而施設契時機之佛學，是為人生佛學之第二義。
>
> 大乘佛法，雖為令一切有情普皆成佛之究竟圓滿法，然大乘法有圓漸、圓頓之別，今以適應重徵驗、重秩序、重證據之現代科學化故，當以圓漸的大乘法為中心而施設契時機之佛學，是為人生佛學

之第三義。❶

　教育對象以「人」為中心是為了適應現代之現實的「人生化」；教學內容以普為群眾的「大乘法」為中心是為了適應現代人生之組織的「群眾化」；而大乘法中以「圓漸大乘法」為中心則是為了適應重徵驗、重秩序、重證據之現代「科學化」。太虛大師的三大革命我們可以概括為面對當代思潮「倫理、民主、科學」等現實問題，而開出的以「人間化」為主軸的佛教復興處方：

　1. 思想／教理方面，對應於普遍世界文化「現實的人生化」，著重於轉變避世山林的走向為參與社會，從影響全國到影響全世界。

　2. 制度／經濟方面，對應於普遍世界文化「組織的群眾化」，從組織建立出家與在家菩薩團體。這一項並含括了經濟／教產方面，對應於普遍世界文化「證據的科學化」，提倡以教產興辦適應現代的教育事業。

❶ 太虛大師，〈人生佛學的說明〉，《太虛大師全書・第二編五乘共學》，頁 208-209。

（三）人生佛教精神：不離人生的成佛歷程

　　對遭逢問題做出定義，並對問題癥結做出診斷，接著就需要設定目標，將最後成果、起點行為，以及中間歷程做出方向或精神的規範。太虛大師晚年（1944年）於漢藏教理院講〈人生佛教開題〉，說明一切佛法的目的與效果總括有四種：1.人生改善；2.後世增勝；3.生死解脫；4.法界圓明。第一種為現世人生，第二種為後世的人天，第三種為羅漢，第四種即妙覺佛果。這四種目的，太虛大師認為，中國向來重視的偏重於第二及第三，即淺近的求後世勝進，高尚的求生死解脫。所以特別提倡從「人生改善而直接法界圓明」的「人生佛教」以為對治，他說：

　　今之人生佛教，側重於人生之改善，特出者即能依之發菩提心而趣於大乘之佛果。即於此上，消極的則對治佛法向來之流弊；積極的則依人生之改善而發菩提心，行菩薩道。此中自亦含攝後世勝進與生死解脫，故第二第三，亦即融攝其中。故人生佛教云者，即為綜合全部佛法而適應時機之佛教也。❶❻

---

❻　太虛大師，〈人生佛教開題〉，《太虛大師全書·第二編五乘共學》，頁222。

　　太虛大師拈出「人生佛學」、「人生佛教」，
提倡以「人」為中心，並且依循現代的人生化、群眾
化、科學化為基礎，在此基礎上建設趨向無上正遍覺
之圓漸的大乘佛學。因此首先須說明的是：「人生佛
教」是「佛」教，是以「成佛」為目標的教法。如果
最後的目的不是「成佛」，則「人生佛教」只是世俗
化了的宗教，與儒家等世間道德並無區別。如此則雖
然適應了社會、取得了世俗的認同，但卻失去了佛教
究竟覺的終極價值，也就不成其為佛教。而確認是以
成佛為終極目標，中間仍可設定有許多階段性目標，
如生天、成就聲聞、緣覺、各位階的菩薩。「人生佛
教」在階段性目標的設定以及中間修學歷程的安排
上，是從人乘直趨佛乘的菩薩階位，沒有天、也沒有
聲聞緣覺的歷程。

　　從人乘直趨佛乘，修學的內容就是從大乘經論研
求得正確之圓解，發菩提心，學菩薩行。〈人生佛學
的說明〉云：

　　先修習大乘十信位菩薩之善根，獲得初步之證
　驗，完成人生，成為孔丘、王守仁一般之人聖，然
　後再漸趨入於十住、十行、十回向、四加行、十地
　等三無數劫之長劫修證，由超人、超超人以至於

佛。❶

這裡很明確而完整地把「人生佛教」方案的起點行為、
中間過程與最後目標都呈現出來：起點是現世人間的
善行，完成人生，目標是成佛。中間過程則是不離人
世，不需經歷天與聲聞、獨覺的階段，由人乘直達佛
乘。❶而太虛大師有名的詩偈：「仰止唯佛陀，完就在
人格，人成佛即成，是名眞現實。」❶也顯示同樣的
精神。

　　思想的改革，第一個要和鬼神的關聯做出區分，
因此「人生佛教」是綜合全部佛法而適應時機之佛教，
專為對治向來重視「死的佛教」與「鬼的佛教」之流
弊。❶於是我們可以總結出：「人生佛教」主要是要和
傳統佛教中「消極逃世」、「迷信神權」、「死的佛
教」與「鬼的佛教」等行為做出區分，轉而重視現實的

---

❶ 太虛大師，〈人生佛學的說明〉，《太虛大師全書·第二編五乘共
　學》，頁 208-209。
❶ 太虛大師，〈人生觀的科學〉，《太虛大師全書·第十四編支論》，頁
　37。
❶ 原題〈滿四十八說偈迴向外祖母張周氏母呂張氏獲增安樂〉，見《太虛
　大師全書·第二十編詩存》，頁 258；另見〈即人成佛的眞現實論〉，
　《太虛大師全書·第十四編支論》，頁 457。
❶ 太虛大師，〈人生佛教開題〉，《太虛大師全書·第二編五乘共學》，
　頁 217-222。

人生；因此首先是著重現生，而暫置「天」、「鬼」等
於不論，以與鬼神禍福區分。而人生佛教思想改革的第
二步則是要和聲聞教法做出區分，從避世出世的山林走
向人間，參與社會活動。他指出：

> 人間佛教，是表明並非教人離開人類去做神做鬼，
> 或皆出家到寺院山林裏去做和尚的佛教，乃是以佛
> 教的道理來改良社會，使人類進步，把世界改善的
> 佛教。[21]

太虛大師特別澄清佛法並非清淨無為之學。若是執
取所謂「五蘊皆空」、「四大非有」等語來認識佛教，
於是就會對「辦叢林、興善舉、及種種利濟眾生之事
業」皆不屑為之，更以為那些是學佛者所不當為；這樣
的觀念自然就會把佛法認為是世外高尚之法，把學佛者
視同為高尚貞操之士、山林隱逸之流。那麼所謂真正的
佛教徒，就只有高隱山林之僧伽，與居家不仕靜修之清
流而已了。

中國人民把佛教看作是神怪、姦盜、閑隱、朽棄

---

[21] 太虛大師，〈怎樣來建設人間佛教〉，《太虛大師全書·第十四編支論》，頁431。

等，把佛教底眞相蒙蔽。若要佛教眞精神表現出來，須
將神怪等等的煙幕揭破，然後才可見到發達人生的佛教
眞相。

太虛大師指明，以三界爲大苦聚，以我爲苦本，因
此欲求解脫證無我的教法是聲聞、緣覺之法，並非釋迦
出世本懷。使一切眾生各各授記作佛，於因地中各發菩
提心、修菩薩行，方是佛之出世唯一大因緣所在。因此
他呼籲學佛者勿學小乘人專於清淨無爲消極自利，而該
當「發其大心，誓行大乘，勇往直前入火宅而度眾生，
百折不回，庶可發揚大乘之精神，暢如來之本懷」，做
一位「即俗即眞的大乘行者」，而其初步則在「闡揚人
乘挽救人道」。因爲「六道之中惟人道易修，而謀世界
幸福其責亦唯人類所負」。其步驟則從崇敬三寶，奉持
五戒十善開始，檢點身心，然後進而十信、十住而證等
覺，層層而上以致於佛。❷

梁武帝在佛教東來之初，爲「新進」加入社會組織
的僧侶，從素食和宗教祈福……等和傳統各階層做出區
分找到了社會角色扮演定位。❸而這個原來教導通世出

❷ 太虛大師，〈眞佛教徒——即俗即眞的大乘行者〉，《太虛大師全書·
第二編五乘共學》，頁 184-192。
❸ 康樂，《佛教與素食》（臺北：三民書局，2001 年 10 月），頁 81-
117。

世間善法的身分角色，因為歷史上體制分工以及種種因素而走向山林，❷再經過明清以來政治上的禁制以及內部的衰微，這個角色乃至佛教整體形象都已和社會產生距離而漸邊緣化。❷面對西風東漸所帶來的社會重組，已然成為「傳統」一員的佛教，正當藉此機會，恢復原來佛教本色，並從參與社會活動中為自己找到新的社會角色價值。太虛大師因此提出「菩薩是改良社會的道德家」這個方向，目的在「建設人類新道德」。他說：

> 菩薩是覺悟了佛法原理，成為思想信仰的中心，以此為發出一切行動的根本精神，實行去救世救人，建設人類的新道德；故菩薩是根據佛理實際上去改良社會的道德運動家。必如此，菩薩乃能將佛教實現到人間去。❷

---

❷ 太虛大師則論謂佛教邊緣化的外在原因是「佛教到隋、唐後，幾幾乎有易而代之之勢，漸惹起儒教徒的恐慌抵抗，經過隋、唐、五代而入於宋，佛教僧徒為避免與儒家的衝突起見，乃依出世法與儒的治世、道的長生，劃疆而守」。〈論胡適之中國哲學史大綱上卷〉，《太虛大師全書·第十六編書評》，頁 297-298。

❷ 余英時曾討論文化及政治發展的改變與邊緣人的崛起，一步步地把知識分子擠到歷史舞台的邊緣。參見：余英時，〈中國知識分子的邊緣化〉，《中國文化與現代變遷》（臺北：三民書局，1992 年），頁 33-50。

❷ 太虛大師，〈怎樣來建設人間佛教〉，《太虛大師全書·第十四編支論》，頁 455。

　　佛教徒要以建設人類的新道德來救世救人，從參與社會中改良社會，把佛教實現到人間社會。這一呼籲，正是太虛大師人生佛教方案的第一步「人生改善」。太虛大師認為，只要能歸依三寶、勵行十善，修人間增上之善業，就能由改造自心以造人間淨土。進而化被群眾，昌明德禮，改良陋俗，減弭兵刑，寬裕生計，慈幼安老，救廢恤煢……，就能由改造人間環境以造人間之淨土。❷❼

三、印順導師「人間佛教」思想主軸

　　「人間佛教」一詞最先由太虛大師於一九三三年所提出。係應漢口市商會邀約時以〈怎樣來建設人間佛教〉為題所做演講。❷❽而後，一九三四年《海潮音》月刊發行「人間佛教」專號，這是由太虛大師創辦並擔任主編。後來慈航法師發行《人間佛教》月刊，浙江縉雲縣也出過《人間佛教》刊物，法舫法師也在錫蘭（今名斯里蘭卡）講了「人間佛教」的專題。然而，對「人間佛教」內涵的充實與詮釋，應以印順導

---

❷❼　太虛大師，〈建設人間淨土論〉，《太虛大師全書·第十四編支論》，頁 396-404。
❷❽　太虛大師，〈怎樣來建設人間佛教〉，《太虛大師全書·第十四編支論》，頁 431。

師最爲集大成。❷

印順導師的「人間佛教」，實即對太虛大師「人生佛教」精神的繼承與發揚。

（一）「人間佛教」精神：佛在人間

印順導師持續太虛大師提倡的人間佛教運動，在理論方面更推進一層的是提出「佛在人間」的命題。這一命題中「佛」和「人間」的概念直接指涉的是佛身和佛土，而間接包括了佛所要度化的眾生：佛在人間成佛，佛土是在人間，而佛所度化的眾生是人。佛在人間成佛，要區分的是佛在天上成佛；佛土在人間，要區分的是他方佛土（淨土）；佛所度化的眾生是人，要區分的是天道、鬼神⋯⋯等眾生。

印順導師指出，「佛陀早已成佛」的說法，先是把佛陀成佛的處所安立於天上身相圓滿廣大的最高處──摩醯首羅天。進一步，則把在人間成佛的世尊，修行六年，不得成佛，於是非向摩醯首羅天上的佛陀請教不可。❸ 如此，則天上是比人間更殊勝的處所。無怪乎佛教徒之無心於此土此世。因此，當於原始教典中發現佛

---

❷ 聖嚴法師，〈人生佛教與人間佛教〉，《法鼓山的方向 II》，《法鼓全集》08-13，頁 74。

❸ 印順導師，〈佛在人間〉，《佛在人間》，頁 14-15。

在人間的經證時，印順導師歡踴欣喜。他敘述道：

> 佛教之遍十方界，盡未來際，度一切有情，心量
> 廣大，非不善也。然不假以本末先後之辨，任重致
> 遠之行，而競為「三生取辦」，「一生圓證」，「即身
> 成佛」之談，事大而急功，無惑乎佛教之言高而行
> 卑也！吾心疑甚，殊不安。時治唯識學，探其源於
> 《阿含經》，讀得「諸佛皆出人間，終不在天上成佛
> 也」句，有所入。釋尊之為教，有十方世界而詳此
> 土，立三世而重現在，志度一切有情而特以人類為
> 本。釋尊之本教，初不與末流之圓融者同，動言十
> 方世界，一切有情也，吾為之喜極而淚。❸

「佛出人間，為人說人法」，這也是接續太虛大師
「人生佛教」而還要另倡「人間佛教」的原因。太虛大
師「人生佛教」有對治和顯正兩方面的意思：

1. 對治的：中國佛教末流，一向重視「死、鬼」所
引生的流弊。所以虛大師主張不重死而重生，不重鬼而
重人。以人生對治死鬼的佛教，所以以人生為名。

---

❸ 印順導師，《印度之佛教》，頁 a2。又案：引文中《阿含經》原文為：
「佛世尊皆出人間。非由天而得也。」（《增壹阿含經》卷 26〈等見
品〉，《大正藏》第 2 冊，頁 694 上）

2.顯正的：太虛大師從佛教的根本及時代的適應去了解，認為應重視現實的人生。依著人乘正法，先修成完善的人格，保持人乘的業報，方是時代所需，尤為我國的情形所宜。由此向上增進，乃可進趣大乘行。❸

印順導師自述和太虛大師在顯正方面的看法，大致相近；而在對治方面，覺得更有極重要的理由。不只要對治流於死鬼的偏向，也要對治流於天神的混濫。他說：

> 不但中國流於死鬼的偏向，印度後期的佛教，也流於天神的混濫。如印度的後期佛教，背棄了佛教的真義，不以人為本而以天為本（初重於一神傾向的梵天，後來重於泛神傾向的帝釋天），使佛法受到非常的變化。所以特提「人間」二字來對治他：這不但對治了偏於死亡與鬼，同時也對治了偏於神與永生。❸

---

❸ 印順導師，〈人間佛教緒言〉，《佛在人間》，頁20。
❸ 詳見：印順導師，〈人間佛教緒言〉。另外，於〈遊心法海六十年〉也有同樣的說法：「虛大師說『人生佛教』，是針對重鬼重死的中國佛教。我以印度佛教的天（神）化，情勢異常嚴重，也嚴重影響到中國佛教，所以我不說『人生』而說『人間』。希望中國佛教，能脫落神化，回到現實的人間。」《華雨集》第五冊，頁19。

　　「佛在人間成佛」這一命題的證成，除了有對治死鬼和天神傾向的作用，更關係到人間佛教理論架構的完整性。

（二）佛法：人間凡夫學菩薩行

　　印順導師有關「人間佛教」的精神與教學施設，在〈人間佛教要略〉中有完整的理論架構云：

　　1.論題核心：人、菩薩、佛。

　　2.理論原則：法與律的合一、緣起與空的統一、自利與利他的合一。

　　3.時代傾向：青年時代、處世時代、集體時代。

　　4.修持心要：信／願—莊嚴淨土、智／定—清淨身心、悲／施—成熟有情。❸

　　四點中有許多是交叉互見的，如：青年、菩薩、利他、悲、願。有關「修學者（僧）」的身分設定及其內涵規範，留待下節處理。本節著重有關人間佛教「修學內容（法）」的討論。

　　太虛大師對人間佛教的修學歷程，規畫出以大乘十信位菩薩行，建設由人而菩薩而佛的「人生佛教」，起點是現世人間的善行，完成人生。目標是成佛。中間

---

❸　印順導師，〈人間佛教要略〉，《佛在人間》，頁 100-127。

過程則是不離人世，不須經歷天與聲聞、獨覺的階段，由人乘直達佛乘。❸印順導師「人間佛教」的論題核心所施設的佛法修學也是從人乘而直趨佛乘修菩薩行，這和太虛大師「人生佛教」是一致的。而理論原則中提揭「法與律的統一」，時代傾向提出「集體時代」，這也可以看出是對太虛大師「組織群眾化」的進一步申論。

菩薩有新學菩薩、賢聖菩薩、佛菩薩。從人乘正行向佛道的菩薩是凡夫菩薩、新學菩薩，名之為十善菩薩（太虛大師用的是「十信菩薩」）。「人間佛教」教法的主要對象不是賢聖菩薩，更不是佛菩薩，而是凡夫初發心的新學菩薩。這個身分的設定，對佛教的弘傳與弘傳對象的確認是有相當大的意義。因為，十善是人間正行，是人人可行的。

十善菩薩自是以十善為主要修學，由此而學習發菩提願、發慈悲心、勝解空慧。這個菩薩教法的內涵，印順導師從《大般若經》取得確實內容。

《大般若經》有「一切智智相應作意，大悲為上首，無所得為方便」，印順導師取來對應悲智信願的人間佛教「修持心要」：啟發信心，引生智慧，長養

---

❸ 太虛大師，〈人生觀的科學〉，《太虛大師全書·第十四編支論》，頁37。

慈悲。這是大乘道的根本法門。學習成就,就是菩薩
事業的主要內容:莊嚴淨土、清淨身心、成熟有情。
因此印順導師稱此為學佛三要:菩提願、大悲心、性
空慧,是「菩薩道的真實內容,菩薩所以成為菩薩的
真實功德」。❸

　　菩薩的主要特質呈現在入世、利他,這兩種特質又
是相互增上的條件。急於出世,便無法修習利他行;缺
乏利他心性,也不容易有入世取向。入世而不急求出世
之所以可能,在於是否具備性空慧;廣修利他之基礎則
在於慈悲心。

　　性空慧之所以為入世而不急證的可能,在於「緣起
與空的統一」。這是大乘理論的特點:「世間不異出世
間」、「生死即涅槃」、「色(受想行識)不異空,空
不異色」。❸沒有這樣的信解,便不免要把世間事務視
為「俗務」、「障礙」,要另求出世的修行操持。而大
乘菩薩的修行是不離人間正行的。他指出:

　　　　中國佛教入世精神的衰落,問題在:輕視一切事
　　　行,自稱圓融,而於圓融中橫生障礙,以為這是世

---

❸　印順導師,〈學佛三要〉,《學佛三要》,頁66。
❸　印順導師,〈談入世與佛學〉,《無諍之辯》,頁183。

間，這是生滅，都是分外事。非要放下這一切，專心於玄悟自修。這才橘逾淮而變枳，普遍地形同小乘。問題在：在家學佛，不知本分，一味模仿僧尼，這才不但出家眾不成入世，在家學佛也不成入世。❸

不能建立空勝解，離開人間正行，就難免會有急求證悟的傾向：

中觀也好，瑜伽也好，印度論師所表彰的大乘，解說雖多少不同，而原則一致。從「空」來說，如《瑜伽》〈真實義品〉所說：「空勝解」（對於空的正確而深刻的理解）是菩薩向佛道的要行。生死性空，涅槃性空，在空性平等的基點上（無住涅槃），才能深知生死是無常是苦，而不急急的厭離他；涅槃是常是樂，是最理想的，卻不急急的趣入他。把生死涅槃看實在了，不能不厭生死，不能不急求涅槃。急急的厭生死，求涅槃，那就不期而然的，要落入小乘行徑了！❸

---

❸ 印順導師，〈談入世與佛學〉，《無諍之辯》，頁 199。
❸ 印順導師，〈誤入世與佛學〉，《無諍之辯》，頁 184。另有關印順導師「不求急證」和「菩薩行」思想的關聯，請參見：昭慧法師，〈人間

　　大乘入世佛教的開展，「空」爲最根本的原理，「悲」是最根本的動機。❹悲，指的是慈悲心、大悲心；菩薩的種種修學，從慈悲心出發，以慈悲心爲前提。「菩薩但從大悲生，不從餘善生」。沒有慈悲，一切福德智慧，都算不得菩薩行。所以，大（慈）悲心「是菩薩行的心中之心」。❹但是，慈悲是利他，新學菩薩有何能力來利他呢？這就是〈人間佛教要略〉所要強調的「自利與利他的合一」的理論原則。

　　「自利與利他的合一」要說明的是：凡夫學大乘道，是以眾生受苦爲所緣，經說：「菩提所緣，緣苦眾生」，由於不忍眾生苦，因此發起普度眾生的悲心來廣學一切。是爲了要度一切眾生，所以要廣學一切滅苦之法。從而在爲眾生修學滅苦之法的利他行中，自己也得利。菩薩的自利，從利他中得來，從利他中完成的。❹

佛教・薪火相傳〉，《活水源頭——印順導師思想論集》（臺北：法界出版社，2003 年），頁 85；楊惠南，〈不厭生死・不欣涅槃——印順導師「人間佛教」的精髓〉，《印順長老與人間佛教——第五屆祝壽研討會論文集》（桃園：弘誓學院，2004 年），頁 A1-25。

❹ 印順導師，〈談入世與佛學〉，《無諍之辯》，頁 183-184。

❹ 印順導師，〈學佛三要〉，《學佛三要》，頁 66-67。

❹ 印順導師對「自利與利他的合一」的說明除了前引文〈人間佛教要略〉外，另參見：〈自利與利他〉，《學佛三要》，頁 145；〈第十九章：菩薩眾的德行〉，《佛法概論》，頁 252。

四、聖嚴法師思想根本立場

（一）聖嚴法師對人間佛教的繼承與發揚

聖嚴法師自述思想來源，即是太虛大師以來諸位大師倡導奉行的人間佛教運動的延伸，而與前輩大師又有些許不同。

> 前輩大師們或無明確的經證，或有經證，都難免有點偏重或偏輕。太虛大師及東初老人重在契合現代社會的時機，雖有人格標準的十善為依據，但缺乏具體的經證，尤其印度的後期大乘及中國以如來藏系思想為主流的佛教，比較偏重理想層面。印順長老則主張在契理及契機的前提下，提倡人間佛教，但是重於《阿含經》據，對於中國大乘佛教未免有些微言大義。我們法鼓山所提倡的人間淨土，是承接這三位大師的創見，同時也發揚漢傳大乘佛教的優點，希望能承先啟後，而適應各種人及時空的。❸

若要概括人間佛教運動中，聖嚴法師和太虛大師、

---

❸ 聖嚴法師，〈法鼓山的鼓手〉，《法鼓山的方向 II》，《法鼓全集》08-13，頁 79。

印順導師的相異處，則主要來自於問題意識的不同和現實事業的差異。聖嚴法師曾形容印順導師是「會看病而不會治病」的學者，並指出：

> （印老）不是拘泥承襲律制傳統形式的人，而是深入律藏而對現代社會，指出方向原則的思想家。可惜他自己沒有建立僧團，也未真的依據印度律制的精神原則，設計出一套比較可以適應現代社會的僧團制度來。單從這一點看印順長老，倒頗近於只會看病而拙於治病的學者風貌了。他是開了藥方及藥名，卻未告訴我們每一味藥的分量及焙製方法。❹

聖嚴法師這樣的評論，印順導師許為「非常正確」；印順導師並自述對於太虛大師所提倡的佛教（教理、教制、教產）改革運動，原則上是贊成的，但覺得不容易成功。而「出家以來，多少感覺到：現實佛教界的問題，根本是思想問題」。因此，不像虛大師那樣提出「教理革命」，卻願意多多理解教理，對佛教思想起一點澄清作用。❺

---

❹ 聖嚴法師，〈印順長老護教思想與現代社會〉，《學術論考》，《法鼓全集》03-01，頁 357。
❺ 印順導師，〈遊心法海六十年〉，《華雨集》第五冊，頁 267。

　　印順導師偏重於人間佛教本質的定義（What）和原由（Why）的探討，聖嚴法師則較側重於人間佛教如何實踐（How）的層面。這一點，聖嚴法師和太虛大師比較接近，有較強烈的現實感。但這些不同，在「苦集滅道」框架中，都是屬於實施方法（道）的層次，在滅的層次屬於主軸方向核心理念上，是略無扞格的。

　　例如：聖嚴法師於一九八九年創設法鼓山，即以「提昇人的品質，建設人間淨土」做為法鼓山志業的核心理念。以人品為著眼，當是源自於太虛大師「人成即佛成」，人間淨土則是人間佛教一貫的佛土觀。二〇〇五年，法鼓山開山大典，聖嚴法師提出「大悲心起」做為開山的精神象徵。這與前輩大師特別以「悲心增上」做為菩薩特質的見解亦完全相符。其中最能表現出對人間佛教「菩薩」內涵的認同，厥為菩薩戒儀軌的編創。

　　聖嚴法師於一九九一年起，開辦菩薩戒傳授法會。授戒的儀軌和各佛教道場多年來遵行以明代讀體法師《傳戒正範》為準的戒儀有些不同。其中最關鍵的是「受十善戒」。歷來通行的各種傳戒儀軌幾無授受十善戒的，聖嚴法師則不但提出，且列為重要條目。

　　聖嚴法師的考量是各戒經的輕重戒條對現代人

來說太繁複，而且難度高，受而不持實在缺少教學效能。但若僅以三聚淨戒、〈四弘誓願〉做為菩薩戒的內容，簡則簡矣，卻嫌太過抽象，會使學者缺乏遵循與憑依。因此聖嚴法師在主張：「在三聚淨戒的原則下，如何來考慮菩薩戒的時空適應，而予以簡化並且認眞實踐」的同時，便進一步的思考。並從日本佛教、藏傳佛教以及《大智度論》等教法中總理出十善戒的重要性。❹ 近代對十善戒的提倡，是太虛大師，列為佛教革命應興事項。他在一九二八年發表的〈對於中國佛教革命僧的訓詞〉一文提出「革除、革改、建設」三方面的策略，其中要「建設」的就是以「十信菩薩」的「十善」為主要內容。❹ 印順法師的見地也對十善與菩薩的關聯充分地支持，他說：

> 對佛有了充分的信解，就得從十善菩薩學起。……
> 以菩提心去行十善行，是初學菩薩，叫十善菩
> 薩。……十善正行，是以發大悲心為主的菩提心為

---

❹ 日本天台宗創始祖最澄，設立圓頓戒，以「授圓十善戒，爲菩薩沙彌」；《入中論》所舉的菩薩律儀是十善道；《大智度論》以「十善爲總戒相」；宗喀巴《菩提道次第廣論》則以「此（十善）爲攝盡尸羅本」。詳見聖嚴法師，〈十善業道是菩薩戒的共軌〉，《菩薩戒指要》，《法鼓全集》01-06，頁 77。

❹ 太虛大師，〈對於中國佛教革命僧的訓詞〉。引文見前註❶。

引導，所以即成為從人到成佛的第一步。❹

　　法師於是判斷：十善既是初發心的菩薩戒，也是通於在家出家的菩薩戒，更是從人間的賢者直到成佛為止的菩薩戒，是最能普及又有彈性和實用的菩薩戒。於是以十善法為菩薩戒是印漢藏諸大論師的共識，主張將十善律儀與三聚淨戒配合，視為菩薩戒的根本。❹此為人間佛教「從人間正行廣學菩薩行而成佛」的具體實踐。

　　聖嚴法師創建法鼓山，試圖建構僧俗四眾合作可長可久的組織體系，這是對應於太虛大師所倡應適應普遍世界文化「組織的群眾化」，從組織建立出家與在家菩薩團體。教導學習觀音學當菩薩、傾聽他人關懷社會，則是延續了太虛大師「現實人生化」的方向；而對應於普遍世界文化「證據的科學化」，太虛大師提倡以教產興辦適應現代的教育事業，聖嚴法師創辦佛學研究所、佛教研修學院等高等教育機構，以佛教學術化來深化「證據科學化」的方向。這些都是人間佛教理念的實踐。

---

❹ 印順導師，〈從人到成佛之路〉，《佛在人間》，頁 137-140。
❹ 聖嚴法師，〈十善業道是菩薩戒的共軌〉，《菩薩戒指要》，《法鼓全集》01-06，頁 76-118。

　　而除了參與社會、化導各界等度他事業是人間佛教核心理念的實踐，在自度自修方面更是人間菩薩行的具體典範。法師晚年，受病痛所摧而仍然忍苦為利他事而忙碌；⑩及至臨終一刻，並無神奇特殊的預知時至，也沒有玄妙高超的坐脫立化。印順導師曾描述人間佛教的奉行者是凡夫菩薩，這樣的凡夫菩薩，有兩點特徵：

　　1. 具煩惱身：

　　凡夫是離不了煩惱的，這不能裝成聖人模樣，開口證悟，閉口解脫，要老老實實地覺得自己有種種煩惱，發心依佛法去調御他，降伏他。……凡依人身而學發菩提心，學修菩薩行，務要不誇高大，不眩神奇。如忽略凡夫身的煩惱覆蔽，智慧淺狹，一落裝腔作勢，那麼如非增上慢人（自以為然），即是無慚無愧的邪命。依人身學菩薩行，應該循序漸進，起正知見，薄煩惱障，久積福德。久之，自會水到渠成，轉染成淨。

　　2. 悲心增上：

　　初發菩薩心的，必有宏偉超邁的氣概。菩薩以利

他為重，如還是一般人那樣的急於了生死，對利他事業漠不關心，那無論他的信心怎樣堅固，行持怎樣精進，決非菩薩種姓。專重信願，與一般神教相近。專重修證，必定墮落小乘。初發菩提心的，除正信正見以外，力行十善的利他事業，以護持佛法，救度眾生為重。經上說：「未能自度先度他，菩薩是故初發心」。應以這樣的聖訓，時常激勵自己，向菩薩道前進。❺

聖嚴法師明確要求將晚年生活如實呈現，要留下「一位推動人間淨土的當代思想啟蒙者，在晚年抱病為淨化人間而努力」，留下「一位漢傳佛教的出家人，如何在所處的年代中，盡其最大努力的弘法、護法事蹟」。❺我們在這真實的記錄中，確實領略到了一位「具煩惱身、悲心增上」的人間佛教凡夫菩薩行者風儀。

以上簡述聖嚴法師對人間佛教精神理念的繼承與發揚開創。以下即就思想根據、修證歷程、發展基礎三項，略論聖嚴法師與太虛大師、印順導師之差別。

---

❺ 印順導師，〈人間佛教要略〉，《佛在人間》，頁 102-103。

❺ 見：釋果賢，〈編者序：美好晚年的本來面目〉，《美好的晚年》，頁 5。

（二）太虛、印順二大師的思想立場

印順導師曾自述與太虛大師的幾點不同。其中有一點是有關思想立場的不同。印順導師提到：大虛大師是以「眞常唯心系」爲大乘根本，而印順導師認爲在佛教歷史上，「眞常唯心系」是遲一些的。❸

　　大師的思想，核心還是中國佛教傳統的。臺、賢、
　　禪、淨（本是「初期大乘」的方便道）的思想，依
　　印度佛教思想史來看，是屬於「後期大乘」的。❹

而印順導師從印度佛教思想史中發現，更遲一些的「祕密大乘佛法」開展即身成佛的「易行乘」，可說是佛德本具（本來是佛等）論思想傾向的最後一著，這實爲大乘思想的逆流，所以斷然的贊同「佛法」與「大乘佛法」的初期行解。❺ 我們可以這麼簡單地區分：太虛大師思想根據是眞常唯心的如來藏說，印順導師則爲性空唯名的性空論。

但是，我們不能誤以爲印順導師是反對如來藏說

---

❸ 印順導師，〈冰雪大地撒種的癡漢──「台灣當代淨土思想的新動向」讀後〉，《當代》第 30 期（臺北：當代雜誌社，1988 年 10 月）。
❹ 印順導師，〈契理契機之人間佛教〉，《華雨集》第四冊，頁 44-45。
❺ 印順導師，〈契理契機之人間佛教〉，《華雨集》第四冊，頁 44-45。

的。他於晚年回顧〈遊心法海六十年〉中引早年成名
著作《印度之佛教》的〈自序〉：「立本於根本（即
初期）佛教之淳樸，宏闡中期佛教之行解（梵化之機應
慎），攝取後期佛教之確當者」，重再強調，對大乘晚
期之神祕欲樂的確是不滿，但其一貫立場是堅持大乘，
而「大乘佛法，我以性空為主，兼攝唯識與真常。在精
神上、行為上，倡導青年佛教與人間佛教」。❺

以性空為主，「兼攝」唯識真常，確有輕重主從之
別。如：

> 不空妙有者，本質是破壞緣起法的，他們在形而
> 上的本體上建立一切法。……
> 大乘的三家，法相唯識者是從不及派引發出來的，
> 於諸法性空的了解不夠；失空即失有，所以不能不
> 說自相有。真常唯心者是從太過派引發出來的，破
> 壞緣起而另覓出路，是對於緣起有不夠了解，結果
> 是失有也失空。❺

然印順導師並未反對如來藏說為大乘佛法，立為大

---

❺ 印順導師，〈遊心法海六十年〉，《華雨集》第五冊，頁 17-18。
❺ 印順導師，《中觀今論》，頁 191-192。

乘三系之一可知。而更值得注意的是：印順導師思想根
據之所以立異於太虛大師，實乃緣於對太虛大師人間佛
教思想最高原則的服膺。

　　一九四〇年，太虛大師訪問南洋回來後提出一個
觀察：南方的教理是小乘，行為是大乘。中國則教理
是大乘的最大乘，行為則實是小乘。太虛大師是這麼
說的：

　　　中國佛教所說的是大乘理論，但卻不能把他實踐
　　起來。……我國的佛徒，都是偏於自修自了。……
　　說大乘教，行小乘行的現象，在中國是普遍地存在。
　　出家眾的參禪念佛者，固然為的自修自了；即在家
　　的信眾，也是偏重自修自了的。❺❽

　　　錫蘭、緬甸、暹羅，同是傳的小乘教，而他們都
　　能化民成俗。……錫蘭 的佛教四眾弟子，對內則深
　　研教理，篤行戒律。……對外則廣作社會慈善 、文
　　化教育、宣傳等事業，以利益國家社會，乃至世界
　　人群，表現佛教慈 悲的精神。所以，他們所說雖是

---

❺❽　太虛大師，〈從巴利語系佛教說到今菩薩行〉，《太虛大師全書·第十
　　編學行》，頁 27。

小乘教，但所修的卻是大乘行。❺

為什麼會這樣呢？印順導師指出，關鍵在於「急求證入」：

> 南方的佛教，雖是聲聞三藏，由於失去了真正的聲聞精神，幾乎沒有厭離心切，專修禪慧而趨解脫的。缺乏了急求證悟的心情，所以反能重視世間的教化，做些慈善文化事業。而中國呢，不但教理是大乘的最大乘，頓超直入的修持，也是大乘的最大乘。稱為大乘的最大乘，實是大乘佛教而復活了聲聞的精神——急求己利，急求證入。失去了悲濟為先的大乘真精神，大乘救世的實行，只能寄託於唯心的玄理了！❻

這就是為什麼印順導師會斷然和太虛大師思想核心的中國佛教傳統保持距離的原因。印順導師認為，太虛大師所說中國佛教「說大乘教，修小乘行」的病症，其病根正來自於這種急證精神的復活。中國佛教的思想，「理

---

❺ 太虛大師，〈從巴利語系佛教說到今菩薩行〉，《太虛大師全書·第十編學行》，頁 29。
❻ 印順導師，〈自利與利他〉，《學佛三要》，頁 148-149。

論的特色是至圓」、「方法的特色是至簡」、「修證的特色是至頓」。這種思想熏習下的修學者，沒有不是急求成就的。而急求成就是不可能廣修利他行發揚真正大乘菩薩精神的。

印順導師判斷：中國大乘各宗，如天台、賢首、禪宗，對如來藏都特別重視。天台雖是弘揚龍樹的中觀學，但也已融攝發揚了如來藏的教說。而禪宗則更是將如來藏思想發揮到最高的頂點。❻漢傳佛教、如來藏緣起，在印順導師遵循人間佛教最高原則下，是必須抉擇淘汰，確立其為方便而非真實的功能性價值。

（三）聖嚴法師的抉擇

聖嚴法師弘揚禪法，又堅持以弘揚漢傳佛教。從大乘三系的判教來看，應是屬於如來藏系的思想立場。但是，聖嚴法師多次自述，強調自己思想的根本立場是性空：

> 我現在所弘傳的禪學，若以中國禪宗祖師們留下的文獻來看，是屬於如來藏系統的思想，可是我把佛法回歸到緣起性空的原點，不論在修行方法的指

---

❻ 印順導師，〈如來藏之研究〉，《以佛法研究佛法》，頁 303-304。

導和修行理念的疏通，我都會指出最基本的立場，
那便是所謂三法印：「無常、無我、寂靜。」如果偏
離三法印的原則，那就很容易跟外道的常見和斷見
混淆不清了。❷

三法印、緣起性空，是從根本佛教到大乘佛教一貫
的佛教基本立場，是佛教與世間其他所有學術不共的思
維，而為所有佛教徒共同信守的立論基礎。聖嚴法師持
此立場可知。而從他堅持漢傳佛教的立場和弘傳禪法的
禪師身分，對如來藏系統也確有深切的同情。這個同情
來自於對佛教歷史的理解，也來自於弘傳佛法的實際經
驗。《自家寶藏》〈自序〉說：

　　不論日本的禪，西藏的密，都跟如來藏的信仰有
　關，因為由其適應不同文化環境的彈性，比較容易
　被各種民族所接受。
　　中國佛教號稱大乘八宗，漢印兩地的諸大譯經三
　藏，把印度大乘三系的中觀、瑜伽、如來藏經論，
　大量地傳入漢地，最受中國歡迎而能發揚光大的，
　還是跟如來藏相關的宗派，教理方面的天台宗及華

---

❷　聖嚴法師，《聖嚴法師學思歷程》，《法鼓全集》03-08，頁 170-171。

嚴宗，實修方面的禪宗及淨土宗，尤其是禪宗，幾
乎成為一支獨秀；其他各宗並未形成教團而普及，
反而是出身於禪寺的僧侶，從事於天台及華嚴的思
想研究，至於非如來藏系的中觀及瑜伽，在漢地雖
也有人研究，唯有少數的思想家當作哲學探討，並
未發展成為普及化的教團，也許是跟本土文化，比
較難以融合。㉓

從佛教東來在漢、藏以及日本流傳兩千多年的歷史觀察
到大乘三系被接受的程度有很大的差別，而從多年來在
西方世界弘傳佛法的經驗，聖嚴法師也發現，如來藏思
想的親和力與穿透力，「在各種有神論，尤其是各種
一神論的宗教文化圈中，是非常實用的，是可普遍應
用的」。㉔聖嚴法師在《華嚴心詮》第四章的第五條註
解中，特別用了十頁的篇幅來討論「如來藏」，並重複
前述《自家寶藏》〈自序〉的觀點：中觀見及唯識見的
思想，在漢文化社會中，只被少數人當做學問來研究討
論，而未能形成為被廣大社會應用在生活信仰及實際修
行中。「相反地，如來藏思想的華嚴哲學、天台思想，

㉓ 聖嚴法師，〈自序〉，《自家寶藏——如來藏經語體譯釋》，《法鼓全
集》07-10，頁4。
㉔ 聖嚴法師，《華嚴心詮》（臺北：法鼓文化，2006年），頁272。

在與禪宗及淨土信仰結合之後，便形成了漢傳佛教普及信仰的主流。」因此，聖嚴法師預見：今後的世界佛教，應該是要具整合性、適應性、包容性、消融性的，能夠擔任並扮演好這份使命及角色的，相信還得要靠如來藏思想。❻

聖嚴法師於是婉轉地並未指明與印順導師見解有別，但下文中藉著與「近代善知識」的區別，當即是表示和印老有不同的看法。他說：

> 如來藏的思想，是最受漢藏兩系大乘佛教所信受的，雖於近代善知識之中，對於如來藏的信仰，有所批評，認為是跟神我思想接近，與阿含佛法的緣起性空義之間有其差異性，認為那是為了接引神我外道而作的方便說，甚至是為使佛法能生存於神教環境之中而作的迎合之說。我相信善知識的研究，有其資料的客觀性、有其剖析的正確性，但我更相信如來藏思想，並不違背緣起的空義，而具有其寬容性。❻

印順導師在思想根據上與太虛大師立異，主要是

---

❻ 聖嚴法師，《華嚴心詮》，頁 273。
❻ 聖嚴法師，〈自序〉，《自家寶藏——如來藏經語體譯釋》，《法鼓全集》07-10，頁 3。

為了人間佛教的實踐，避免發心菩薩落入「說大乘，行小乘」的急求證入，於是從思想根源處釐清。為免重蹈大乘晚期隳墮的覆轍，極力防範「滑坡效應」，以復歸純正的佛法。聖嚴法師在思想根據上與印順導師立異，亦同樣是為了人間佛教的弘傳與實踐。因為，對佛性如來藏的肯定，對一切眾生皆有佛性的肯定，給了一切眾生都有成佛的希望，佛性如來藏的信仰對推動人間佛教、推動建設人間淨土來說，是非常重要的基礎。他說：

> 如來藏思想能使發心菩薩，願意接受一切眾生都是現前菩薩未來佛的觀念，也能使發心菩薩，願意尊敬、尊重每一個人。若能將順、逆兩種因緣的發動者，都看作是順行菩薩及逆行菩薩，也就能將在苦難中失去的親友，視作菩薩的現身說法，幫助自己改變對於人生的態度。因此，我們要推動人間淨土的建設工程，佛性如來藏的信仰就太重要了。❻

這真是個兩難的局面。保持思想的純粹，佛教便會

---

❻ 聖嚴法師，〈自序〉，《自家寶藏──如來藏經語體譯釋》，《法鼓全集》07-10，頁6。

如歷史所呈現的，只能局於少數菁英；但是方便演化，便難免流衍異化而變質。面對佛教走向世界、走向人群才有生命才有意義的現實，聖嚴法師的選擇只能是找到一條既能化俗，又能避免俗化的道路。聖嚴法師相信，適應未來的世界佛教，仍將以如來藏思想為其主軸，因為「如來藏思想，既可滿足哲學思辨的要求，也可滿足信仰的要求，可以連接緣起性空的源頭，也可貫通究竟實在的諸法實相」。

聖嚴法師綰合兩端的方法，就是「佛性如來藏即是空性」。這個命題是這麼推論出來的。

聖嚴法師從《中論》〈四諦品〉青目論師的註文「以有空義故，一切世間出世間法，皆悉成就，若無空義，則皆不成就」，以及《中論》論文「若先非佛性，不應得成佛」（《大正藏》第三十冊，頁三十四上）推論謂「空性是眾生的主體，也是成佛的正因。」而「空性即是佛性，若無佛性，豈能成佛？」因此推證得「佛性如來藏即是空性」的結論。法師認為，這個結論，雖在中觀見，也是認同的。❻

佛性即是空性，綰合了兩系，彌縫了思想的距離。但是，印順導師所擔心的梵化、天化乃至於發展成「至

---

❻ 聖嚴法師，《華嚴心詮》，頁 273。

圓至簡至頓」地急求證悟的問題，又如何面對？聖嚴法師引《楞伽經》表示，如來藏思想，是最能「開引計我諸外道」的。而弘傳過程，由於都會追溯源頭的無常、無我，故又不會落於常見、斷見。聖嚴法師表示，爲了解決如來藏是有我或無我的問題，不妨採用層次化的教判方式，來給與一一釐定：

1. 基礎佛法是素樸的《阿含經》所說四聖諦八聖道，是主張無常、苦、無我、空的，並以常、樂、我、淨四法爲四顛倒。

2. 初期大乘佛教出現了《般若經》及《中論》，出現了《解深密經》及《唯識》的一系列論書，主張無自性、自性空、三性三無性，乃是由基礎佛法的緣起無常觀的積極開展而來。

3. 後期大乘佛教更出現了真常、真我、真心、真性，即是佛性如來藏的真如觀及法界觀，是以無我的空性爲基調，亦是以空義的佛性及無我的如來藏爲出發，爲了「開引」諸派執我的外道，令使認同佛法、歸向佛法的無我，故說有真常的真我、不真空的佛性如來藏。

其實，唯有空性，才是真常不變易的，佛性如來藏，只是空性的異名、假名，乃是爲了適應、順應、

投合執我外道之所好而設立的。所以《楞伽經》已
說，如來藏不即是印度神學的梵我、神我。[69]

印順導師在〈契機契理的人間佛教〉中，也引《楞
伽經》「開引計我諸外道」的觀點，同意人的根性不
同，所以佛教確是有許多不同的方法接引眾生向佛法、
向聲聞、向佛的解脫道而進修的。只要把握經說「佛性
者實非我也，為眾生故說名為我」的原則，釐清並確保
如來藏是方便說，而非究竟說的立場，這便可以不失卻
「人間佛教」不神化的精神。這就是印順導師思想根源
「攝取後期佛教之確當者」的基本原則。[70]印順導師對
漢傳佛教的天台宗曾有如此判語謂：

> 中土的天臺宗，從龍樹的思想而來，受時代思潮
> 的影響，多少有妙有不空的氣息。但法法畢竟空，
> 法法宛然有，較之他宗，仍與中觀義相近。[71]

可見，印順導師對如來藏的發展是有接納成例的。
太虛大師以漢傳佛教為依歸，以如來藏為思想根

---

[69] 聖嚴法師，《華嚴心詮》，頁 272。
[70] 印順導師，〈契理契機之人間佛教〉，《華雨集》第四冊，頁 42-43。
[71] 印順導師，《中觀今論》，頁 191-192。

據；印順導師以印度佛教為依歸，以性空為基本根據，兼攝如來藏；聖嚴法師則亦以印度佛教為依歸❼，以性空為根據，但高度同情如來藏。在取據上雖有差異，但共同的精神則完全相同，均是佛法在人間流傳，利濟人間。

五、小結

太虛大師依據我們所面對的時代特質，如科學、理性、民主、法治等元素，揭櫫了「現實的人生化、證據的科學化、組織的群眾化」三策略，為當代佛教的現代化運動指出了方向，從此而有「人生佛教」、「人間佛教」的一步步開展出。印順導師，也根據《阿含經》「諸佛皆出人間」的旨義，提倡「佛在人間」，呼應太虛大師的「人成即佛成」的理念。

人間佛教運動經太虛大師開創，印順導師的增益，我們可以用四聖諦方法的框架，總結出人間佛教的核心

---

❼ 聖嚴法師於《承先啟後的中華禪法鼓宗》中特別強調：「我也必須在此聲明，我絕對是以印度佛教為依歸的，我寫《正信的佛教》，是以《阿含經》為準則，我在台灣及美國亦開講過數次《中觀論》及《成唯識論》，並且也出版了《八識規矩頌講記》，在佛教的法義方面為我增長了廣度與深度。所以，我從佛法的普及信仰和生活化的實踐面、適應面著眼，要承先啟後大力維護闡揚漢傳的禪佛教，並不表示是反對其他各系佛教的。」（臺北：聖嚴教育基金會，2006 年），頁 39。

思想與精神主軸為：佛在人間。佛在人間成佛，佛教徒
也不離人間修學成佛之菩薩。佛教徒的身分，主要指的
是十信位修學十善行的凡夫菩薩，以此凡夫身，發菩提
心，學慈悲、學智慧。這個核心主軸（滅）是人間佛教
的「不共」處，確立了這點認同了這點，就是人間佛教
運動的一員。但確立了這點，在往下開展的方案（道）
則仍是開放的，不妨礙有許多可能。

　　印順導師對太虛大師思想根據的抉擇，主要來自於
「依滅論道」：從核心目標最高原則來選擇策略方向，
於是有從中國佛教回歸印度佛教，宏闡初期大乘經與龍
樹論之行解，期避免急證精神的復活，以符合菩薩處世
廣學的人間佛教精神。

　　聖嚴法師同樣是「依滅論道」。因為掌握了人間佛
教的核心理念，要使佛法充分地能救度人間，因此，在
行動策略上選擇最有包容力、親和力的如來藏理論。

　　由目的目標來決定活動內容的決策方式是正確的，
對目的目標的理解和掌握也是清楚的，而所以會在行動
方案上有這樣的不同結果，應是來自於問題意識出於
What 和 How 不同，以及對現實接觸的深廣度有別。聖
嚴法師社會參與特深，與世人的接觸甚廣，對接引世人
接觸佛法的急迫性有較強烈的體會，因此對佛法的詮釋
自然需要有更大幅度的開放。

從小我到大我看法鼓宗的創建

一、前言

聖嚴法師的思想有三階段的轉折發展。❶

一九七七年農禪寺時代的禪修道場。一九八九年開創的法鼓山觀音道場。二○○四年成爲漢傳禪佛教的宗派道場。

禪修道場，修學者習禪而爲禪修者。觀音道場，則修學者爲學做觀音而爲菩薩，雖只是凡夫菩薩嬰兒菩薩。宗派道場，則修學者爲漢傳禪佛教的徒眾。這三個

---

❶ 聖嚴法師思想發展大致可以旅美爲中界分爲前後期。前期爲閉關前、閉關六年、留日六年；中界則爲旅美弘化初期，教導西方弟子禪修階段實驗期；後期則自一九七七年返臺承繼法業起。本文討論所謂「三階段轉折」是指一九七七年以後從農禪寺到法鼓山的發展變化，此自是「學成之後」，思想同質的發展。唯聖嚴法師前後期並無明顯同質異質之別，後期發展體現者其實已於前期略具雛型。因此前後期之別可視爲「明體、達用」之不同。但是在呈現上會有階段性教學重心的差別。

角色形象，十分象徵性地呈顯出聖嚴法師倫理思想教學
與實踐的特色來。而且，這三個象徵是一個主體不同角
色的同時具足，後者必然需具足前者，即：學做觀音，
必然需是個禪者；漢傳禪佛教的宗派徒眾必然要學做觀
音學做菩薩。從禪修道場到觀音道場，再從觀音道場到
建立宗派。禪者、觀音、宗派，這三個語詞恰好象徵了
修學者的進修歷程。

　　以禪者言，禪修的初步目標在鍛鍊自己、修練自
我，因此，指導禪修者的下手處是「孤立自我」，❷把
外在環境的刺激隔開、把心念留連於過去未來的沾黏隔
離。這個階段的教法以「孤立自我」為核心，把人我分
開、把前念後念隔開，而只「活在當下」、「把心找回
來」、以自我作主地好好照顧自己，以便能有充分的心
力任事應物而不致於因心力不足導致受挫受辱受傷。

　　而學當觀音學做菩薩，正是在這找回自我、看顧
自我的基礎上，體會到他者的不安與情緒，於是推己
及人、設身處地地，願意去分享自己的樂、分擔別人

---

❷　在禪修期中，聖嚴法師對孤立自我的教導有三個層次：1. 把自己和道場
　　以外的所有人、事、物都隔絕。2. 把自己和其他的人孤立起來，只管自
　　己不管別人。3. 從前念後念把自己孤立起來。不管前念後念，只管現前
　　一念用在方法上。參見：《禪的體驗・禪的開示》，《法鼓全集》04-
　　03，頁249-250。

的苦，並從相互的分享與支持中，體驗生命的意義並獲致不斷前行的力量。這時，聖嚴法師教學的核心主題是「關懷他人」。不論是所提倡的三大教育，或是法人事業的開展，❸乃至對社會各種特殊現象做觀念的提示，例如：關懷自殺、關懷九二一、救濟南亞緬甸四川災情、關懷世界和平……。關懷力的提昇是菩薩角色的主要學習。

　　宗派，則目標在於建立一個有組織有效能的團隊，使教法常住、永續經營。這階段的主要學習則在「融入大我」。禪修者的學習，當然貫串了自始至終的學習，因為這是能量的來源。但只有這樣，不足以言「人間淨土」行者的承擔，因此必須以此內在的修為做基礎外顯發展為關懷他人。這一個進程，焦點便從自己轉而至他人。但這一個進程的轉換仍是有小我。發展到中華禪法鼓宗的建立，則角色的轉換、修學內容有更大的變換與調整。本質角色的變換從小我到大我，學習角色從學做菩薩學做觀音的關懷他人到成就菩薩僧團的融入大我。參見下表：

---

❸ 法鼓山三大教育為：大學院教育、大普化教育、大關懷教育。法人事業則有法鼓山慈善基金會、法鼓山佛教基金會、法鼓山文教基金會等。

禪者	觀音	宗派
		融入大我
	關懷他人	關懷他人
照顧自己	照顧自己	照顧自己
1978	1989	2004

　　人間佛教的核心概念，楊惠南依印順導師的論述概括為：凡夫菩薩，不厭生死，不欣涅槃，不（急）證涅槃，不修（深）禪定、不斷（細）煩惱，留惑潤生……等；而在總結淨土與眾生之間的關係，則以淨土為「諸佛與眾生展轉互相增上助成的」。❹印順導師強調，「在佛土與眾生土間，不能忽略菩薩與佛共同創造淨土，相助攝化眾生的意義。」❺而如何能與眾生輾轉互相增上助成淨土呢？聖嚴法師所提出的「建設人間淨土」如何而能不落入口號空談？這當需有執行的人與組織始克承擔。

---

❹　參見：楊惠南，〈佛在人間——印順導師之「人間佛教」的分析〉，《佛教的思想與文化：印順導師八秩晉六壽慶論文集》（臺北：法光出版，1991年4月），頁89-122；楊惠南，〈不厭生死・不欣涅槃——印順導師「人間佛教」的精髓〉，《慶祝印順長老百歲嵩壽論文集》（臺北：文津出版，2005年4月）。

❺　印順導師，《淨土與禪》，頁38。

　　法鼓山這一從小我到大我的發展歷程，可以說明爲何聖嚴法師從早期的不談宗派而竟而自立宗派。❻而從思想史發展觀察，此一「大我」的創建符合太虛大師所揭櫫佛教現代化策略中「組織群眾化」的原則，同時也顯示出明清以來，思想家在個人與群體之間尋求心靈秩序與社會秩序平衡的接續努力過程。

　　本文探討此一轉換過程在思想史上的重要意義，並討論其中倫理實踐的關鍵因素，包括爲何需要在小我與無我之間有一大我的安置、進入此一大我需要什麼學習、如何有效而道德地建立大我。

　　這可從組織倫理學的目的倫理、結構倫理、基礎倫理三部分來觀察。

　　組織倫理學中的目的倫理，討論的是爲什麼要建立組織，此關涉到組織存在的目的與使命、理想與願景；結構倫理則討論的是一個個單一的個體如何聯結爲群體，此爲公共秩序問題的探究；基礎倫理的討論則是個人在群體裡如何安立與成長的問題。

　　這三個問題分成兩個層面：目的倫理討論的是建立宗派組織的必要性問題，著重在「爲什麼」要建

---

❻　早期受太虛大師影響不談宗派、留日時期受智旭蕅益影響亦是如此態度。因此這個轉折實隱含著當代漢傳佛教對傳統的承繼以及對現代化的回應。

立組織以及宗派建立的利弊得失等問題的探究。這是
第一序的問題。這個問題成立了，然後才有「如何」
建立組織的問題。組織的建構必須是有效而道德的，
這就得對組織群體與組織成員的個體都有價值才有可
能。如何建構組織群體，此為結構倫理；如何安頓組
織成員，此為基礎倫理。

以下先就組織建構的歷史意義略作陳述，然後就
組織建構的目的倫理、結構倫理、基礎倫理三部分進行
討論。

二、組織建構的難處：從小我到大我的學習轉折

太虛大師對佛教的現代發展訂出三個策略方向：現
實的人生化、證據的科學化、組織的群眾化。[7]隨順社
會發展與時代需求，法鼓山歷年來的成長，自覺或不自
覺地也都與太虛大師的指點相契合。而在組織建構的這
一發展上，亦呼應了這個方向的實踐。這一發展是既契
合佛陀本懷，也契合社會時代的需要。

所謂組織的群眾化，即在建立「專以修學及……組
織化與紀律化」；大我的建立，實即顯示了人間化的必

---

[7] 太虛大師，〈人生佛學的說明〉，《太虛大師全書·第二編五乘共
學》，頁 207-208。

然方向。從山林與人間、頭陀行與伽藍、蘭若僧與僧團僧、個人與群體……，這一連串相對待的概念中顯示：聲聞性格是獨修獨行的。但是，菩薩行者是否有組織的可能？這一從個人到群體可能遭遇的困難處何在？

（一）大我和小我的學習差別

　　大我和小我層次的關係就像球隊和球員的關係，或者軍隊和單兵的關係。籃球也好、足球也好，球隊裡每一位成員當然要有單挑單打獨立作戰的能力，但是把幾位有單打能力的球員送上球場比賽未必能打得好，因為球場上除了單打能力，更重要的是與其他球員組合，形成單擋、三角短傳等或大或小的組織來相互支援。

　　球員傳球接球、盤球運球、投籃射門等基本動作屬個人能力，這是小我的層次。球員走位、補位、製造機會、相互支援等有組織的系統攻防，這是大我的層次。球場上球員看似走來轉去跟著球亂跑，實際上有非常清楚的角色分工，大前鋒、小前鋒、控球、後衛……，每個角色彼此之間關係的代換、調整與互補都遵循一定的系統運作進行。

　　那麼，大我與小我的區別在哪裡？或者我們這麼問：心六倫或傳統五倫，如何區分小我和大我？小我和大我的本質有何不同？為何得提昇到大我？本節處理前

兩個問題，第三個問題留待下節討論。

1. 組織型態的差別

小我和大我如何區分？個體自然是小我，但是群體是不是就是大我？傳統五倫的夫婦、親子、兄弟、朋友、君臣，哪些屬於小我，哪些屬於大我？聖嚴法師提倡的心六倫中，小我與大我又該如何區分？在討論這些問題以前，有必要先引進「初級團體」（primary group）與「次級團體」（secondary group）的概念。

「初級團體」與「次級團體」的概念最早由美國社會學家庫利（Charles Horton Cooley）所提出。前者又稱「直接團體」，而後者則稱「間接團體」，二者間的區分主要在於團體成員之間關係的親密程度、持續性與情感呈現。

初級團體是建立在初級關係上，而初級關係有五個特徵：(1) 必須是面對面的互動；(2) 有「我們」的感覺；(3) 全人格互動，全面性的情緒影響；(4) 非正式關係，每個人皆有獨特性與無可替代性，彼此溝通不具任何形式與限制；(5) 發生在成員相當小的團體裡。因此，初級團體具有五項相互牽連的外表特徵：(1) 成員不斷進行面對面的互動；(2) 成員關係頗為持久；(3) 情感結合，共用關懷與互助；(4) 成員間維持持續性的互動關係；(5) 成員間的關係是平等的，表現出成員的獨

特性；(6) 穩定成員身分和團體關係的久長，有助於親密關係的建立。而且大致說來，初級團體是非工作導向的，而是多方面甚至全面的關係。

初級團體滿足個人情緒的需求與支援，並提供個人情感上的依賴。缺乏初級關係照顧的人，易於犯罪或自殺。個人順從團體期望時，可以做為社會控制的工具。提供溝通管道，促進成員間親密關係之建立。幫助個人提高士氣，增加其工作效率，達成個人目標。

與初級團體相對照來看，次級團體的成員關係比較間接，成員認同感與歸屬感不夠強烈，彼此無強烈感情，互動關係局限日常生活某一部分，為特定目的如工作、宗教與政治等特定目的之結合。次級團體具有下列重要特徵：(1) 工具性的互動，為追求共同的目標而結合；(2) 局部人格的互動：著重功能性關係，不涉及感情，成員並非不可替代；(3) 正式關係：非私人性的互動，溝通狹窄且形式化；(4) 團體規模較大：彼此成員間的互動頻率低，關係自然比較不密切。❽

現代社會中充滿次級關係與團體，有逐漸取代初級團體的關係。現今都市社會中，僅存的初級團體只剩

---

❽ 查爾斯‧霍頓‧庫利著，包凡一、王湲譯，《人類本性與社會秩序》（臺北：桂冠圖書，1994 年 1 月）；另參見宋鎮照，《社會學》（臺北：五南圖書，2007 年 9 月），頁 276。

下家庭一種型態，生活中的大部分時間都發生在次級團
體裡。當然，次級團體下的成員關係，也能轉變為初級
關係，形成關係密切的初級團體。如：學校、工廠、工
會、政黨、軍隊、社團與俱樂部等皆屬於次級團體。

我們可以這樣概括：初級團體的成員關係是面對
面、直接互動的，因為是面對面的接觸，所以價值的考
量是以「感性」所及的對象為主，這是以情感為主要價
值的團體；次級團體的成員則是間接的關係，因此考量
的是從「理性」的規畫或推論所及的抽象意義的對象，
著重公平的計算，是以平等公正為主要價值的團體。❾

這兩個概念所代表的倫理觀正是東西方文化的差異
所在。民初以來諸大家所討論的公德與私德之別、群己
之辨都可以用這兩個概念來概括，而且更明確。因為在
公／私、群／己之間仍有許多模糊地帶。例如：家庭的
屬性自然不能是「己」而只能是「群」，但家庭事務卻
明確是屬私德而非公德。

借用這兩個概念來區分，我們便能明確地把公、
私、群、己、五倫、六倫等範疇歸屬小我或大我區分開
來：大學八德目中，修身齊家是小我，治國平天下是大

---

❾ 本節主要參考鄭正博，《互補倫理學──倫理學的理論系統釐清》（高
雄：高雄復文圖書，1998 年），第六章、第七章及附錄各文。

我；心六倫中，家庭倫理屬小我，校園倫理、職場倫理、族群倫理、自然倫理屬大我，生活倫理則在小我大我之間均可能包含。

這也是為什麼把觀音道場的學當菩薩學習關懷仍視為小我的層次，因為關涉的是直接面對面的關係建立，而不是抽象關係。必須是能考量到間接的，不是直接面對面的關係，才屬於大我的層次。必得提昇到這個層次，才能對現代社會的組織型態有相應的作為。而這個區別也是解脫道和菩薩道的一個重要區分。

2. 解脫道和菩薩道的差別

平常我們多是以圓滿智慧、同體大悲、深廣行願來區分解脫道和菩薩道的不同，這是從「果德」上來做出區別。如果從工夫入手處的「因行」來看，解脫道和菩薩道的差別在哪裡？簡單的回答是出世和入世的區別。但出世和入世的區別在哪裡呢？

儘管大多數人都同意：把自己照顧好是所有人應盡的義務，因此若是有人用「自了漢」、「自掃門前雪」的觀點來批評解脫道行者，便不是個準確的批評。更何況，解脫道行者並不是只管自度而不度人。解脫道行者是會幫助人、教導人、從事教化工作的。這樣算不算入世？而且從單一的修學者比較起來，解脫道行者所度化幫助的人，還未必就比菩薩道行者來得少。所以用大

乘、小乘這種以載具來評量度人多少的標準來區分菩薩
道和解脫道也是不準確的。

吳汝鈞解釋「大乘」謂：

> 　　大小乘的差別，基本上在量方面而不在質方面。
> 即兩者的最後歸宿都是寂滅的涅槃境界，都需要渡
> 化。但大乘強調普遍渡化，以為真正的渡化是自渡
> 與他渡同時完成；小乘則只強調個別渡化，以為渡
> 化只是個人的事。兩者的理想人格也不同，前者是
> 佛、菩薩，後者是阿羅漢。❿

　　那麼，該如何理解解脫道和菩薩道的不同？下列兩
點，也許可以提供一點觀察的角度。

　　第一個區分是：從自己這個小我到對待他者的小
我，所採取的中心立場思惟不同。第二區分則是：小我
是否融入大我的取向有別。

　　從第一點來看，菩薩道歷程最主要要培養的是同理
心、關懷力這種設身處地地推己及人的習性。從第二點
來看，菩薩道要發展的是公共意識的覺醒和公共事務的

---

❿　吳汝鈞，《佛教思想大辭典》（臺北：商務印書館，1992 年），頁
96。

參與。

　　大乘、小乘的最簡單區分在於慈悲心。但是，什麼是慈悲心？同情心嗎？同情心是感情或是感覺。這就要進一步問，是對什麼有感覺，對什麼有感情。要是說解脫道行者對世間的苦沒有感受，對眾生的苦難沒有感受，恐怕連說的人自己都不會相信。解脫道行者正是因為對世間是苦的感受太強烈了，所以才會汲汲尋求解脫。反過來看，反而是娑婆眾生「堪忍」，對世間是苦的感受不夠強烈，才會因循苟且地在世間流轉。

同情心／同理心

　　解脫道和菩薩道的差別可以從同情心和同理心的些微差別來觀察。

　　同情心和同理心都是慈悲心的基礎條件。同情心（sympathy）是對別人的苦、環境的不如意「感同身受」；而同理心（empathy）則是對他人的苦與環境的不順遂能夠「設身處地」地感受。感同身受不是沒有感覺，但是是從自己的立場上去感覺。設身處地則是站在他人的立場、以對方的感覺、對方的條件去感覺。同情心是天生的、素樸的，不學而能的，類似孟子講的「惻隱之心，人皆有之」。同理心則是要在同情的基礎上再加以鍛鍊轉化才能呈現。而轉化的前提是要能察覺到兩者有立足點、立場的不同。

　　當代企業的發展對這一些微的差別是有相當的敏銳度的。

　　生產導向的時代，市場是以賣方所生產的產品為主。因為產品稀少，能夠發明製造出來已經難得，所以是使用者要去適應機器。椅子弧度不對，使用者買回後再自己加坐墊加靠背調整角度；電扇扇葉裸露危險，使用者得自己小心安全；黑金剛大哥大體積龐大，使用者要自己找人揹提看顧……。那為什麼不生產安全無虞的電扇、攜帶方便的大哥大？一則技術能力尚不夠細緻，再則就是技能足夠但做起來也太費事了，會增加生產製造的困難。更根本的原因是，沒有以使用者為中心的思維習性。

　　消費者導向的時代，就整個轉過來了。消費者如何才方便、如何才安全、如何才舒適……，生產線是依據這樣的需求來製造產品，而不是要消費者來適應產品。不只是工商企業如此，司法界的當事人中心主義、心理學界的案主中心，乃至當代教育學也從教師為中心轉向以學生為中心的教育思考。這是對每一個個體充分尊重的正向發展。

　　訂定一個學習的標準，並且給出一個學習的方法，這是有責任感的老師。訂定標準後，把這個標準當方向，然後充分地考量到每一位學習者的身心狀況與各種條件，給予個別的標準與學習方式的調適，這是好

老師。

解脫道行者和菩薩行者的第一個差別可以從這裡去觀察。解脫道行者不是不度人，不是不教導後學，但是是以生產者導向的方式、以教師為中心的方式、以自我為中心的方式，而不是以學員為中心的思維方式。因此，聲聞行者不是不幫助人，但是是從自己的立場為導向的幫助人。菩薩行者則是以受助人的立場為導向的幫助人。同是從事教化工作，聲聞行者是以教師為中心的教育策略：「姜太公釣魚，離水三尺」，願者上鉤、能者上鉤；所以只能是菁英教育。菩薩行者則是以學者為中心的教育策略：「俯首甘為孺子牛」，眉毛拖地、不捨一人，所以期許度盡一切眾生。

個體煩惱／總體煩惱

解脫行者和菩薩行者的第二項區別是：有沒有從小我融入大我。

聖嚴法師把自我的提昇分成三個層次：小我、大我、無我。第一步工夫是認識自我、提昇自我等各種努力，屬於小我的層次；第二步工夫則是從進入大我到超越大我以進入無我的工夫歷程。我們藉助聖嚴法師提供的這個模式來觀察。

解脫行者和菩薩行者的第一項區別我們是從「自己這個小我到他者的小我」來觀察，這個區別主要觀察的

是「人、我」的不同。但是從第二項區別來看，雖然已經從孤立的自己走出來和他者建立起聯繫，但「自己與他者」這種聯繫是一種非常原始素樸的關係，因此都屬於小我的層次。這種層次的素樸關係所引生的煩惱是屬於個體性的煩惱而不是總體性的煩惱，因此察覺和超越的也只是個體性的煩惱而不是總體性煩惱。總體性的煩惱或稱結構性的煩惱，⑪要在大我的層次才會引發，也才能夠覺察進而超越。

個體性的煩惱是從人我的聯繫關係來，是直接的人和人之間的接觸，人和人之間的關係。總體性的煩惱則是小我和大我的聯繫關係，和人是間接的關係，主要是透過組織、制度而有關係。例如：親情、友情、愛情這種關係屬於小我的層次，這個層次裡「天下父母心」、「三人行必有我師」、「忠貞」等倫理規範要處理對治的是個體的煩惱。職場、社會、族群的關係則是大我的層次，這個層次裡的倫理規範是「大夫無私交」、「不以私害公」、「不能債留子孫」等，要處理對治的是總體性的煩惱。這兩個層次的煩惱，以前常是以「我執」、「法執」來區分，如

---

⑪ 參見謝大寧，《頓悟之道：勝鬘經講記》（臺北：東大圖書，2002 年 4 月），第二講，頁 17-36。

果以現代社會的觀念來理解，則比較接近「人治」、「法治」的區別或是私德和公德的區別，這是私領域和公領域的不同範疇。而如果以前述的「初級團體」、「次級團體」來區分則更明確。

解脫道行者因為關心的是個體煩惱，因此直接從小我契入無我以出世，並沒有大我的問題，因此前賢稱小乘行者是斷我執而未斷法執。菩薩行者因為關心世間一切眾生，所以面對大多數尚未解脫的眾生需求，盡心盡力施設營建良好的世間環境；從這個角度而說大乘入世。於是乎日常生活中的一切都是菩薩的事業，平常生活也都是菩薩度世的道場。這其中菩薩事業實包含了小我的人我兩個關係，以及小我大我的兩個層次。

小我的人我兩個關係，在法鼓山的發展歷程是從禪者的照顧自己到觀音的關懷他人。這個歷程可類比於儒家的克己與愛人。克己是自我節制、「己所不欲，勿施於人」，愛人則是推恩推愛、「己所欲，施於人」。而從小我到大我的提昇，則儒家是從齊家到治國平天下的跨越歷程，在佛教則是從解脫道到菩薩道的跨越。這一跨度的呈現，用「初級團體」、「次級團體」來區分，以及用個體煩惱與總體煩惱來區分，才容易顯現。

小我的階段如情侶如家庭，只有義務而不談權責；大我階段，要講求權責相當，不能有權無責，也不能有

責無權。在大我的團體組織，不能不談結構、不能不談系統。系統則關係到上下關係、橫向縱向關係，不只是初級關係還要發展出層級關係，如果只有單線單一層級的個別關係，關係再多也只能是小我而不是大我。

這是兩個十分不同的範疇，應有不同的對應和處理方法，但是我們卻常是把這兩個不同範疇的規範糾結在一起。例如，不是說「公門之內好修行」嗎？那麼，火車站站務員遇到可憐老婆婆沒錢買票，能不能不收票就讓她進月台搭車？

「公門之內好修行」是要承辦人員有體恤民眾、服務群眾的心態，不要有高高在上的官僚氣。如果承辦人員睜一隻眼閉一隻眼，抱著反正是公家的預算，我也沒吃虧……，這樣的「修行」就是以公共財公共資源來成就個人布施的德行，這就是大我小我層次不分、公私不明。

再如，組織裡最常見到的是部門之間有爭執，怎麼辦？上層主管把兩個部門主管找來訓示，要求彼此體恤、言語節制、保持風度……，總而言之，是以個人修養的方法來處理組織發展的問題。體恤、風度、情緒、修養……，當然是需要的，但這些作為主要是用來處理小我層次的問題，用這些工夫來處理大我層次的困境，就像拿油畫筆來耕田一樣，是用消解個體煩惱的方法來

處理總體煩惱。不是不能,而是不相干。風度好,有親和力,情緒安定,當然是好事,但只能是解決大我層次問題的必要條件,不能做為評判部門之間爭執的標準,更無法做為解決大我層次的關鍵工夫。判斷部門間爭執的標準是組織願景、方向、策略、職掌,解決大我層次問題的工夫是法規與制度。

不體恤同仁只會公事公辦的,當然不算有執行力,而一團和氣的老好人無法凝聚同仁心力貢獻於組織願景的實踐,對於組織永續經營持續改善也是無所助益。管理學中成就人、成就事的矩陣,重視制度、重視服務的矩陣,區分的都是這個差別。

(二)融入大我的歷史意義

漢傳佛教,承繼印度佛教,而尤偏好於大乘佛教。然而由於「印度大乘法的流布,受有本生談的影響,菩薩都是獨往獨來的,所以大乘法著重於入世利生,而略帶特出的偉人的傾向,不大重視有組織的集團」[12]。這個傾向,在印度導致了大乘法晚期的衰變,在中國則與魏晉以來的園林隱逸思想合流,形成宗教面對專制政治的特殊適應。

---

[12] 印順導師,《佛在人間》,頁 104-107。

1. 明清佛教的山林傾向

佛教在印度原就有獨居生活的蘭若僧傳統，傳來中國也常帶有濃重的山林氣息，因此，佛教的成員形象常是離群與離俗、出家與出世、修行與獨居……，難以區分。似乎忘了，歷代叢林常是數千人一起生活的群體，而三藏中的律藏原就有很大部分是針對集體生活而制定的規範與指導。

這種印象大抵來自會昌法難，禪宗獨盛。而禪者僻靜苦修，山林氣息原就厚重。到了明朝，明太祖的佛教政策更加重了這種趨勢。

明太祖即位後，一方面由於出身僧侶，有心護持佛教，於是獎勵僧侶深入山林去自食其力，以避免儒家自韓愈以來對僧眾不耕而食的攻訐。另方面，則又因為出身白蓮教，深知宗教（尤其是祕密結社的宗教）活動，對政治的威脅，因此嚴厲地取締祕密結社、管制宗教活動。如：把寺院分為禪、講、教三類，嚴格要求僧侶：「既棄父母以為僧，當深入危山，結廬以盡性」；「不得與民雜處」；「僧合避者，不許奔走市村，以化緣為繇（由）。……凡住持並一切散僧，敢有交結官府悅俗為朋者，治以重罪」……。❸ 這些舉措，都把佛教與民

---

❸ 明太祖於洪武十五（1382）年，詔命把寺院分類：「佛寺之設。歷代分

間隔離。講求宏濟精神的大乘佛教因此一則與社會漸形脫節，退成山林佛教；或則與中下階層百姓生活喪葬需要結合而成民間佛教。

加上明代以來，隱逸風氣盛行，❶對佛教的山林傾向就更有推波助瀾之勢了。所以陳垣研究明季佛教文化而斷語云：「計明自宣德以後，隆慶以前，百餘年之間，教律淨禪，皆聲聞闃寂，全中土如此，不獨滇黔然也。」❶

為三等。曰禪曰講曰教。其禪不立文字。必見性者方是本宗。講者務明諸經旨義。教者演佛利濟之法。消一切現造之業。滌死者宿作之愆。以訓世人。」（【明】幻輪編，《釋鑑稽古略續集》卷2，《大正藏》第49冊，頁932上）這其中，只准從事經懺追薦法會的「教僧」應請做佛事，其他二等不准兼代，也不能散居或入市村，特別是嚴禁與官府交往。這樣地把僧眾、俗人截然切開；水準高的禪僧、講僧接觸不到在家人，教僧的品類不齊，又接觸不到上階層的人物，於是便演變成：佛教以教僧來主導，而主要活動大抵是與中下階層百姓生活需要相結合的喪葬儀典。經懺原亦佛法修持之一門，但如果內在的定慧修學不足，外在又需適應中下階層百姓要求，便容易形式化、俗化。此時，便發展出一種顯、密混合的流俗信仰的民間佛教。另參見李守孔，〈明代白蓮教考略〉，《明代宗教》（臺北：臺灣學生書局，1968年），頁17。另見印順法師〈中國的宗教興衰與儒家〉，《我之宗教觀》，頁45。

❶ 錢穆認為明代隱逸風氣的源頭可追溯到太祖、成祖時代，因為他們父子對讀書人太過刻薄，致使士人對服務朝廷抱持迂遠的態度。見氏著，〈讀明初開國諸臣詩文集〉，《中國學術思想史論叢（六）》（臺北：東大圖書，1978年11月）。

❶ 陳垣，《明季滇黔佛教考》，《中國佛教之歷史研究》（臺北：九思出版社，1977），頁13。

2. 近代佛教的復興：從山林走向人間

個人與群體的關係在社會動盪的時候特別受到關注，主要的因緣來自於對學術與國運之間關聯的檢討。明清之際，黃宗羲就批評宋明理學專注心性的內心世界而偏廢了客觀世界。例如明末周海門（1547-1629）曾說：

> 自心缺陷，世界缺陷；自心滿足，世界滿足，不幹世界事。

黃宗羲對這樣的思維十分不滿，認為這種思維導致人產生「天崩地解，落然無與吾事」的態度。黃宗羲曾謂：「讀書不多無以證斯理之變化；多而不求於心，謂之俗學。」❶重視學問的判準最後仍當歸之於心，否則讀書再多也只是「俗儒」；但是對待外在的世界，對待描述外在世界的知識，其根本態度與明末學者已經不同。同時期的顧炎武、稍後的萬斯同以及爾後清代學者重視「經學」中「經世之學」的面向，著重政治制度、文化習俗的研究，與宋明學者重視「經學」中「心性天命之學」的面向，風氣顯然有別。

---

❶ 此係全祖望引述黃宗羲之論學宗旨，見氏著，〈梨洲先生神道碑文〉，《鮚埼亭集》卷 11（臺北：華世出版社，1977 年 3 月），頁 136。

　　清末民初,又是一個天崩地解的大時代,客觀世界的重視、世界秩序的維護又再成爲主要議題。嚴幾道提倡「群學」,引進西方「自由」(liberty)的觀念,稱之爲「群己權界」;梁啓超則倡「新民」。現代化歷程中的民主法治元素,其實已經歷經數百年的討論而仍在進行中尚未完成。

　　百年前,張之洞對中國現代化的問題,提出「中學爲體,西學爲用」的主張。雖然現實發展早已超過這個指導策略的範限,但這個主張大致代表了百年來整體現代化走向的基本策略。對比於這個策略方向,時賢黃仁宇提出了一個新的指導原則:「西學爲體,中學爲用。」黃仁宇對體用的定義當然和張之洞的定義不同。張之洞的「體」,指的是「精神」,黃仁宇指的是「體制」;張之洞的「用」指的是「器用」,黃仁宇指的是「運用的存心」。❼黃仁宇認爲對於體制的西化已經大抵完成,接下來的主要任務應著落在如何運用上,如何把這些價值從知識人的理念價值的層次,影響及非知識層的大眾。

　　張之洞和黃仁宇兩者間的差別用五四運動時期的口號來區分,張之洞重視的是「器用」爲科學甚至只

---

❼　黃仁宇,《新時代的歷史觀》(臺北:臺灣商務印書館,1998年)。

是科技的層面；黃仁宇重視的是「體制」，則屬民主
法治的層面。

民主與法治在現代性中有什麼獨特的價值或意義
呢？金耀基解釋道：民主制度比其他制度更好的部分
不在於它的「實質理性」，而在於它更著重「程式理
性」，民主的「程式理性」即是法治。民主法治的主要
價值在於能創建合法的公共秩序。金引政治學者亨廷頓
（Huntington）語道：

> 主要的問題不是自由而是合法的公共秩序的創
> 建。當然，人可以有秩序而無自由，但如沒有秩序
> 則他們也不能有自由，必定有權威之存在才能談權
> 威之限制，在正在現代化的國家裡，權威是最稀缺
> 的了。

亨廷頓所謂發展中國家最稀缺的權威係為「功能權
威」，和「專制權威」本質不同。金耀基指出，亨廷
頓所指的權威即是韋伯（Weber, Max）所說的「法的
權威」，也就是法治；並區分 Rule of law 和 Rule by
law，分別以「法治」和「法制」來翻譯這兩個概念。❸

---

❸ 見：金耀基，〈「五四」與中國的現代化〉，《中國的「現代轉向」》

他認為中國要建立一個現代的文明政治秩序，沒有比樹立「法之權威」，沒有比推行法治更重要的了。金因此對五四創導民主，但卻鮮及法治表示可惜。[19]法治重視的是程式理性，是現代化過程中自我覺醒的元素，是小我走向大我，從專制權威的大我走向功能權威的大我，是今日社會所應特別著意養成的習性，也是佛教團體的組織結構需盡早跟進內化的習性。

傅偉勳在中華佛研所舉辦的第一屆佛學會議呼應大會主題「佛教倫理與現代社會」，曾提出五對名辭做為佛教倫理現代化重建的倫理學模型，這五對名辭是：

(1) 僧伽本位的微模倫理對社會本位的巨模倫理。
(2) 具體人格的慈愛倫理對抽象人格的公正倫理。
(3) 動機本位的菩薩倫理對結果主義的功利倫理。
(4) 修行本位的戒律倫理對規則本位的職責倫理。
(5) 無漏圓善的成佛倫理對最低限度的守法倫理。[20]

（香港：牛津大學出版社，2004 年），頁 34。這兩個詞也許用「依法治理」與「以法治理」來對照會更明顯。
[19] 金耀基，〈「五四」與中國的現代化〉，《中國的「現代轉向」》（香港：牛津大學出版社，2004 年），頁 34。
[20] 見：傅偉勳，〈（大乘）佛教倫理現代化重建課題試論〉，收入傅偉勳主編：《從傳統到現代——佛教倫理與現代社會》（臺北：東大圖書，1990 年），頁 233-250。

其中第一項、第四項、第五項是從禪證修行內在世界轉而面對佛教以外的世俗倫理；第二項、第三項則從直接可檢驗的人際關係轉而要求間接也可檢驗的人際關係。而每一項幾乎都關涉到從小我的個體發展到大我的群體所需要的倫理轉換。因此可以說，從小我到大我的提昇，實就是漢傳佛教現代化過程中的主要問題。

（三）兩種大我及其趣入之道

在知情意三向度中，聖嚴法師對意的向度的實踐規畫與前賢相同，把「無我」列爲超越自我的終極目標。不同的是，在超越自我之前把自我分成小我與大我兩階段，形成了小我、大我與無我的三個階序。這個「大我」在法師思想中有兩種不同的意涵。

1. 禪修自內證的大我

第一種「大我」是禪證中的內心世界的大我，指的是體證到自己身心脫落與世界合而爲一的宗教體驗：

> 第一階段的時候，……純粹是自我中心的階段，談不上哲學的理想或宗教的經驗。……到了第二階段，才是進入冥想（meditation）的程度，……小我融入於整個的宇宙之中，與宇宙合一，向內心看時，無限深遠，向外界看時，無限廣大。既然已與宇宙

合而為一，自己的身心世界便不存在了，存在的是無限深遠及無限廣大的宇宙，自己不僅是宇宙的一小部分，乃即是宇宙的全體。㉑

這種身心與世界統一的體驗，從宗教來稱是「神我」的宇宙，從哲學來看則是「大我」的宇宙。㉒法師指出，獲得這樣的體驗，能夠使人真正理解哲學上所講的本體及現象的意涵。但這種大我並不是最高境界，如果停留在此，便不是佛法，因此應該超越。㉓但是這種體驗卻也有其功效。法師指出，能認識小我，則情緒穩定，能體驗到大我，則會自然生起對世界的承擔力來：

㉑ 詳見：〈從小我到無我〉，《禪的體驗·禪的開示》，《法鼓全集》04-03，頁194；又〈禪的本質〉云：「凡夫定的最高境界，到達身心和宇宙合一，這是從小我到大我的境界；小乘定的最高境界，是從大我進入無我的阿羅漢果位；大乘禪和最上乘禪，是把無我的空執也破除掉了，進入無邊無礙的智慧領域，所以不受束縛。小乘破除了小我和大我，叫作人無我；大乘破除了無我的空執，把無我這個觀念也捨棄掉，叫法無我。」《學術論考》，《法鼓全集》03-01，頁61。
㉒ 〈無心〉，《禪的生活》，《法鼓全集》04-04，頁182。
㉓ 如說：「所謂『自我』，可大可小，包括個人自私的小我，亦包括全體、整體、所謂真理及上帝的大我。以禪修者的立場，這些都應放下。」參見：〈東初禪寺第五十九期禪七〉，《禪的體驗·禪的開示》，《法鼓全集》04-03，頁338；〈從小我到無我〉，《禪的體驗·禪的開示》，《法鼓全集》04-03，頁196。

　　如果能認識「小我」的話，一定會非常地穩定，不會情緒波動，與其他的人接觸時，都能帶來祥和。如果能經驗到「大我」的話，一定非常地熱心，不僅是對個人、家庭、社會，甚至對全世界的許多運動，都會積極地參與。如果經驗到了禪法是什麼的話，那就要終年馬不停蹄，只是為了無事而忙。❷

　　但是，從禪證體驗大我對現代大眾來說既缺少普遍性，而體驗大我是否就能湧發對世界的關懷而積極入世亦不可期，於是有第二種「大我」的參與與趣入，這指的是社會意義的客觀世界的「大我」。

　　2. 從內證的大我到客觀的大我

　　聖嚴法師早年思想原來並不以小我、大我之分為是，認為這是儒家的本事，把人生歸宿寄託在所謂「大我」──自己的、自己民族的，乃至整個人類的後代子孫身上。❷ 而有學者引用耶穌的話：「一粒麥

---

❷　〈禪是什麼〉，《禪的世界》，《法鼓全集》04-08，頁 55。類似論點的還有，如在《福慧自在》中提到：「能放下小我，而擔起大我的時候，煩惱就會減少很多，個人的問題就不是問題了。如果天天為社會問題、國家大事、世界問題而操勞奔走，個人身體上的一點點小病痛，也就無暇理會，不成問題了。」《法鼓全集》07-02-2，頁 70。

❷　〈走在缺陷處處的人生道上〉，《神通與人通》，《法鼓全集》03-

子，如果不丟入泥土裡腐爛，則永遠是一粒；如果丟入泥土中腐爛發芽，則可以有十倍百倍的收穫。」於是主張犧牲個人的小我而去完成人類社會的大我，法師也批評那是個空洞而且永遠無法達到的理想。❷ 聖嚴法師認為，佛教不講大我與小我，而是直接從每一個體的自性擴大至無窮無極，此即為佛性的圓成。法師指出：

　　佛教不講小我與大我，只講個個都可能將自性擴大，在累生累劫之中，漸漸累積擴大而大至無窮無極──佛性的圓成。這一佛性的圓成，也就是上面所說光圈的圓成，我們試想：如果我們個個能夠成為人性或自性發光的一個基本單元，那麼人類世界的現在社會中共有二十六億人口，就有二十六億個光圈，這二十六億人口的互通有無，發生種種直接或間接的社會關係，便等於二十六億個光圈的圈圈相扣與扣扣相連，也像二十六億盞油燈，燈燈相照盞盞相應，不過其中因有油量與燈炷的多少大小的不同，而有明暗不等的分別罷了。由此而連接人類

02，頁 23。
❷　〈人心的安頓和自性的超脫〉，《神通與人通》，《法鼓全集》03-02，頁 63。

的歷史文化，又是一個無限的擴展。❷

　　法師從內在世界轉而關心外在世界，大抵是在旅美
之後，在自我與無我之間開始有所補充。先是從哲學來
說明宗教體驗的大我：

　　　從宗教稱統一，是「神我」的宇宙，從哲學看統
　　一，是「大我」的宇宙。既然有「我」，不論叫它什
　　麼名字，便不是無心；但神我及大我的經驗，雖屬
　　有心，得到它不容易，失去它卻很容易。❷

再則，把宗教哲學的層次與平常生活的體驗結合，肯定
在日常生活中也能達成。他說：

　　　健康的工作態度，不僅是為了薪水而已，除了是
　　為生活，更是為了服務他人，奉獻社會，使社會進
　　步，也使自己的生命品質成長。……如果把工作當
　　作為社會大眾提供的奉獻，便是透過工作而將個人
　　和社會大眾結合在一起，甚至也與現前的環境及未

❷　《神通與人通》，《法鼓全集》03-02，頁76。
❷　《禪的生活》，《法鼓全集》04-04，頁182。

來的歷史，結合在一起了，這便是化自私的小我為無私的大我。如果能達到這種地步，你的人格，便與宗教家及哲學家的層次相當了。❷

　　而其教理根據則是從慈悲的三個層次切入，以第一個層次的「生緣慈」講究對象、親疏、厚薄、輕重的區別，然後從自己的親人、愛人而擴大到陌生人，從慈悲人類而至微小的動物。「如果我們對自己的親人都沒有好好照顧，就去關心他人及動物，那是捨本逐末。」法師指出「第一個層次的慈悲，一般人只要稍微努力應該是可以做到的」；而第二個層次不分親疏遠近的法緣慈悲，則是要菩薩行的佛教徒才可以做到；至於第三個層次的慈悲，則要像觀世音菩薩那樣的大菩薩才可以做到。❸

　　先從實踐層次的不同需求著眼，然後把自我與無我之間的層次再加細分，把自我分成小我與大我，再把小我和無我之間細分為人際關係、環境……，於是大我就不只是禪證內心世界的「神我」或宇宙的意思，而成了客觀世界的人群與環境。❸ 而這些一層層從

---

❷　《人間世》，《法鼓全集》08-09，頁 141。

❸　〈自私與無我〉，《禪門》，《法鼓全集》04-11，頁 28。

❸　如：二〇〇〇年三月聖嚴法師應邀參加吳京院士主持的「國家通識教育

小我向「大我」提昇的過程，也都是邁向「無我」的
過程。法師指出：

　　整體的大我是無我的過程。例如，夫妻之間，有
　　兩個人的公是公非。維護一個家庭就是一個整體的
　　大原則，這是公是公非，一旦危害家庭的完整性，
　　那就是私是私非；各執一詞，彼此鬥爭不已，這個
　　家庭就沒有辦法維護了。要挽救瓦解的危機，唯有
　　靠雙方真誠的溝通與妥協。當你認為最好的，你的
　　配偶沒辦法接受時，不妨退而求其次，採取次一級
　　的公是公非也是途徑之一。團體有團體的公是公非，
　　公司有公司的公是公非，國家有國家的公是公非，

講座遠距教學」計畫，在政治大學擔任「宗教與人生」課程講座時，
提出呼籲，希望現代的年輕人，不要只是追求宗教的信仰，應該提昇
到具有宗教的情操、宗教的修養以及宗教的學養。那就是如何促進：
「1. 自我身心的調和，2. 自我與人際關係的和諧，3. 自我與全宇宙的
融合，4. 超越小我也超越大我。」這時，在身心的小我與宇宙大我之
間已經有一「人際關係」的層次了。而二○○○年十一月赴美參加九
一一百日祭時，在紐約州立石溪大學（State University of New York at
Stony Brook）以〈用禪的觀點和方法調適內心恐懼促進世界和平〉為題
演講，也提到：「禪修的過程能讓我們促進世界和平。從身心的放鬆、
統一，而到自我與環境的統一，從小我而進入大我，然後再從宇宙的大
我，獲得超越，那就是禪宗所說的徹悟了。」則在小我與無我之間則加
入了「環境」的層次。詳見《真正大好年》，《法鼓全集》06-13，頁
147-149。

世界有整個世界的公是公非。❷

　　對大我在客觀世界的明確定義則是在二○○七年提出的「心六倫」，把家庭倫理、生活倫理、校園倫理、自然倫理、職場倫理、族群倫理六大範疇做為倫理實踐的主要場域，確認了大我與客觀世界關係。

　　禪證中內心世界的大我屬於「理上」的修為，客觀世界的社會則屬「事」上修為。佛法中理證與事證的差異，用劉小楓的話來說，是「人心秩序」和「社會秩序」❸的差別。這兩者之間的討論，吸引了明清之際以來思想家的關注，也是漢傳佛教現代化的重要議題。

三、創建法鼓宗的目的

　　組織群體的組成有五個必要條件：1. 共同的目標和興趣；2. 基於一定角色分工的組織性；3. 制約成員行動和關係的規範；4. 統一的我們感情；5. 互動的持續性。

　　這五項群體的本質特徵又可概括為三點：

　　1. 共同的目標取向和成員間的合作關係。

　　2. 共同的規範取向和成員間的制約關係。

---

❷　《是非要溫柔》，《法鼓全集》08-04，頁 28。

❸　劉小楓選編，〈編者導言〉，《舍勒選集》（上海：三聯書店，1999年1月）。

3. 共同的整體取向和成員間的結合關係。❸

「共同目標」是從一般的社會關係發展到群體組織
的主要仲介。藉著這個仲介，組織中的每個個體發展出
特定的關係來。而這個把個體和組織聯結的關係向度就
稱為組織承諾或者稱為組織向心力、組織忠誠。

廣義地看，目的與目標是同義詞。明確區分則具
體而明顯的對象稱為目標，抽象而概括的對象稱為目
的。對組織的使命、願景、目的、目標的設定從倫理
學上討論稱為目的倫理，這是組織倫理的主要論題，
探討組織存在的價值、意義、功能與貢獻。本節就此
討論為什麼要創建法鼓山？為什麼要創立法鼓宗？其
目的與使命何在？

聖嚴法師於二〇〇五年法鼓山開山落成前後創立法
鼓宗。

對於法鼓宗的創建，有些人認為是不證自明的「需
要」，有些人則認為是不證自明的「不需要」。這兩種
態度對聖嚴法師的苦心孤詣都缺乏相對應的了解。不論
支持或反對，都應該先從這個決策過程中挖掘其創建的
思考，了解是在什麼因緣條件下有如何的考量而作此決

---

❸ 引見：青井和夫，《社會學原理》（北京：華夏出版社，2002 年 1
月），頁 85-87。

策。這樣，日後當情勢變更因緣條件有不同的發展時，才能根據其本源的思考與權衡的考量提出相應的方案來應變。不知變通的保真是為死守未必能保真，不知保真的務實是為流俗而非務實，只有在保守住真實價值的前提下求變通才真能機理雙契。因此有必要對法師創建法鼓宗的思考略作探析，探討此一宗派的建立所顯示出的可能意涵。此可從幾個方面來討論。首先要討論的是「為什麼要創立法鼓宗」，其次要討論的則是「為什麼要創立宗派」。

「為什麼要創立法鼓宗」的問題重心在「法鼓宗」，因此要討論的包括「法鼓宗是什麼」、「法鼓宗以何為核心內容」以及「為什麼是這個內容」等議題。而「為什麼要創立宗派」的問題重心在「宗派」，討論的主要是「宗派的功能」、「宗派的意義」等議題。「為什麼要創立法鼓宗」探討的主要是教學內容的實質問題，「為什麼要創立宗派」則討論的是組織型態的形式問題。

宗教團體有兩個面向，一是教學內容，一是組織型態。教學內容屬實質結構，這是團體成就的宗旨所在。而組織型態為形式結構，這是使教學教法能有效呈現的支持因素。以佛教來說，這兩項即是三皈依中的「法」和「僧」；法是抽象的思想，僧是具體的人。思想能改

變人教育人，但思想也需要人的推動才能流傳廣播。釋
迦牟尼佛的教法能流傳這麼久遠的時空，不只是因為教
法殊勝，更是因為有制度有組織的「僧」團教團。❸類
比於企業發展，教學內容約同於企業的「核心產品」，
而組織型態則同於企業的「人事組織」。沒有好的產
品，企業當然沒有立足點；但是好產品並不是企業發展
的充分保證，而有待於良善的人事組織與管理體質。宗
教團體若純粹只是教學內容的發展，則和學派、學科的
成立一樣，只會是也只該是自然形成的，於是為一自由
而鬆散的組織。而宗教團體若純粹只是組織的發展，則
又與企業的成立一樣，將因時潮流行而變換產品，缺少
終極理想。因此宜從兩面同時討論。❸我們先從教學內
容來討論。

（一）從教學內容看法鼓宗創建目的：佛教在地化

1.法鼓宗的使命：延續漢傳佛教、建設人間淨土

為什麼要創建法鼓宗？主要是為了延續漢傳佛教

---

❸ 三寶中的法和僧再進一步細分，法又可分為自由選擇的「法」和自由
度較底的「律」，僧在中國歷代禪門叢林中又可分為「東序」和「西
序」。「東序」和「西序」的分工約當是管性和管命的區別，類似當今
高等教育教構中學術研究與行政管理的區分。

❸ 此處仿知識有描述性知識與程式性知識的分類，亦以實質內容與組織形
式來考察宗派結構。

的考量。而其內涵則是以心靈環保為主軸的人間淨土思想。有關人間淨土思想的建立，前文討論已多，此處僅就漢傳佛教進行說明。

二〇〇四年，聖嚴法師對法鼓山僧團大眾開講〈中華禪法鼓宗〉。二〇〇六年，講詞刊布於《法鼓》雜誌，這可視為「中華禪法鼓宗」的成立宣告。該文說明提出法鼓宗的原因有二：

> （1）因法鼓山的禪法，繼承了臨濟、曹洞兩大法脈的合流，所以必須重新立宗。指導學者，則仍可單傳一脈或兩脈並傳。而修學者若能於其中一流得力，另一流亦必得力，所謂「一門通，門門通。」
> （2）因法鼓山的禪法，是整合了印度及漢傳諸宗之同異點，並且參考現今流行於韓國、日本、越南的禪法，乃至南傳內觀法門、藏傳的次第修法，重新整理漢傳佛教的傳統禪法之後的再出發。因為是在承襲傳統禪法之外又有創新，所以必須重新立宗。❸

聖嚴法師自述所指導禪法和傳統禪法不同的地方在於

---

❸ 《承先啓後的中華禪法鼓宗》（臺北：聖嚴教育基金會，2006 年 10 月初版），頁 53-54。

「將傳統的話頭和默照禪整理後，除了保持頓悟法門的
特色，也在頓中開出次第化的漸修法門。並且將禪修過
程由淺入深，分成四個階次：散亂心，集中心，統一
心，無心，每個階次各有修行及進階修行的方法。」❸

至於提出「法鼓宗」的目的則亦有兩點：

1. 使禪佛教與義理之學互通。

2. 使禪佛教與世界佛教會通，並且接納發揮世界
各系佛教之所長。❹

法師總結所以提出「法鼓宗」的目的，是為了期勉法鼓
山的僧俗四眾，以復興「漢傳禪佛教」為己任，擔負起
承先啟後的使命及責任，以利益普世的人間大眾。

---

❸ 《承先啟後的中華禪法鼓宗》（臺北：聖嚴教育基金會，2006 年 10 月
初版），頁 54。

❹ 禪佛教與義理之學互通者，如〈法鼓山所弘揚的禪佛教〉所言：「立足
於漢傳禪佛教的基礎上，不棄學術思想的研討，不被言教文字所困囿，
活用印、漢、藏三大主流的各派佛學，才是無往不利的，也是可以無遠
弗屆的。」而禪佛教與世界佛教之會通則見於〈漢傳佛教的特色·融合
諸宗精華的禪宗〉所云：「我站在現代人所見漢傳禪佛教的立足點上，
希望把印度佛教的源頭以及南北傳諸宗的佛法作一些溝通，因為我所
見、所知漢傳禪佛教的特色，就是釋迦牟尼佛化世的本懷。」俱見《承
先啟後的中華禪法鼓宗》（臺北：聖嚴教育基金會，2006 年 10 月初
版），頁 54。

　　弘揚佛教以利益世人是佛教宗教師的共同使命，「復興漢傳佛教」則是「法鼓宗」宗教師的不共使命。早在一九九八年聖嚴法師與達賴喇嘛於紐約舉行漢藏佛教對談時，法師的話語便透露了對漢傳佛教的擔憂：

　　　漢藏佛教本是同源，後來隨不同因緣而有異流的發展，亦強調他個人對漢傳系統大乘八宗的智慧寶藏，抱有絕對的信心，更指出了漢傳大乘佛法的無上大法，是不落階梯、頓悟佛性、直指人心的禪宗。❹

此處說「有絕對的信心」，其實正顯示出法師感覺到某些人對漢傳佛教並無信心，因此需要鼓勵。而對漢傳佛教在世界佛教的地位，則法師的憂心則更溢於言表：

　　　漢傳佛教被否定的原因，是因近代漢傳佛教培養專精於漢傳的人才太少，解行並重的人、真修實悟的人不多見。因為深入漢傳佛教而能有修有證者不多，自我否定的漢人佛教徒就多了。❹

---

❹　法師於對談前發表〈漢傳佛教的智慧生活〉，說明對漢傳佛教之認識云。全文有編者按語云。文見《人生》180 期（臺北：人生雜誌社，1998 年 8 月），頁 4-8。

❹　《承先啓後的中華禪法鼓宗》（臺北：聖嚴教育基金會，2006 年 10 月

這也就是為什麼「法鼓宗」要特別提出以「復興漢傳佛教」為使命的宗旨來。而漢傳佛教是以「禪」為特色。此所謂禪並非指以惠能為祖的「禪宗」，而是包括了天台、華嚴……等教法，止觀雙運、即定即慧的禪觀。

2. 為何限定漢傳佛教

漢傳佛教的核心價值是不是呈現在「不落階梯、頓悟佛性、直指人心的禪宗」，這是可以討論的議題。而比這個論題更要優先討論的是，「擔負起承先啟後的使命及責任」為什麼是要「以復興漢傳禪佛教為己任」？佛教徒的使命與責任是弘揚佛法利益眾生，因此佛教徒要擔負的責任為什麼不是以興復佛教為己任，而是以興復漢傳佛教為己任？佛教的格局不是比較深廣寬大嗎？為什麼要自限在「漢傳佛教」的格局裡？漢傳佛教有延續的危機，佛教也有延續的危機；發起對漢傳佛教教法永住的願心，和發起佛教永續的願心有什麼不同？

這些提問，主要是來自於幾種思考：一是認為，只要佛教存在，只要中國人有佛教，漢傳佛教就不會消失；因此只有佛教存亡的問題而沒有所謂漢傳佛教存亡的問題；南傳佛教、藏傳佛教、印度佛教、漢傳佛教……，都是佛教，諸法繁生更顯多元可以接引更多不

初版），頁38。

同根性的眾生。再則認為，宗派的教學會限縮了佛教整
體的教法，無法領略佛教全貌。印度佛教從根本佛教到
部派佛教的分裂歷史、中國佛教大乘八宗分立至禪宗、
淨土偏盛的窄化發展都是明顯的例子，而藏佛佛教近代
所興起不分教派的「利美運動」更可做為反證。這裡便
涉及了一元和多元的抉擇、本土化和國際化的抉擇以及
主體和客體的抉擇問題。

　　一元和多元、本土化和國際化以及主體和客體的討
論非常複雜。為什麼要本土化？佛教是世界的宗教，甚
至是法界的宗教：「若佛出世、若未出世，此法常住，
法住法界」；❷佛法是遍三千的，因此講究普遍化的佛
教之外，需要特殊化嗎？這在佛教的傳統裡表現為契機
與契理的抉擇，在當代佛教則表現為「此時、此地、此
人」的抉擇。❸「此時、此地、此人」的呼聲是一種特
別的需求，可視為本土化在地化的呼籲。

---

❷　《雜阿含經》卷 12：「云何緣生法？謂無明、行。若佛出世，若未出
　　世，此法常住，法住法界，彼如來自所覺知，成等正覺，為人演說，開
　　示顯發。」（《大正藏》第 2 冊，頁 84 中）
❸　梁漱溟曾面告印順導師他所以學佛中止的緣故是：「此時、此地、此
　　人。」印順導師因思及宋明理學之出佛歸儒，實亦出此。而從中國佛教
　　徒之多而無救於佛教之危國族之難也深覺疑惑。此後才有從《阿含經》
　　「諸佛皆出人間，終不在天上成佛也」句出發而開展的人間佛教主張。
　　詳見印順導師：〈自序〉，《印度之佛教》，頁 a1-a2。

　　佛教弘化是一種文化傳播，而傳播的主要目的就是
爲了使他人能聽得懂進而能接受，因此在傳播時必然會
考量到地域、時空的文化差異，而採取傳播對象容易接
受與理解的媒介。此所以釋迦牟尼佛要求弟子弘化時要
以當地語而非雅語。當時有弟子要求以梵文表達佛語，
便遭到世尊的呵責；佛告誡他們說：

　　　你們這些傻瓜，怎麼竟敢說：「請允許我們用梵
　　文表達佛語。」傻瓜呀！這樣既不能誘導不信佛的人
　　信佛，也不能使信佛的人增強信仰，而只能助長不
　　信佛的人，使已經信了的人改變信念。❹

而漢譯的《毘尼母經》中有：

　　　佛告比丘：「吾佛法中不與美言為是。但使義理不
　　失，是吾意也。隨諸眾生應與何音而得受悟，應為
　　說之。」是故名為隨國應作。❺

---

❹ 巴利文，《小品》（Cullarvagga）V.33.1；轉引自季羨林，〈原始佛教
　語言問題〉，〈自序〉，《季羨林佛教學術論文集》（臺北：東初出版
　社，1995年4月初版），頁55-68。
❺ 《毘尼母經》卷4，《大正藏》第24冊，頁822上。

　　這些都看得出佛教在宗教傳播上以接受方為主的態度。佛陀要求弟子們用自己的方言俗語來學習佛法,同時也以此方言俗語來宣傳佛教,這對於接近群眾、深入群眾有很大的好處。季羨林先生因此認為,佛教初起時之所以能在人民群眾中有那樣大的力量,能傳播得那樣快,是與它的語言政策分不開的。❹

　　更進一步來看,語言並不單純是工具媒體的問題,還關涉了思維與文化甚至對整個世界的認識。文化的傳播過程所遭遇到小至於日常生活中的飲食作息、倫理判斷,大至於生命方向、人生價值抉擇……乃至於對世界的認識,在在都要重新調適。這一雙方調適的過程即是一種在地化、本土化的要求。佛教弘化本質上是一種文化傳播,兩千年前佛教東來以及百年來西風東漸的歷史告訴我們,傳播初期的困難先會是器物層次的語言翻譯問題,而緊接著就會有制度思維習性與心態文化等問題。漢傳佛教本身就是佛教本土化的珍貴資產,對佛教如何銜接上中國人獨特的思維與心態有相當的經驗和智慧。其所開展出來的教學教法也當具有世界性的價值。南傳佛教、藏傳佛教也

---

❹　見:季羨林,〈原始佛教語言問題〉,《季羨林佛教學術論文集》(臺北:東初出版社,1995年4月初版),頁55-68。

都是佛教的珍貴資產，但引進之後仍然要面對到本土化的問題。即便是單純只是弘揚南傳佛教、藏佛佛教都不宜棄捨漢傳佛教兩千年本土化的珍貴經驗，何況目的是在弘揚整體佛教而不是單系的佛教。❹

做爲世界性宗教的佛教，自然有其普遍性的一面而應力求國際化，但是做爲人類文化發展的成果與基礎，又必然帶有其時空的色彩從而有特殊性的一面而應考量其本土化。姑不論高度要求理性、客觀的科學研究是否完全不需要形象、直覺、頓悟的非理性思維；可以肯定的是，人文學科、社會學科的發展歷程確然是無法避免會伴隨著情感意志、理想信念等因素。臺灣社會科學界從一九七〇年代前後開始由楊國樞、文崇一、李亦園、黃光國、瞿海源等學者領軍進行的社會科學「中國化」運動，應可提供相當的經驗做爲考量的參考。❹

---

❹ 從近六十年來佛教密宗在臺灣的發展亦大略可以看出，佛教的在地化、本土化是一件需要長久努力的艱難工作。民國五〇至七〇年代較爲活躍的幾位漢喇嘛如申書文、屈映光、吳潤江……，其後續傳承或者是回歸藏系由藏人領導，或者是被藏系所質疑。六十年這麼長的時間在文化的本土化在地化來說卻是相當短暫而不足的。

❹ 黃光國紀錄此一「本土化運動」的起點爲一九八〇年中央研究院在臺北召開的「社會及行爲科學研究的中國化」研討會（見〈建立「學術實踐的主體性」〉，收入氏著，《科學哲學與創造力》〔臺北：立緒文化，2002 年 3 月〕，頁 123-152），但其先聲應可上推於一九八七〇年開始在中央研究院民族學研究所主辦關於「中國人的性格」的一系列科際綜

一九八〇年，中央研究院民族學研究所召開「社會
及行為科學研究的中國化」研討會。楊國樞、文崇一在
會後出版的論文集〈序言〉中說：

在日常生活中，我們是中國人，在從事研究工作
時，我們卻變成了西方人。我們有意無意地抑制自
己中國式的思想觀念與哲學取向，使其難以表現在
研究的歷程之中，而只是不加批評地接受承襲西方
的問題、理論及方法。❹

黃光國從傅柯的「知識型」概念說明十八世紀末
西方世界的知識型有一激烈轉變，知識型從古典時期進
入現代時期，最核心的是「人」從只成為醫學、生理學
等「自然科學」研究對象的「客體」轉成為認識的「自
身」。這一轉變使十九世紀以後的「人文科學」因此成
為可能。因為人文科學的主要內容是人類所使用的語
言，以及他藉由語言所創造出來的世界。他指出：

合計論會。見李亦園、楊國樞編，《中國人的性格──科際綜合性的討
論》（臺北：全國出版社，1972 年 7 月初版）。
❹ 楊國樞、文崇一主編，〈序言〉，《社會及行為科學研究的中國化》
（臺北：中央研究院民族學研究所，1980 年）。

人的主觀存在和客觀世界都必然具有語言性，他
對客觀世界的表述和組織，是他用以思維的語言所
決定的；用任何一種語言所思維的客觀世界，都是
這種語言的產物。在不同的社會或文化裡，使用不
同語言的人，並不是分享同一世界，而是建構了不
同的世界。人類直覺經驗所認識到的，並不是「世
界本身」，而是由一個「語義場」所構成的世界。

在這樣的一個「語義場」裡，人們的生活、思想
和說話都是按照一定的經濟、語言或心理法則而進
行的。然而人具有一種內在的扭轉力量，他不僅能
夠利用這些法則的交互作用，獲得一種「認識並說
清」這些法則的權力，而且在認識這些法則的局限
性後，他更能夠使用語言、創造語言，來改變他的
生活世界。❺⓪

黃光國認為，這一點正是為什麼要發展本土心理學的最
重要理由。推行本土心理學或本土社會科學的主要目
的，是要發揮人的內在扭轉力量，來「認識並說清」本
土社會中人們生活、思想和說話所遵循的法則，進而指

---

❺⓪ 黃光國，〈心理學本土化運動中的世界觀〉，《科學哲學與創造力》
（臺北：立緒文化，2002 年 3 月），頁 1-45。

出這些法則的局限性和可變性，希望這樣的研究結果能
夠在本土社會的「語義場」中流通，為本土社會中的人
所用，甚至改變本土社會中人們的世界觀，豐富本土社
會的文化生活。❺

　　黃又引述文化心理學家 Shweder 所提出「一種心
靈，多種心態（one mind, many mentalities）」的主
張：人類由生物因素所決定的「心靈」只有一種；可
是，在不同文化社群中成長的人們卻可能發展出不同的
心態。因此發展適用於華人社會的本土心理學，一定要
既能涵攝人類共有的心靈，又能說明華人所獨有的心
態。❺這當也可以回答為什麼要建立以漢傳佛教為主要
內涵的法鼓宗。

　　前賢已指出，本土化運動不能是最高標準，但卻
該有此自覺以避免成為買辦式的學術研究。因此，國際
化的同時宜考量如何避免隨順時流喪失主體性，而本土
化的同時則應考量如何能避免成為井底之蛙地自雄。因
此，如何既能掌握人類行為的普遍性，又能彰顯東方
文化的特殊性成為社會人文學科發展的重要考量。同

---

❺ 黃光國，〈心理學本土化運動中的世界觀〉，《科學哲學與創造力》
　（臺北：立緒文化，2002 年 3 月），頁 1-45。
❺ 黃光國，〈建立「學術實踐的主體性」〉，《科學哲學與創造力》（臺
　北：立緒文化，2002 年 3 月），頁 144。

樣的，法鼓宗以漢傳佛教為主體，如何而既能把握「佛教」的普遍性，又能彰顯漢傳的、在地的、現代的特殊性，同樣是重要的課題。如何而能走出這個兩全之道也許尚待時日，但是可以肯定的是，不能因在地化的特殊性而取消普遍性，同樣的，也不能因為普遍性的要求而否認了特殊性的發展。

（二）從組織形式看法鼓宗創建目的：穩固地傳承

對社會學、管理學或是對一般社會人士來說，結社、群聚這種社會化需求是理所當然的：有團隊才有力量、有組織才有效能、才有競爭力。SOHO 族雖然工作自由度高，但是也只能依附在大企業的環境下而存活，更別提制定產業規格、規範產業走向……等層次的參與。而建構組織對理念傳播的重要性是不證自明的必然義務與承擔。但是對佛教，特別是對現代漢傳佛教來說，這個觀點卻有許多討論的空間。

這些有待討論的問題包括：佛教講求清淨涅槃，「少事少業少煩惱」，不講求競爭力，自也不需要團隊組織；佛教講求自由，團體組織會妨礙這個基本原則扼殺個人的自主與成長；佛教講求平等，組織則要求上下的層級與指揮有違平等原則……。

群體會不會妨礙個體的發展？組織的建構是否就會

違犯自由平等的基本價值？人間佛教自是與隱逸的山林佛教有所區別，但是有沒有獨居獨行的人間修學者？人間佛教如何看待？

　　以下先確認法鼓山的組織型態，然後再從教史和教理來討論，佛法對大我和小我之間、群體與個人之間應是如何抉擇的。

　　1. 法鼓宗的組織形式：宗派、法人

　　「法鼓宗」的「宗」我們該如何理解才恰當？其組織型態是大乘八宗的宗，或是臨濟宗曹洞宗的宗？抑或另有所指？

　　歷史上大乘八宗的宗是天台、華嚴、禪……等宗；臨濟、曹洞則是繫屬於禪宗的下位概念。湯用彤先生提到「宗」字有「宗派」及「學派」兩種意義：學派中強調的是師承的系統，宗派則強調祖譜法脈的傳承。他說：

　　　隋唐以前中國佛教主要表現學派之分歧，隋唐以後，各派爭道統之風漸盛，乃有各種教派之競起。❸

　　學者研究認為，中國佛教宗派的創立是經過南北

---

❸　湯用彤，《隋唐佛教史稿》（臺北：木鐸出版社，1983 年 9 月），頁248。

朝近三百年的發展，在教理上逐漸從理解和詮釋印度佛教的傳統中走出來，探尋到中國佛教自己的發展道路，然後在外在環境有南北一統的形勢，創造性地建立中國佛教的佛學體系、確立了傳承道統、穩固了傳法基地、組織了僧團，這才完成了隋唐時代中國佛教宗派的創立。因此，天台宗比三論宗更具有宗派的特徵。做為一個不同於學派的宗派，天台宗不僅如三論宗那樣有自己的理論體系、傳承道統，還建立了以天台山為中心的基地和僧團組織。而比天台宗的宗派特徵更鮮明的則是禪宗。[54]

據此可知，宗派是以「僧團－寺院」為核心，和以教理探討為主的學派比較起來，其區別是很明顯的。法鼓宗為禪宗曹洞、臨濟的傳承，因此其組織型態當是「宗派」而不是「學派」。

然而法鼓宗和傳統禪宗宗派或是禪宗叢林又有所不同。李四龍曾探討佛教為何從自由寬鬆的學派轉向發展成以「僧團－寺院」為核心的宗派，概括出宗派創建的基本條件有教理、僧制、儀軌三方面的創新與發展：

（1）獨特而又完整的教理，創始人的思想成為傳法

---

[54] 李富華，〈佛教典籍的傳譯與中國佛教宗派〉，《中華佛學學報》第12期（臺北：中華佛學研究所，1999年7月），頁97-112。

定祖的依據。

（2）適應特定時代的組織制度，既適用於外在監督，也適用於僧團內部的自我約束。

（3）符合民眾心理的宗教儀軌，藉此發揮佛教導俗化眾的社會功能。

而這三個條件中，獨特的教理體系是宗派的根本，但社會所給予的生存空間，則是最後的決定力量，不但會形塑宗教類型，而且會反過來觸動教理基礎與組織制度。⑤

李四龍所指出「社會所給予的生存空間」，當即是法鼓宗在傳承歷史以外，仍必須受到當代社會的發展規範。法鼓宗在今日所呈現的型態，除了是一寺院，而更被形塑為一「法人」團體，被期許在一定的法律規範下執行目的事業。⑥這一龐大的現代非營利事業組織，超越了昔日叢林寺院的規制，僧俗各安其事以共同成事的

---

❺ 李四龍，〈教理、僧制與儀軌──宗派佛教成立的三個因素〉，《普門學報》第 14 期（臺北：佛光山文教基金會，2003 年 3 月），頁 99-120。

❻ 廣義的法鼓山體系除了相關的寺院組織，另有分別登記於內政部、教育部的法人組織如：法鼓山佛教基金會、法鼓山文教基金會、法鼓山社會福利慈善基金會、法鼓山人文社會基金會、聖嚴教育基金會、中華佛教文化館、中華佛學研究所、法鼓文理學院、僧伽大學……。這些機構，或者是財團法人或者是社團法人，均是法律規範下的團體組織，有依法執行目的事業的義務，也需遵守法律所要求的組織規範與制度結構。

分工型態，也會帶來許多迥異往昔的挑戰。

2. 為何要建構組織

當代佛教的復興是由時局險惡的外緣所逼發。佛教諸山爲了因應張之洞「寺產興學」的挑戰而有「佛教會」組織的倡議。太虛大師的佛教興復大計中，因此把「組織」與「人生、科學」並列爲佛教發展的三個基本要素。❺然「中國佛教會」的發展並未順遂，佛教組織的體制亦有待進一步開展。國民政府遷臺後，佛教所面臨的困境又有所不同，慈航法師當時提出「教育、文化、慈善」爲佛教的三個救命圈，雖仍必有教團組織的推動在其中，但已不把組織的發展明白視爲重要項目。

太虛大師之後明確提出應重視組織的則有印順導師，認爲當前佛教要務，在於教化、組織、事業。❺其所謂事業包括慈航法師所提倡「佛教三個救命圈」中的文化和慈善，教化則同於慈航法師所提的教育。印順法師特別強調，教化工作也必須以組織爲基礎：「近代的中國佛教，由於出家眾的缺乏組織，只能以個人中心而

---

❺ 太虛大師於〈人生佛學的說明〉中舉出：現實的人生化、證據的科學化、組織的群眾化三者爲人生佛學的重要元素。詳見：《太虛大師全書·第二編五乘共學》，頁 207-208。
❺ 見：印順導師，《教制教典與教學》，頁 87。同時主張宜重視組織的，除了印順導師外則有李炳南居士，提出「辦事」爲成員訓練的重要科目。再晚到了七〇年代則有佛光山及慈濟功德會。

進行無組織的教化。缺乏組織，是不易存在於今後的世界。」⑲

而佛陀原來教法的精神就是重視組織的。

(1) 群體組織為佛陀本懷

近代以來，對佛教僧侶的基本印象大都為「衣袂飄飄、絕世獨立」、「孤僧萬里遊」不食人間煙火的出世形象。例如民國四大師之一的弘一大師，其僧侶行履即以此形象感動了許多人。不只社會大眾如此看待佛教僧侶，佛教內部也多有作如此想的。例如以唯識學名的大家歐陽竟無，於一九三六年太虛大師發表〈論僧尼應參加國民大會代表選舉〉提出僧尼應參與政治的主張時，歐陽竟無即以「僧徒居必蘭若，行必頭陀」、「參預世事，違反佛制」特別致書陳立夫表達反對。⑳「參預世事」是否違反佛制是另一個可以討論的議題，但是「僧徒居必蘭若，行必頭陀」卻明顯是個誤會。事實上，釋迦世尊是鼓勵群聚組織的。

在釋迦世尊的時代，他所教化的出家弟子，原本就有兩類，一種是人間比丘，另一種則是阿蘭若比丘。人間比丘，指的是遊化人間，與大眾共住、生活並不過分

---

⑲ 印順導師，《教制教典與教學》，頁 16-18。
⑳ 參見：印順導師，《太虛大師年譜》，頁 406。

的刻苦。阿蘭若比丘則專修頭陀苦行、好靜而獨住阿蘭
若；甚至不願為大眾說法的。這是由於當時印度各宗教
普遍厭世苦行的風氣所致。但世尊並沒有修頭陀行，而
且還勸迦葉不要修頭陀行。❻ 律中記載，大迦葉就也曾
經因為修持一切糞掃，拾別人遺棄的食物而生活，而受
到佛的呵責。❷ 佛鼓勵其弟子在團體中過群居的生活是
可以確定的。因此佛陀的態度可概括為「鼓勵僧團僧，
包容蘭若僧」。僧團僧，才能完整的呈現世尊法、律並
重的精神。

　　而從當代佛教的發展來看，印順導師指出：法、
律並重是人間佛教，以人生正行修菩薩道的重要精神。
他說：

　　釋尊所創建的根本佛教，包含著兩個內容：一、
　　法；二、律。「導之以法，齊之以律」，這二者的相

---

❻ 印順導師，《佛法概論》，頁 199-200。

❷ 印順導師：「三類出家人。一、依戒而住的律行：這是住在僧中，也就
是大眾共住，納入僧團的。即使為了專修，住阿蘭若，也一定參與半月
布薩。……這是佛世比丘最一般的情形。二、修頭陀行，這是少數人。
不住僧中，過著個人的生活（頭陀行者與頭陀行者，就是住在附近，也
不相組合），但也可以半月來僧中布薩。……三、一切糞掃者，這是極
少數的。……大迦葉也曾一切糞掃，拾所棄的食物而生活，受到佛的呵
責。」見〈王舍城結集之研究〉，《華雨集》第三冊，頁 52-54。

應協調，才是佛教的整體。

　　無論是弘揚佛法，或修學佛法，只要是在人間，尤其是現代，集團的組織是極其重要的。人間佛教，以人生正行修菩薩道，要把握這法律並重，恢復佛教固有的精神。切勿陷於傳統的作風，但知真參實悟，但知博究精研，於毗奈耶─律的原理法則，不能尊重。現代修學菩薩行的，必須糾正這種態度，法律兼重，來契合佛法的正宗。❻

印順導師感慨，「後代學者而尊律的，但知過午不食，手不捉持金錢，而大都漠視僧團的真義。一分重禪的──近於隱遁瑜伽的，或以佛法為思辨的論師，都輕視律制。不知佛法的流行於世間，與世間悉檀的律制，有著最密切的關係。」從經典中可知：在大眾的攝導與折伏下，利根的當然迅速地了生脫死，鈍根的也可以漸趨涅槃。印順導師指出：這種「用集團力量來規範自己的行為，淨化內心的煩惱」，正是根本佛教的特色。❻

(2) 小我在大我中成長

　　余秋雨曾描述過中國歷史裡學當林和靖梅妻鶴子、

---

❻　印順導師，《佛在人間》，頁 104-107。
❻　印順導師，《佛在人間》，頁 106。

隱居孤山的傳統，認為這是中國知識分子的機智和狡黠。因為他們消除了志向，漸漸又把這種消除當作了志向，守在安貧樂道的達觀修養中。結果是群體性的文化人格日趨黯淡，封閉式的道德完善導向了總體上的不道德：

> 不能把志向實現於社會，便躲進一個自然小天地自娛自耗。他們消除了志向，漸漸又把這種消除當作了志向。安貧樂道的達觀修養，成了中國文化人格結構中一個寬大的地窖，盡管有濃重的黴味，卻是安全而寧靜。於是，十年寒窗，博覽文史，走到了民族文化的高坡前，與社會交手不了幾個回合，便把一切沉埋進一座座孤山。
>
> 結果，群體性的文化人格日趨黯淡。春去秋來，梅凋鶴老，文化成了一種無目的的浪費，封閉式的道德完善導向了總體上的不道德。文明的突進，也因此被取消，剩下一堆梅瓣、鶴羽，像書籤一般，夾在民族精神的史冊上。❻

---

❻ 余秋雨，〈西湖夢〉，《文化苦旅》（臺北：爾雅出版社，1992 年 11 月）。

　　離開人群會形成封閉式的道德，使群體性文化人格黯淡。但是歷史上對「離世獨立」的高人隱士捨得放棄社會眾人追逐的名利、遁入山林隱逸不求聞達一直是抱著崇仰的態度的。對追求生死解脫、絕塵離世的修行者來說，個人的充分解脫才是第一要務，群體文化的黯淡又算得了什麼？

　　這便要回到學佛的初衷了。即便不考量佛教整體的未來的發展，純就個人學佛目標的達成，也是應該重視團體、走入人間。更不要說是為了日後利他度他，所以要先離群以自利自修的大乘行者了。因為，「煩惱即菩提」，❻離開人間離開群眾，也將因失去境界的刺激而無法覺察煩惱的生起，於是日漸失去修學的動機與消解煩惱的動能。

　　而從學習目標的達成，印順導師提到在團體中依團體的力量才容易真實地成長。因為佛教集體生活能發揮教誡、慰勉、警策的力量：

　　　　佛教的集體生活，有著三項特色：互相教授教誡，互相慰勉，互相警策。……如有意見不合，或有不

───────────────

❻　「煩惱即菩提」可有功夫與境界兩層義涵。就境界義來說，指的是兩者無分別；就功夫義來說，則指菩提是要從煩惱中鍛鍊提煉出來。

合佛法的見解，由大眾集會來議定，將錯誤的見解
糾正過來。初學的或者心起煩惱，想退失道心，就
用柔軟語安慰他，勉勵他，幫助他的信心堅定起來，
努力向上。如有性情放逸，不專心佛法的，就用痛
切語警策他。❻

　　因著這三種作用，因此佛在世時，雖有發心不純正
的，但一經出家，在團體中鍛鍊一番，也能引發真心，
用功辦道，了脫生死。

　　聖嚴法師對於個人在團體中才容易成長曾有一生動
的譬喻：「木頭總是跟著木排跑」：

　　一根木頭，可能在洶湧的河面東奔西竄，不知漂
向何處；一排又一排的木筏，牢牢綁緊，則可能井
然有序，片毫不失地安全抵達彼岸。這便是「依眾，
合眾」的善巧方便。❻

不只是跟著大眾是安全而且容易成就的，他更進一步指
出，從度他的過程中來自度是最可靠的方法。

---

❻　印順導師，《佛在人間》，頁 118-121。
❻　《聖嚴法師教觀音法門》，《法鼓全集》04-13，頁 52。

　　依佛法的觀點來看，如果只是用自利的方式來利
益自己，得到的利益不僅很小，而且是不可靠的，
但是用利他的方式來利益自己時，得到的利益才是
最大最可靠的。……

　　佛法主張，以度人來度自己才是最可靠的方法。
因此，基本上六度就是在度自己，可是著手的方法
和著眼點都是在度他人。⑥

　　離開人群會形成封閉式的道德，使群體性文化人
格黯淡。但是走向人群又會產生情緒和磨擦。且不談如
何從自我修養的修身進而齊家、治國、平天下，我們該
如何妥帖適切地從原生家庭進入一個新的家族，進入職
場、進入社團……。

　　佛教因此要從山林佛教走向人群走向人間而有人間
佛教、人間淨土的提倡，鼓勵我們從人我的關係中認識
自我，從認識自我而成長自我。再進一步，則是把小我
投入大我，把點滴小我的力量匯集到大我，在大我中安
頓自我，從群體中相互支持的力量共同成長。

　　(3) 小我成就大我的延續

---

⑥　〈什麼叫做波羅蜜〉，《六波羅蜜講記》，《法鼓全集》07-13-4，頁
　　7。

　　佛教之流傳久遠，佛法之珍貴雖然重要，但法待人弘，法的弘揚仍需落實在「人」的身上。因此世尊說：「我諸弟子展轉行之，則是如來法身常在而不滅也。」（《遺教經》）法身是否常在、佛法是否永住，決定於佛弟子的實踐與行履。而是什麼因素決定了佛弟子的實踐與行履？佛弟子的實踐與行履又該從哪裡來保證呢？印順導師認為：「唯有組織覺者集團的僧伽」才有可能。他舉毘奈耶解說：

　　毘奈耶中說：釋尊的所以依法攝僧，使佛弟子有如法的集團，是為了佛法久住，不致於如古聖那樣的人去法滅。事實上，住持佛法，普及佛法，也確乎要和樂清淨大眾的負起責任來。這和樂僧團的創立，是佛陀慧命所寄。

　　「佛在僧數」的論題，表示僧團是佛陀慧命的擴展與延續。毘奈耶中說：有如法的和合僧，這世間就有佛法。這可見，不但「僧在即佛在」，而且是「僧在即法在」。這一點，不但證實釋尊的重視大眾，更了解佛法的解脫，不是個人的隱遁，反而在集團中。❼⓿

---

❼⓿　印順導師，《佛法概論》，頁 16-17。

傳說世尊考察過去諸佛正法流傳久暫的關鍵在於是否廣
說教法、建立學處，世尊因此不但廣說教法，也廣說戒
律，而戒律中的重要成分就是集體生活的共同規範，❼
如此，才能成就「和樂清淨的大眾」而把住持佛法、普
及佛法的責任承擔起來，從而達到「正法久住」的目
標。印順導師謂：

> 佛教的戒律是一種集體的生活，修行也就在集體
> 生活中去鍛鍊。依戒律的觀點，佛法並不重於個人
> 去住茅蓬修行──這是共世間的，雖然一般都很尊
> 敬這種人。佛教戒律有什麼特色？它是道德的感化
> 和法律的制裁，兩者統一起來。……就是動機不純
> 正的人，在這裡面多住幾年，經過師友的陶冶，環
> 境的熏習，慢慢也會成為龍象的。在這個集體生活
> 裡，大家都有共同的信念，淨善的行為，彼此和睦，
> 這就是佛教戒律的特質，而發生偉大的作用──正
> 法住世。❼

---

❼ 戒／尸羅 śīla 主要指私德，律／毘尼 vinaya 則為團體生活規範。戒著重
自律，律則相對著重他律。印順導師，《原始佛教聖典之集成》：「毘
尼雖是法治的，但運用起來，一定要出於善意的和平精神，融入了德化
的，善誘的教育作用。使比丘眾樂於為善，不敢為惡；這就是毘尼藏的
實際意義。」（頁 191）。
❼ 〈研究佛法的立場與方法〉，《華雨集》第五冊，頁 71。

　　聖嚴法師亦表示，佛法之所以能夠廣被人間，是以群居共住的人間比丘貢獻為多。❼因此，不論是從整體來考量正法的流傳，或是從個人的成長，組織團體的建構都是必要的。而我們更可以從宗教傳播目的來確認下列問題：

　　第一：宗教弘化的工作推行效能，是宗教師個別發展或群體推動為佳？

　　第二：宗教弘化的學習效能，是信徒的個別學習較佳或群體學習較佳？

　　第三：宗教師的養成教育應如何進行？是自修獨修或是共修群聚的方式有效？

　　這三個問題包括了宗教師的養成教育、宗教師的弘化工作與信徒的學習養成。而不論是從學習者的立場來看或從推廣者的立場來看，答案似乎都是偏向於集體學習。

　　為什麼要走向集體？因為集體可以成就自己，集體也因此獲得成就。佛陀對群居過集體生活的肯定，一方面是出於個人成長的需要，另方面則是由於團體的力量所能成就的貢獻。

---

❼　聖嚴法師，〈人間佛教的人間淨土〉，《學術論考》，《法鼓全集》03-01，頁448。

四、目的實踐的要求與準則

　　以上說明明瞭創建法鼓山、創建法鼓山宗的緣由，接下來我們要回過頭來討論目的倫理，才能比較清楚佛教徒在面對目的目標的訂定時所可能遭逢的問題。

　　佛教教法特別強調「無我」、「放下」、「不執著」，世法也罷、出世法也罷，都有層層轉進不斷增上的指點。「有佛處疾走過，無佛處莫停留」；聲聞教法甚至有同一棵樹下不得停宿三夜的規範，以免產生執著的習氣。因此，佛教徒為了避免沾染「執著」，常會有事過境遷隨遇而安的要求。特別是對習禪者而言，不只是要「放下」，還因為禪修「活在當下」、「生活在此時此刻」的練習，更容易產生對堅持目標的排拒。但是，目的的追求違背禪旨嗎？

（一）目的的追求違背禪旨嗎

　　佛教向來予人「不與人爭」、「不與世諍」的印象，這確實呈現出佛教徒不斤斤計較、不死心眼、不鑽牛角尖的灑脫形象。但「隨緣」並不是無所事事地隨世浮沉，「待緣」也不是守株待兔地被動等待，「只問耕耘，不問收穫」更不能理解成不問目的不管成果不假思索地一味付出。

　　禪門公案裡大珠慧海禪師的用功方法是：「飢來吃飯睏來眠。」大家不都是這樣嗎？大珠禪師說：「不同。他吃飯時不肯吃飯，百種需索；睡時不肯睡，千般計較。」從這裡呈現出禪家處事應物都是非常直接的直覺反應、不假思索。

　　但是慧海禪師可貴的是不假思索、不需思索而能發皆中節、行皆中的，所謂「從心所欲而不逾矩」，如果從心所欲卻是違規犯過動輒造次，這樣的從心所欲又何足言哉。但是，怎樣的直覺是可信的，怎樣的直覺是需要存疑的？該如何分辨檢驗？我們要追問的是，慧海禪師那種不假思索的境界是怎麼培養出來的呢？被提出來和不假思索作對照組的「百種需索」、「千般計較」，真的沒有一點價值嗎？

　　這種從不假思索、不必選擇衍生出不需思量、不必計慮只要直覺反應的說法，實在是對活在當下的誤會。

　　在耕耘的時候只問耕耘不問收穫是對的。但不能把這句話理解為「不必考慮收穫的問題」。「不問收穫」有個前提，是在耕耘的時候不問，而不是從來不問。從微觀來說，在耕耘的時候只問耕耘不問收穫是對的，但從宏觀來說，這就有所不足。整體宏觀來看，「只問耕耘不問收穫」是不夠的。耕耘之前先需有氣候、市場、能力……等考量，事業經營則管理學

有 SWOT 的分析，要從內在優勢、劣勢、外部威脅、
機會來評估。就算不從營利考量，也要評估是否合
宜、值不值得做。耕耘之前就要考量耕耘的問題、收
穫的問題。而收穫後更要檢討前置規畫是否有盲點、
執行過程是否有缺失……。

　　聖嚴法師雖然常說：「我沒有一定要完成的事」，
這是出於對時機因緣的體會，但他更常教導強調的是應
該對未來要有計畫、要發願、要有方向感。❼如果因緣
許可就做，而且不逃避、不後人；因緣不許可的話，則
也不會強求。他區分野心和發願的不同並親切示範引領
大家發願：

　　　　野心是想要追求、想要征服、一定要達成什麼；
　　我沒有野心，佛法要我做的、眾生要我做的，在不
　　違背智慧和慈悲的原則下，只要我能做，一定盡力
　　而為。❼

　　　　虛空有盡，我願無窮；今生做不完的事，願在未
　　來無量生中繼續推動；個人無法完成的事，勸請大

---

❼　〈禪修的要領（一）〉，《禪鑰》，《法鼓全集》04-10，頁 72。
❼　《智慧一○○》，《法鼓全集》07-07，頁 38。

家共同來推動。❼

印順導師自稱是冰雪大地撒種的癡漢；聖嚴法師在美國開展法業時，居無定所，借住人家，於是有風雪中的行腳僧之名。這是環境惡劣時候不得已的選擇，像是銜石填海的精衛，以鋤移山的愚公，或是想把海邊千萬隻海星救回大海的小女孩，填得一塊是一塊、救得一隻是一隻。但那是拓荒者在條件困乏、時運格局不得已下最好的選擇。不自量力也罷、生不逢時也罷，該做能做的最好選擇就是如此。但絕不是無所選擇。

我們似乎聽慣了「蜀之僻，有二僧，其一貧，其一富」的故事，特別最後是貧僧取經回來的印象，所以也就習慣但憑發心不考量資源、不講究品質就倉促成軍地打游擊戰。游擊隊當然打游擊戰，但正規軍只會打游擊戰甚至只想打游擊戰那就是浪費格局了。游擊隊有游擊隊的策略和選擇，正規軍有正規軍的策略和選擇；認為游擊隊沒有策略和選擇是誤解，認為正規軍因此也不需要策略和選擇、不需要講究品質和規畫則是更大的誤會。在時機不同格局不同卻仍然抱

❼ 〈禪如何用於日常生活〉，《禪鑰》，《法鼓全集》04-10，頁 175。

著打游擊的心情和態度投入的，則「只問耕耘不問收穫」就成了沒有品質的藉口；「重在過程不在結果」就變成不負責任的態度。禪家並不教我們亂無目標地投注心力。

（二）目的目標的設定準則

確認目的目標的追求並未違反禪旨，甚且應是佛教徒發願的心向所在。接下來的工作便是得確認佛教徒獻身投入的對象是什麼？服務的對象是誰？這問題之所以是個問題，來自對「組織」的定義。

世尊鼓勵僧團佛子過集體生活，但並未鼓勵宗派。從佛教徒最基本的三皈依與〈四弘誓願〉來看：三皈依的皈依「僧」，指的是十方一切僧，而非只是指現前僧。而四弘願的「眾生無邊誓願度」，佛教徒獻身投入服務的對象又是一切眾生，那麼把組織限定成一定的範圍，似乎就顯得不夠慈悲。而「法門無量誓願學」也就更不支持限制修學的範圍了。

以基督教來說，「神愛世人」，但是這只會是基督徒宗教實踐的基本懷抱或終極目標，對基督徒來說，在現實實踐過程，畢竟還只能從「信上帝得永生」來入手，對於「不信者」只能列為第二序的照顧對象。同樣的，對佛教徒來說，「眾生無邊誓願度」的終極目標在

實踐歷程也必然會另有先後優先順序的考量。而當倫理
主體是佛教「組織」時，對教化對象的眾生，對修學主
軸的法門，必也會有緩急輕重先後次第的抉擇。目標
太小太近則自我弱化，目標太大太遠則失去焦距備多
力分。

　　社會學者對運動型組織和組織型組織的行為關係研
究顯示，目標設定的良窳關係組織的健全發展。鹽原勉
指出：⑰

　　1. 為了實現個人變革、依據價值結合起來的群體，
比為了實現社會變革、期待利益分配結合起來的群
體更不易消失。

　　2. 具有特定目標的群體比具有一般性目標的群體
在成功或停滯狀態上更容易消失。反過來說，一般
性目標能夠根據需要使一個任務得到繼承，因而易
於使群體得以繼承。

　　3. 越是具有排他性成員資格的群體，越能夠承受
對目標變化的壓力。

　　4. 在成員資格方面，包容性強的組織比排他性組

---

⑰　鹽原勉從關於運動群體組織動態的命題中選出十五個基本命題，此處僅
　　列出與目標設定相關的幾項。餘引見：青井和夫，《社會學原理》（北
　　京：華夏出版社，2002 年 1 月），頁 87-90。

織更易於參加與其他組織的結盟。

5. 排他性組織比包容性強的組織更易於陷於組織分裂。

6. 包容性強的組織與排他性組織相比，在外壓下更易急速地分崩離析。

這幾個命題透露幾項重點：1. 組織的長期發展需著眼於一般性目標的設定。反過來說，這也意謂著，特定目標對群體的吸引力較大。2. 成員類型是具排他性、專業核心特質明顯的，對組織的內聚力較強，對壓力變化的承受力較高。反過來說，也意謂包容性較強、組織專業核心特質不明顯的，對外容易取得合作，但對組織目標變化的壓力承受度較低。

法鼓宗的使命該經由何種歷程來設定不同時期的目標價值？如何進行轉換與呈現？如何才能既顯示出自身的獨特價值，又能防範宗派演發成部執或宗派門戶見使得未來的路子愈走愈窄？

五、組織實質目的的達成

（一）學習制度的課程規畫

傳統僧團的組織，不只是群居，而是過著有紀律的集體生活，見和、利和、戒和。但是「見」和的思想教

育,指的是什麼內容?法鼓山是一個佛教團體,法鼓山的成員是佛教僧侶與在家居士,思想教育當然是以佛教為主要範圍。但是,佛教的範圍如此廣大,學習的次第當如何安排才適宜?有人認為,應依成員的興趣自由發展;也有認為,法鼓山的使命,是以人間淨土為主軸的漢傳禪佛教,因此思想教育應以此為限。這就涉及了教育學上專家與通家的養成以及倫理學上多元主義與單元主義的論辯。

多元論和一元論的觀點在個人與群體的領域都有相當多的對立主張。如布賴特曼主張人格主義的形上學應當是一種數量上的多元主義,即承認存在許多人格,它們完全是個別的私自的,而不是別的人格、絕對或上帝的部分。此一獨立人格是一切存在的基礎和價值的根源,每個人的經驗都是自己的,都有一個自己的世界,通過考察自己的意識而了解自己,也由此而推論別人。❸社會多元論認為,社會應包容兩個以上的成分(或社會秩序),這些成分(或社會秩序)在一個政治單位內共存,但互不相連。不同利益群體彼此地位平等、相互包容,這種相容而不排他的社會即是真實的多

---

❸ 參見:朱貽庭編,《倫理學大辭典》(上海:上海辭書,2002 年 10 月),頁 689「多元的人格主義」、頁 832「布賴特曼」。

元社會。㊆

　　這種多元論是由考量不同利益群體或不同專業群體的彼此關係，並從而發展來的，因此在相當程度上，這種多元論者也會是倫理相對主義的支持者。因為各是不同領域的專業，各是不同範圍的權威，如何較量出最高的權威和專業來？他們因此反對絕對的價值，認為一元的、絕對的價值準則會產生絕對的威權，而絕對的威權，在學術或政治上，都會因專制和獨尊而帶來敗亡的厄運。

　　需要分疏的是，政治專制和思想專制確實是一元而絕對的，也是該致力消解的，但是這並不能因此就否定絕對倫理的存在，也無法由此而證明倫理相對主義是正確的。政治上反抗專制反抗威權的方式和結果只是成就另一種威權和專制；學術上如果不宜定於一尊，那企圖舉儒、道、佛、耶、回一以貫之的一貫道最為多元，但是一貫道的專業在哪裡？如果一貫道的專業來自對五家各教的詮釋，則豈不是又成了另一個絕對的威權與專業。而各宗教的信仰者隨行者又是相信什麼呢？㊀因此

㊆　參見：朱貽庭編，《倫理學大辭典》（上海：上海辭書，2002 年 10 月），頁 264「多元社會」。

㊀　各宗教之間對絕對倫理準則的回答，也許需要經過再詮釋和交流才能取得一致的答案，但是就宗教內部而言，對絕對倫理原則的答案是一定已

就宗教內部來說，對絕對道德標準的肯定是不成問題
的，問題大致在於：1.絕對價值標準的內涵是什麼；
2.確認此絕對價值標準後可能失去自由的擔憂。

　　對照著西方學科發展的歷史來看，學術專業來自
於學術紀律，此一學術紀律即是學科專業核心的養成訓
練。⑥學術紀律或規訓，意謂著自由的限制，也意謂更
高的自由。⑫

　　經確認了的。倫理學研究認為道德有絕對性、也有相對性。能滿足道德
　　終極目的的終極道德標準是為絕對道德；而非終極道德原則乃至其他的
　　道德規則、特殊道德……，均為相對道德。參見：王海明，〈倫理相對
　　主義〉，《新倫理學》（北京：商務印書館，2001 年 2 月），頁 124-
　　134。

⑥　霍斯金指出：所有新興知識門類的出現，其實都是教育形式改變之後
　　所帶來的結果。十八世紀以後出現三種新的教育實踐方式：考試、書
　　寫、評分，改變了學生的學習方法以及執教者與學生之間的關係，同
　　時也因為教學雙方都必須同時面對經常性的監視和評斷，以致逐漸衍
　　生出一種自我規訓的力量。詳見：霍斯金（Keith W. Hoskin），〈教育
　　與學科規訓制度的緣起：意想不到的逆轉〉；另參見：沙姆韋（David
　　R. Shumway）和梅瑟・達維多（Ellen Messer-Davidow），〈學科規訓
　　制度導論〉；兩文俱見：華勒斯坦（Wallerstein, I.）等著，劉健芝等編
　　譯，《學科・知識・權力》（北京：三聯書店，1999 年 3 月），頁 12-
　　42、43-84。

⑫　當然也可以從對現代學科訓練的不當以及現代組織發展的不足處來討
　　論，但那需要從更全面更高一層的視野與識見來思考，已超出本文討論
　　範圍。本文是以現代社會一般條件為預設。

（二）金剛杵形的宗派教育

做爲現代社會的法人組織，教學內容宜和學科訓練一樣針對組織特殊的核心專業做清楚嚴謹的教學規畫與施行，俾能有效地縮短人才養成的時間。這就基本上走的是一元論的路。但是學科的生命是從內部外部不斷地質疑挑戰而獲得新生命的推展，強調組織特色與特殊核心專業，如何才能保證不會發生諸如門戶之見、山頭主義、關起門來當山大王、近親繁殖……，這些形成學術退化思想弱化的可能呢？趙敦華批評抱持著「中國特色論」強調思想特殊性而不積極參與國際學術對話、拒絕與國際學術接軌，會降低學術標準和目標，滋長井底觀天、故步自封的狹隘心態。[33]宗派的發展也容易有這種可能。加上歷史上部派、宗派所曾經產生的部執見、宗派見，以及五代以來的禪宗一枝獨秀、淨土宗一枝獨秀，這都讓人對宗派發展缺乏好感與信心，因此希望走多元論的路子來開放門戶。

概括地說：一元論的優點是思想統一、觀念一致，因此力量集中、步驟齊一；但缺點是缺少選擇的自由而有排他性。多元論的優點是自由寬容，但目標不確定、

---

[33] 趙敦華，〈道德與哲學新論系列·總序〉，《人性和倫理的跨文化研究》（哈爾濱：黑龍江人民出版社，2004 年 1 月）。

備多力分、甚至形成組織的離心力。鞏固領導中心的說法固然令人聞之不快，但政令不出都門的經營品質也著實讓人遺憾。

一元與多元，兩者的優缺點相互對立。有沒有可能找到一種途徑是兩者的優點並存的？既能寬容兼蓄，也能力量集中、步驟齊一？我們從布賴特曼「時間的人格主義」這樣的稱號發現這種可能性。這個稱號來自於布賴特曼主張：人格的自我同一不是固定不變的，而是一種變動不拘的過程，是有時間性的。同樣的，我們也可以把組織發展視為一人格自我，而在變動的時間過程中擁有同一性。因為即使是多元的社會也必然有某種價值內在的統一，否則它會成為一個離散互斥的社會，這是無法展現多元面貌與生機的。一個良善的多元觀，必仍有統一的價值與主軸，不會是價值紛歧甚至相互排斥。

印順導師曾舉無著以金剛杵比喻的修證過程，說明修學範圍是首尾粗大而中間狹小：

最初發心修學，觀境廣大，法門無量；及至將悟證時，唯一真如，無絲毫自性相可得，所謂「無二寂靜之門」；「唯此一門」。這一階段，離一切相，道極狹隘；要透過此門，真實獲證徹悟空性，才又起

方便——後得智，廣觀無邊境相，起種種行。漸入
漸深，到達即事即理，即俗即真，圓融無礙之佛
境。❽

從佛教的完整教學來看，中間狹小的這一段是與世間其
他學術不共的核心專業，前後寬闊的則是共世間學的修
學。有此不共法，得以與其他世間學術做出區分；而有
共通法，得以與世間學融通交流。

同樣的模式在當代有一實際的例證。

（三）成功的實例

淨空法師於弘法三十週年時，追述從學雪公李炳南
老師的歷程云：

當年（四十七年）親近李炳南老師，（老師）開三
個條件：

一、只能聽他講課，此外任何大德法師講經不
准聽。

二、所有想讀的書需經允許，未允許者不能研讀。

三、從前所學一律作廢，從頭學起。

---

❽ 印順導師，《學佛三要》，頁181。

以上三個條件，期限五年。為報師恩，我守了十年。深深得力。古人所謂「師承」，此真真得力。⑧

淨空法師的經驗並非特例，長年跟隨雪公學習的徐醒民老師亦是如此經驗，徐師自述跟隨雪公學法後，雪公「除令常隨聽經，又為指定專書研讀。……讀後須提疑問求解。如無疑問，師便提出問題令民解答。」⑧雪公如此培養後學，而其自身經驗亦是如此，雪公自述經驗云：

> 奉勸大家，不要到處去聽經。當初我皈依的時候，老師就曾經這樣對我說，不過，那時候我不以為然。一直聽了十年以後，我才真正明白老師的用意，這不是容易的事，不能隨便聽。⑧

淨空法師與徐醒民師的學習次第在傳統教學即

---

⑧ 釋淨空，〈弘法三十年之心得〉，1989 年講於屏東東山寺。（錄音 MP3）http://www.amtb.org.tw/baen/jiangtang.asp?web_choice=93&web_rel_index=521（查索日期：2019 年 12 月 1 日）。

⑧ 徐醒民，〈師恩罔極〉，《雪廬老人法彙》，頁 508-509。

⑧ 李炳南，〈壬戌年（七十一年）元旦愼齋堂講話〉，《修學法要續編》，《李炳南老居士全集》第十冊（臺中：青蓮出版社，2014 年），頁 161。

屬師承與門戶的問題。注重師承可以有嚴謹的基本訓練，但也會有門戶之見的封閉心態。但是門戶開放並非拆牆撤垣全無遮攔，因爲如果屋宇樑柱全無，又何來開放不開放的問題。可以斷言，只要有學有術就會有一定的門牆，此其從入之門道與要求。因此對存在於世間的任何學問而言，有門牆是必然的，有門戶是必然的，否則即不成其爲學。可以討論的只是：門戶是開放的或封閉的。

開放或封閉的判斷不在金剛杵中間狹窄的這一段，而是首尾兩頭是否寬闊。上述淨空法師與徐醒民師的例子顯示的是中間狹小的部分，但是在此之前是寬廣自由的選擇，此後也是寬廣自由的選擇。如：李炳南老居士曾提及他弘揚佛法的基本立場爲：「行持一端，專崇淨土」，但他並未以專弘一宗做爲整體的教學內容，他說：

> 爲速利一切眾生故，遵從古今大德的指示，行持一端，專崇淨土！話雖如此，而在弘教方面，還是平排的向前宣傳，因爲整個佛法，本來圓融，行解權實事理等，實不可分離故。❸

---

❸ 李炳南，〈兩週年本願重申與立場檢討〉，《弘護小品彙存》，《李炳

如此安排，自不會有封閉而日漸弱化的疑慮。

根據以上討論來看宗派的教學規畫，如果把整體的思想教育分成三階段，則宗派特色或專業核心的部分宜放在第二階段，此為金剛杵中間狹小的部分。在此之前，宜先有一般性普遍性的佛法教學，提供學習者充分的選擇自由；在此之後，亦宜開放讓學成者有充分深化試煉的機會，避免因保護太過而致削減了思想力道的發揮。

六、小結

聖嚴法師早期受太虛大師影響不談宗派，留日時期受智旭蕅益影響亦是如此態度。為何到了晚年，卻從早期的不談宗派轉而自立宗派？建立宗派的必要性何在？宗派教學為何以漢傳禪佛教為內容？建立宗派如何可能以及如何避免負面作用？本文嘗試回答以上這些問題。總結上述各節討論，歸結如下：

（一）為什麼要建立宗派？

建立宗派是為了教團的永續經營，以使正法久住人間。只有正法久住人間，建設人間淨土才有可能達成。建立宗派、教團永續、正法久住、建設人間淨土，這四

項形成一系列的相關項。

建設人間淨土的可能性建立在與眾生之間的關係，淨土是「諸佛與眾生展轉互相增上助成的」。而如何能與眾生輾轉互相增上助成淨土呢？這當需有執行的人與組織始克承擔。此爲建立宗派的基本原因。

宗派的建立，即是太虛大師所提揭的「組織的群眾化」，包含了「修學及……組織化與紀律化」；從修學來說，是從小我到無我過程中的「大我」的階段，學習融入大我，亦即往無我的前進，此顯示了人間菩薩行的必然方向，將菩薩入世和聲聞出世做出重要區分：菩薩重視總體性煩惱，聲聞重視個體性煩惱。這個發展也與佛教現代化發展合轍：從注重私德轉而注重公德，從只發展初級團體轉而也重視次級團體的發展。

（二）宗派爲何以漢傳禪佛教爲教法？

創建法鼓宗，主要是爲了延續漢傳佛教的考量。

爲什麼是要「以復興漢傳禪佛教爲己任」？佛教徒的使命與責任是弘揚佛法利益眾生，因此佛教徒要擔負的責任爲什麼不是以興復佛教爲己任而是以興復漢傳佛教爲己任？佛教的格局不是比較深廣寬大嗎？爲什麼要自限在「漢傳佛教」的格局裡？

涉及了一元和多元的抉擇、本土化和國際化的抉擇以及主體和客體的抉擇問題。

　　做為世界性宗教的佛教，自然有其普遍性的一面而應力求國際化，但是做為人類文化發展的成果與基礎，又必然帶有其時空的色彩從而有特殊性的一面而應考量其本土化。從臺灣社會科學界從一九七〇年代前後開始由楊國樞、文崇一、李亦園、黃光國、瞿海源等學者領軍進行的社會科學「中國化」運動，應可提供相當的經驗做為考量的參考。

　　黃光國指出「人文科學」的主要內容是人類所使用的語言，以及他藉由語言所創造出來的世界。在不同的社會或文化裡，使用不同語言的人，並不是分享同一世界，而是建構了不同的世界。人類直覺經驗所認識到的，並不是「世界本身」，而是由一個「語義場」所構成的世界。

　　黃光國認為，推行本土心理學或本土社會科學的主要目的，是要發揮人的內在扭轉力量，來「認識並說清」本土社會中人們生活、思想和說話所遵循的法則，進而指出這些法則的局限性和可變性，希望這樣的研究結果能夠在本土社會的「語義場」中流通，為本土社會中的人所用，甚至改變本土社會中人們的世界觀，豐富本土社會的文化生活。

　　黃又引述文化心理學家 Shweder 所提出「一種心靈，多種心態（one mind, many mentalities）」的主張：

人類由生物因素所決定的「心靈」只有一種；可是，在不同文化社群中成長的人們卻可能發展出不同的心態。因此發展適用於華人社會的本土心理學，一定要既能涵攝人類共有的心靈，又能說明華人所獨有的心態。這當也可以回答為什麼要建立以漢傳佛教為主要內涵的法鼓宗。

（三）宗派如何建立？如何避免宗派可能產生的負面發展？

對照著西方學科發展的歷史來看，學術專業來自於學術紀律，此一學術紀律即是學科專業核心的養成訓練。

做為現代社會的法人組織，教學內容宜和學科訓練一樣針對組織特殊的核心專業做清楚嚴謹的教學規畫與施行，俾能有效地縮短人才養成的時間。這就基本上走的是一元論的路。

但是學科的生命是從內部外部不斷地質疑挑戰而獲得新生命的推展，強調組織特色與特殊核心專業，如何才能保證不會發生諸如門戶之見、山頭主義、關起門來當山大王、近親繁殖，這些形成學術退化思想弱化的可能呢？這又會希望走多元論的路。

概括地說：一元論的優點是思想統一、觀念一致，因此力量集中、步驟齊一；但缺點是缺少選擇的自由而

有排它性。多元論的優點是自由寬容，但目標不確定、
備多力分、甚至形成組織的離心力。鞏固領導中心的說
法固然令人聞之不快，但政令不出都門的經營品質也著
實讓人遺憾。

　　一元與多元，兩者的優缺點相互對立。有沒有可
能找到一種途徑是兩者的優點並存的？既能寬容兼蓄，
也能力量集中、步驟齊一？我們從布賴特曼「時間的人
格主義」的主張，以及無著菩薩以金剛杵比喻說明修學
範圍是首尾粗大而中間狹小的修證過程：以中間狹小的
一段是宗派教學，與其他教法不共的宗派核心專業；前
後寬闊的則是與其他宗派甚至與世間教學相通的修學。
有此不共法，宗派得以與其他教學做出區分；而有共通
法，得以與其他教學融通交流。

從組織倫理談佛教團體的經營

一、前言

　　有人會舉三法印中「諸行無常」的法印來質疑佛教徒：「既然世間無常，為什麼還要花許多心思進行組織的經營與規畫，這不是與無常的法印相違嗎？」這樣的質疑忽略了佛教中「正法久住」、「佛法常住」的教說。「諸行無常」法印是對世界現實的如實描述，屬實然命題，它並未指點佛教徒努力的方向。「正法久住」才是指點佛教徒方向、規範如何努力的應然命題。組織經營與制度規畫，就是在正法久住的目標要求下開展的。

　　當代管理大師彼得‧杜拉克（Drucker, Peter F.）曾說：「組織獨一無二的目的，就是讓每個人發揮長處，產生建設性的成果。」他強調：「管理者的職責不是改變別人，管理者的任務是善用每個人的所有長處和抱

負，來擴大績效。」❶在教育機構中，管理者因兼具教師的功能，因此其職責是否必然不包括「改變」人，這一點可以另再討論，但他所要區分的則是確當的：組織的價值就在於能使組織中每個人能力之展現能與他人相互結合產生相加甚至是相乘的效果。

　　組織的效能除了專業面向的條件外，更在於組織內的每一個體對組織的忠誠和承諾。❷如何讓群體中的每一個體充分發展，又如何能使每一個體凝結成集體的力量？前一個問題為個體的問題屬基礎倫理，後一個問題為總體的問題屬結構倫理。討論基礎倫理的核心概念是自由，討論結構倫理的核心概念則是正義；但這兩個倫理核心概念都是奠基於平等。平等與自由都是佛教的核心教義，佛教團體中對組織最常見的質疑也在此。

---

❶ 從佛法教育來說，管理者也都是被管理者的教師、教練、指導者；但教師亦需「因材施教」而不能轉換學生本性。此處特別著重區分的是教師提昇改變學生的功能呈現在未來，管理者的功能在善用被管理者而非改變被管理者則著眼於現在。參見：彼得・杜拉克（Peter F. Drucker）著，許是祥譯，《有效的管理者》（臺北：中華企業管理發展中心，1994 年 11 月），第四章。

❷ 組織承諾包括：1. 對組織目標與價值有強烈接受度（價值承諾）；2. 願意付出相當努力為組織奉獻心力（努力承諾）；3. 有強烈的意願成為組織的一員（持續承諾）。這三點是 Rusbult, C. E. & Farrell, D. 對組織承諾的定義。引見蔡天生，《非營利組織志工人力資源管理之研究》（高雄：國立中山大學中山學術研究所 89 學年碩士論文）。

組織發展「權責相符」、分層分權的原則卻要求等差與
紀律，這會不會挑戰了佛教眾生平等的觀念，產生倫理
抉擇上的衝突？這是思想教育──見和同解──的考量
後，有關於戒和同修與利和同均的問題。這包括：權力
運用、權力的合法使用、表達和整合的制度、經濟制度
等問題。本節先討論總體性的結構倫理問題。

二、組織目的達成的關鍵

　　前章說明組織發展的目的，也從中了解組織建設之
難點所在。然而既然組織建設是佛教現代化必須前進的
方向，那該如何面對這些難題、解決這些難題？這是目
的目標設定之後的執行問題。從管理學的經驗顯示，組
織經營的大部分問題其實都發生在執行面而不在願景與
策略面。曾經被成功執行的策略則只有不到十分之一。❸
因此在目的倫理層面設定了恰切符合組織的願景與使
命，並非意味「好的開始是成功的一半」，頂多只能
說：「好的開始是成功的十分之一。」執行與實踐的層

---

❸ Robert S. Kaplan & David P. Norton 根據兩項調查報告指出：評估一個企
業的價值時，最重要的考量並非在於企業的願景及策略品質，而是該企
業是否有能力將策略成功地落實到日常執行的層面。參見氏著，ARC
遠擎管理顧問公司策略績效事業部譯，《劃時代的策略管理架構──以
平衡計分卡有效執行企業策略》（臺北：臉譜出版，2001 年 12 月），
頁 53。

面則決定了成敗大部分的因素。

　　朝目標實踐的執行歷程包括了單一個體與組織總體的問題，因此組織倫理首先要面對的問題是：如何凝聚共識喚起共同的心力、如何安排群體的秩序、整合個體力量以產生綜效。這是制度的規畫與創設所要面對的首要問題。

　　組織目的的達成需有兩個條件：1.需有力量；2.需有方向。方向指的是朝向目標與理想的組織內容，力量則是支持理想呈現的組織形式。組織內容為組織文化與教學，組織形式為組織團隊與架構。形式如容器，內容如蜂蜜。組織結構為任務正報告關係的正式系統，用以控制、協調及激勵員工，達成組織的目標；組織文化則是非正式的價值觀、規範及信念，關乎組織內個人與群體間的互動方式，以及組織內外的互動方式。而對宗教組織來說，組織內容除了組織文化之外，更有明確的教學規畫與內容。

　　社會學把這種環繞著某種主要活動，或社會需要而組織的一套更複雜的角色結構，稱之為「制度」。而主要的制度叢可分成四類：❹

---

❹　Inkeles 並引羅特《社會學詞典》對「制度」的定義為：「環繞著一種價值或系列的價值而發展的行為與社會角色的組織體系，而這種機構又演變為能規定行為並且能執行規則。」Alex Inkeles 著，黃文星譯，《社

1. 政治制度：主要關心權力運用問題，以及壟斷權力的合法使用。

2. 經濟制度：關心財貨及勞務的生產和分配。

3. 表達和整合的制度：包括處理觀念和價值傳遞的制度。

4. 親屬制度：主要關心兩性行為的規範問題，並及養育幼兒的環境。

此一組織內容與組織形式的討論，在現代學科研究上大致即屬教育課程的規畫以及組織結構的設計問題。而在佛教僧團以及叢林傳統則是六和敬的學習和東、西兩序的不同職掌。

六和敬，指的是僧侶共同生活的六種規範：1. 身和共住，2. 口和無諍，3. 意和同事，4. 戒和同修，5. 見和同解，6. 利和同均。❺印順導師稱此六和是由思想的統一、規制的共同以及經濟的均衡這三項體質上的和合於是在表象上呈顯出來的身和、語和和意和。❻

思想觀念的「見和同解」，此屬組織內容的教學，

會學是什麼？》（臺北：香草山出版公司，1976 年 6 月），頁 130。

❺ 「六和」之內容有幾種不同說法，此據《祖庭事苑》卷 5，《卍續藏》第 64 冊，頁 379。

❻ 印順導師，《成佛之道（增注本）》，頁 23。

相當於前述社會學的第三種「表達和整合的制度」；行為的「戒和同修」，相當於前述社會學的第一種「政治制度」；經濟權利的「利和同均」，則相當於前述社會學的第二種「經濟制度」。而「戒和同修」和「利和同均」又可併合和「見和同解」做區分而成為西序、東序的分類。

東西兩序是古代寺院叢林模仿朝廷文武兩班的規制，於住持下設置各等職務，輔助住持管理寺院事務。東序以都監、監院、副寺、維那、典座等為次第，主要職掌為寺院的經濟、營運等實務；西序以首座、書記、知藏、知客、知殿等為次第，主要任務為說法教學。❼東序培養的是寺院經營管理的人材，西序培養的則是佛法弘化的人材。

六和敬的概念除了可以像印順導師畫分為前三後三的因果關係，也可採取現代管理學家彼得・聖吉（Senge, Peter M.）《第五項修鍊》的觀念，區分為個人與群體。身、口、意指的是個人的修學，戒、見、利則是群體的規範。彼得・聖吉指出，組織發展如果期望能永續經營，就需要不斷呼應外在環境的變動而持續改善，而內部能力的持續改善則有賴於把組織改造為一

---

❼ 《敕修百丈清規》卷 4〈兩序章〉，《大正藏》第 48 冊。

「學習型組織」。彼得・聖吉所謂「第五項修鍊」指的是做為前四項條件背後助力的「系統思考」，而前四項基礎訓練則是：自我超越、改善心智模式、建立共同願景與團隊學習。《第五項修鍊》的思考模式與中國思想推己及人相同，都是由個人而推展到群體，因此四項基礎訓練中的前兩項自我超越、改善心智模式、著重在個人，後兩項建立共同願景與團隊學習則為指的是團體。

從小我到大我，從個人到群體，最為關鍵的轉換機制決定於「規則」的訂定。是否能創制有效而道德的遊戲規則做為群體中每一個體的行事規範，決定組織發展的效能與品質。以下即以此二類討論：學習內容的規範以及組織運作的規範。學習規範關乎佛教弘法人材的養成；組織運作，包括權利與義務的分配與承擔，則關乎組織的經營管理。這兩個條件決定了組織是否能永續發展。

三、平等與等差

一九六五年，聖嚴法師因為對八敬法的教誡有所疑惑，覺得與佛法的精神相背，也與佛陀制戒的原則相背，因此從閉關關房中去函求教印順導師。印順導師函覆道：

　　座下為今後建僧計，提及八敬法，印以為不必
過分重視。從好處說，八敬法為對女眾之嚴加管
教，從壞處說，反使真心為道之女眾，自慚形穢而
雌伏。……考釋尊律制，因事而制，從不預擬規章，
而八敬法則與此原則相悖。依經律說：初由佛自教
誡尼，後乃令僧差次教誡，乃有半月請僧教授之制。
有比丘尼出家生子，乃有二年學法女之制。試思當
女眾將出家時，釋尊如何能預定半月求教授，及二
年學法女於比丘僧中受戒之制耶？……此等事，印
固不欲深論，為日後計，當重視平等性。❽

由於只能存疑而不敢確信它是出於後來上座長老的編
造，聖嚴法師於是對八敬法主張保留它而不必強調它，
以免對今後女眾才能的展望，形成障礙。但並非否定男
女界限，也不是要打破男女位次，因為「男女的次第，
乃是人間的習慣法，也是倫理法」，所以，「比丘尼應
禮敬比丘，正像沙彌應禮敬比丘尼一樣，也像在家眾應
禮敬出家眾一樣」。❾

❽ 函文見：聖嚴法師，〈今後佛教的女眾問題〉，《學佛知津》，《法鼓
全集》05-04，頁 185-186。
❾ 聖嚴法師，〈今後佛教的女眾問題〉，《學佛知津》，《法鼓全集》
05-04，頁 187。

二○○一年，法師與藏傳比丘尼丹津‧芭默對談時，論及不反對女身成佛，但若只能女身成佛則法師表示並不贊同。

二○○六年除夕於法鼓山僧團辭歲時，將行之多年每年僅只一次的比丘尼禮拜比丘的禮儀免去。以實際的行動支持僧侶的性別平等運動。❿

但是佛教的平等意涵並不只針對性別。戒律中要求僧侶不能「別眾食」，此為經濟平等的要求；一入佛門，泯除四姓差別，這是種族平等的提倡；釋迦佛自謂「我亦僧數」，這是身分平等的顯示；釋迦佛要求弟子對托缽的對象應無所揀擇，普受供養，這是「機會平等」的教導；外道弟子來學，仍要求弟子要回報供養原來從學的導師，這是宗教平等的器量；「菩薩度眾，不捨一人」，「慈心不殺一切眾生」，所謂「無緣大慈、同體大悲」，這是眾生平等的胸懷。

佛教明明白白地揭示這些平等的教法，是否佛教就否定等差的倫理原則？我們先看看當代倫理學對平等的理解。

---

❿ 一月二十六日譜文記云：「歲末辭歲禮祖，歷年於禮祖謝師後，例皆有『比丘尼、沙彌、沙彌尼、居士頂禮比丘』之儀節，今年起改為『沙彌、沙彌尼、居士頂禮比丘』。」見：林其賢，《聖嚴法師年譜》第四冊（臺北：法鼓文化，2016 年），頁 2087-2088。

（一）兩種平等原則

　　當代倫理學對平等原則的詮解亦區分為兩種。羅爾斯 （Rawls, John）在《作為公平的正義：正義新論》談到兩個正義原則：

　　1. 每一個人對於一種平等的基本自由之完全體制都擁有相同的不可剝奪的權利，而這種體制與適於所有人的同樣自由體制是相容的；

　　2. 社會和經濟的不平等應該滿足兩個條件：第一，它們所從屬的公職和職位應該在公平的機會平等條件下對所有人開放；第二，它們應該有利於社會之最不利成員的最大利益（差別原則）。⓫

　　王海明則循亞里斯多德以來「平等原則」的傳統，把權利區分為基本人權和非基人權，主張：每個人應該完全平等享有基本人權，而對非基本人權則要遵循「比例平等」原則，由獲利較多的群體補償獲利較少的弱勢

⓫　羅爾斯明確說明，他的理論在學科屬性是「政治哲學」而不是倫理學或道德哲學，因此他的主張訴求對象是「國家與社會」；而本文討論的則是「社團與法人」。雖然兩者組織規模大小有別、性質有異，但某些原則仍有相通參考價值。約翰·羅爾斯（John Rawls）著，姚大志譯，《作為公平的正義：正義新論》（*Justice as Fairness: A Restatement*）（上海：三聯書店，2002 年 5 月），第 13 節。

群體。因為所謂基本權利，是每一個都應優先滿足的，
所以每一個社會成員擁有的基本權利應該完全相同；但
對於非屬基本權利，則貢獻較高的個人自然應該享有較
高的權利。但是所謂「貢獻較高的享有較高的權利」是
依比例原則來分配而非擁有所有的貢獻所得，而貢獻較
少的也應獲得補償，因為貢獻較大者也占用了較多的社
會資源。❷

　　姑不論上述這兩種平等原則存在的差異，我們注意
到的是，他們都把權利區分為基本權利和非基本權利，
而允許這兩種權利存在著「不平等」的可能。而佛教事
實上也存在著這種相對的概念。

（二）絕對倫理與相對倫理

　　平等的觀念常會被誤解為抹平差異，以身分齊一為
平等，於是人際間沒大沒小、沒上沒下、沒有倫理。或
者以待遇齊一為平等，於是努力工作的和懶散應付的沒
有區別。這是因為對絕對倫理和相對倫理的概念區分有
所誤會。

　　絕對倫理指的是在倫理價值或倫理規範上適用於

---

❷　王海明，〈平等：最重要的公正〉，《新倫理學》（北京：商務印書
　　館，2001 年 2 月），頁 348-396。

一切文化、一切狀態、一切行為的普遍原理原則。相對倫理則指的是適用於特殊文化、特殊情境、特殊行為的非普遍的倫理原則。以佛教來說，如來藏系教法提出的「眾生皆有佛性」、「心佛眾生三無差別」是從倫理實踐立足點的平等來表達絕對倫理的價值；「佛佛道同」是從倫理實踐最高境界的平等來表達絕對倫理的價值。絕對倫理顯示出這是絕對前提，是無可動搖不需討論的必然起點，任何存在都必然普遍適用共同具足的共性共法。相對倫理則表達的是因為角色不同、條件不同、環境不同所需考量的不共性差別性。「公修公得，婆修婆得，不修不得」，所強調的是從佛性共通的起點到佛佛道同共通的終極圓滿，兩點之間的一段歷程所必然出現的差異。天台家以「性德」來表達絕對倫理的概念，以「修德」來表達相對倫理的概念。有性德的存在才能從人我以及法界眾生的共通性談眾生平等，有修德的存在才能從佛、菩薩與眾生的差別性而顯示出佛菩薩的可貴。忽視絕對倫理而只有相對倫理，則差別見會淪為叢林法則，勝者為王強者為王，人我對立；忽視了相對倫理而只有絕對倫理，則平等心無法針對不同需求因材施教、對症下藥。

　　因此，佛教的平等是最基礎的立足點和最高遠的圓滿境，中間過程仍是施設有差別知見的。也必須正視這樣

的差異，才有可能針對社會文化的不同的情境，做出相應不同的倫理抉擇，而對不同的道德規範安排出抉擇的優先次序來。例如，佛教在宗教倫理與專業倫理如何抉擇？

（三）宗教倫理與行政倫理

　　從組織結構來說，從傳統到現代的過渡歷程，原來就會有費孝通所提出的從鄉土社會過渡到都市社會的轉換困難。❸而佛教的組織比其他社會組織又多加了一重僧俗分際的困難。從組織型態來看，宗派屬於非營利事業的法人組織，這是一種社區性文化的組織，成員以組織為認同目標，從工作的組織中獲得身分認同。和職業性文化組織以職業發展為認同目標不同，職業性文化組織的成員與組織之間純屬契約關係。❹這種因為生命、道情的投注，在禪者之孤立自我與觀音菩薩之關懷他人的階段，都只需要直接的人際往來而不必講權責，或者只有責沒有權、只有義務沒有權利。但到了組織發展，則必然需要權責相符。而講權責相符，馬上會遭遇到效

---

❸　見費孝通，〈生育制度〉，《鄉土中國》（北京：北京大學出版社，1998 年）。費氏認為，中國傳統文化為一鄉土社會，有自然性、封閉性、非歷史性等特徵，生活安定少變動。
❹　楊忠等，《組織行為學：中國文化視角》（南京：南京大學出版社，2006 年 12 月），頁 400。

能的問題，而更大的問題是倫理的衝突，首先遭遇到的是宗教倫理與行政倫理的衝突。

佛教徒的身分認同與倫理基礎在於戒律的受持層次，以受戒的類別、戒條的多少和輕重的等級，來區別佛教徒的層次。在佛世時，比丘序次的安排就不是以學問廣博，也不是以修證的果位，也不是以年高德劭、齒德俱尊做為標準，而純是以受戒的種類和「戒臘」做標準。但這是純就「宗教倫理」而言如此。當宗教師參與多元發展的社會時，宗教倫理並不是唯一也未必是優先考量的準則。

聖嚴法師曾出席一國際性會議，座位安排次於一位比丘尼。於是有在家徒弟以「比丘尼坐上座、坐中間，上座比丘坐下面坐旁邊」，似於律法有所違犯。聖嚴法師指正道，依於會議職務的功能所做的安排，是合理公平的。他說明：

這位比丘尼是會議的召集人，是主席，當然是她坐主位了。這種賓主、主從的關係就是一種倫理；應視場合身分而看待當時的倫理關係，不能一成不變的去對待多樣性多元化的現代社會。在釋尊時代，大概沒有比丘尼在僧俗四眾之前，上臺演講或主持會議，因而無此慣例，但現在時代不同了，這是一

種新的倫理關係，但它是合理公平的。❻

　　歷史上佛教幾乎完全不會有教團與僧團差別性的問
題，僧團就是教團，出家人擔任的是住持佛法弘揚佛法
的責任，在家人則是護持佛法的從屬關係。但在現代，
因為教育普及、加上成員眾多，在組織分工上勢必僧俗
合作；而因為專業不同而有職務高低的從屬關係時，如
何調整彼此倫理關係？再細分，則僧眾之間，也仍然存
在戒長上下及職務高低的差距問題。這就不可免地遭遇
到宗教倫理與行政倫理衝突的挑戰。佛教組織是一宗教
組織，自然以宗教倫理為優位考量，此其絕對倫理；但
在不同專業的分工上，如何以相對倫理的考量明確地切
分出對專業相應的尊重，是有效而道德地建構一個宗派
類型的現代教團組織，俾能長遠傳揚佛法的迫切課題。

（四）職務機會的平等：親親與尊賢

　　羅爾斯平等原則的第二點：「所從屬的公職和職位
應該在公平的機會平等條件下對所有人開放。」❻ 討論
的是職務取得或陞遷的機會是否平等的問題。

---

❻　《平安的人間》，《法鼓全集》08-05-2，頁 47。
❻　約翰・羅爾斯著，姚大志譯，《作為公平的正義：正義新論》（上海：
　　三聯書店，2002 年 5 月），第 13 節。

　　傳統寺院最高領導職務的產生方式，大致可由寺院
為十方叢林或子孫叢林的性質不同，而分為十方選賢和
傳（法）子兩種。⑰最高領導以降，各層級的職務也都
有此職務與身分的問題。此係人才來自內部或外部的來
源問題，也是內部人才或外部人才的機會問題。這在歷
史上討論最多的是春秋戰國時代政治發展中親親和尊賢
孰優的老問題，而又加上了當代僧俗在佛教發展中的角
色扮演問題。

　　佛教雖然講「眾生平等」，但並非就否認「內
外有別」。問題是，內外如何區分？誰是自己人？以
宗派組織來說，組織中人為內，非組織中人為外。以
佛教教團來說，則依佛教倫理以戒區分七眾弟子的位
次，則僧為內、俗為外。僧團之間，則又以比丘比丘
尼為內、沙彌沙彌尼為外。這樣的區分原則在實際上
並不容易掌握，因為人員是流動的，組織是交雜的，

---

❼　從宋代起，叢林就有甲乙徒弟院、十方住持院、敕差住持院三種之分。
　　甲乙徒弟院是由自己所度的弟子輪流住持而傳遞者，略稱為甲乙院，是
　　一種師資相承的世襲制，故又稱為剃度叢林或子孫叢林。十方住持院系
　　公請諸方名宿主持寺務，由官吏監督選舉，故稱為十方叢林。後世即大
　　體沿用這一制度，形成當今的十方叢林和子孫叢林之分立制度。詳〈儀
　　軌卷〉，《中國佛教百科全書》（上海：古籍出版社，2001 年）。有
　　關當代兩種叢林的性質及其變革，可參見：夏金華，〈圓瑛大師與上海
　　普濟寺、靜安寺改制的因緣〉，《香港佛教月刊》581 期（香港：香港
　　佛教聯合會，2008 年 11 月）。

這便增加許多分辨的困難。例如：對僧侶而言，本山信徒和非本山僧侶二者，孰爲內孰爲外？對信徒來說，對待本山常住僧團的僧侶和離開本山常住僧團的僧侶，又該當如何拿捏？佛教徒皈依的對象是一切僧，僧侶教化的對象是一切眾生，佛教徒自當護持三寶，那麼，是不是應平等護持一切僧而不該有本山信徒或非本山信徒之區別，更不該有所謂常住法師和非常住法師的區分？但對承擔責任輕重有別的僧侶是否也是均一的平等？

　　這些問題都需要仔細釐清整理出一些判斷的準則來。而家族企業的職業倫理似乎能提供一些參照點。

（五）從家族企業借鑑

　　家族企業並不是臺灣特有的現象，美國亦有百分之九十以上的美國企業爲家族企業，提供超過半數的國民生產毛額（GNP），且在五百大企業中占了一百七十五家，共雇用四千萬至五千萬人。美國百大企業中，超過半數企業的「所有權」和「控制權」操縱在宗族手中。但根據歐美近年統計，只有少於三分之一的家族企業能夠延續到第二代。❽家族企業之所以會這麼普遍，最

---

❽　Dennis T. Jaffe 著，周榮輝譯，《家族企業：解讀‧體檢‧求生‧應

重要原因是因爲對彼此的「信任」。臺灣俚諺所謂「打
虎抓賊親兄弟」，特別是在創業期間，變數多、章法不
全、前途莫測，親緣關係的不計較提供了生存的根本條
件。而只有少數家族企業能延續到第二代，也是因爲
「不計較」。只不過當初創業是不計較地付出而成功，
而後則是不計較地回收而失敗。

不計較地付出，是緣於彼此的信任，而更重要的則
是「組織承諾」，這當是家族企業發展中比血緣關係還
更重大的關鍵元素。家族企業能否延續到第二代以上，
在於能否召喚出超越血緣關係的組織承諾來。

組織承諾，簡單的理解就是對組織的忠誠度，此爲
組織認同的根本，也是一種個人對組織投入的心理與行
爲表現。在概念上可分成以下三點：

1. 價值承諾：對組織目標與價值有強烈接受度。

2. 努力承諾：願意付出相當努力爲組織奉獻心力。

3. 持續承諾：有強烈的意願成爲組織的一員。

應該包含的因素有：成員有爲組織付出高度努力的
意向；繼續留在組織內的強烈意願；對組織歸屬或忠誠
的程度；對組織重要目標和價值接受的程度；對組織的
正向評估。這包含了認同組織目標與價值，將組織價值

變》（臺北：商周文化，1994 年）。

內化，並且強烈渴望繼續成為組織中的一分子投入組織工作，願意付出最大的努力幫助組織達成目標。⓳

　　佛教以受戒的種類來區分位次，是從宗教倫理而做的分類；而依照組織承諾的概念從組織倫理的角度來看佛教徒身分的內外區分，也是合轍的。此所以佛教徒一出家，儘管學德經驗能力……，都尚未充分，但在位次上已經超越所有在家人。此所依循的倫理標準便是平等原則中考量的潛在貢獻原則：依據可預期的可能貢獻而給予待遇或職務。⓴此對出家僧侶的特殊待遇，從組織倫理來說，不是來自德學修證，而正是來自其獻身投注的組織承諾。

　　只是，組織人才需要才德兼備。對僧侶而言，組織承諾僅只是諸多良善品德要項的其中一點，尚需有情緒管理、勤奮、協調性……等諸多修養，同時也需要發展

⓳　蔡天生，《非營利組織志工人力資源管理之研究──以管理滿意度與組織承諾為例》（國立中山大學中山學術研究所碩士論文，2000 年 12月）。

⓴　社會對於每個人的權利與義務進行分配的平等原則是貢獻原則，即所行使的權利和所履行的義務應該相當。這個貢獻原則又可分為實在貢獻原則和潛在貢獻原則。事後論功行賞的依據是已經實現了的，此為實在貢獻原則；預期可能有所貢獻而事先給予分配的，則是潛在貢獻原則。職務的給予，依據的多為潛在貢獻原則。參見：王海明，〈機會平等原則〉，《新倫理學》（北京：商務印書館，2001 年 2 月），頁 376-382。

必備的才能與技術。而對在家人來說,佛教組織中,出
家不是唯一證明組織承諾的方式,更不是做為唯一分配
權利的標準。在依據潛在貢獻原則而預支了分配的職務
和依據實在貢獻原則而分配的職務之間,兩者間的落差
如何調節,便是家族企業能否延續第二代、第三代的關
鍵所在。

四、自由與紀律／民主與法治

(一)對組織的肯定與質疑:自由與紀律

組織中的社會關係雖然有強弱之別,但是組織必然
具有一定的強制力,藉著這個強制力規範這組織中成員
的行為。這種強制力,或者稱為法規,或者稱為紀律,
這是「公共意志」的展現。公共意志大都會相當程度地
限制某些個人自由,但未必一定違反個人自由意志,如
果個人服從的公共意志是符合個人意志的話。

這種由個別自由意志集合而成的群體意志只保證了
合法,但卻未必就保證是正當良善的。卡爾‧巴柏便在
自由主義論者立場批評黑格爾,認為他那種將服從國家
視為人民自由意志的體現,再配合當時以普魯士皇朝為
國家中最能令人體現自由的看法,勢將推導出以下各項
危險的結論:

1. 國家是創造國家的民族精神的具體化，被揀選的民族註定要統治世界。

2. 國家為一切其他國家的敵人，必須在戰爭中肯定其存在。

3. 歷史上的成功為唯一的審判，集體效用為個人行為唯一的原則。

4. 戰爭、命運和名聲是最值得追求的東西。

5. 本國之內，必須有偉大的掌舵人，去指出國家的路向與神聖任務。

6. 在國內樹立英雄形象，動員全國人民摒棄平凡的私念，以國家的偉大理想為理想。[21]

面對十九世紀、二十世紀的國家極權專制，自由主義論者因此對集體主義、國家主義的傾向，展現集體意志的詞語如理性、精神、本質、機體……等，視為引發災難的源頭而極力駁斥。[22]

---

[21] 卡爾·巴柏（K. R. Popper）甚至把黑格爾的思路貶為「新部落主義」，見氏著，莊文瑞等譯，《開放社會及其敵人》（臺北：桂冠圖書，1984 年 3 月），第 12 章。譯文另參見：文思慧，〈集體下的個人——自由主義與非自由主義傳統的探索〉，《鵝湖學誌》第 2 期（臺北：鵝湖月刊社，1988 年），頁 123-133。

[22] 卡爾·巴柏以外，以賽·柏林（Isaiah Berlim）是另一顯例。見以賽·柏林著，陳曉林譯，《自由四論》（臺北：聯經圖書，1992 年 5

　　佛教社群或社團組織也有大我與小我的關係，會不會也有這種大我強制小我的不道德情形？答案是：會有強制情形，但是這種強制並不是不道德的。因為，佛教倫理規範顯示的便是透過組織的強制力來達到道德目的。這個組織便是僧團；這個強制力，便是戒律。

　　印順導師指出：成立僧團的第一義，即爲了住持佛法，使正法久住。而這正法久住的責任，世尊是鄭重的託付在僧團中。和合僧的存在，即是正法的存在。印順導師說：

　　　　從正法久住的觀點說：佛弟子要有組織的集團，才能使佛法久住世間。這僧團的組合，釋尊是把他建築在律制的基礎上；嚴格的紀律，成為攝受僧眾的向心力。……

　　　　廣大的僧眾，雖然賢愚不齊，但有了律治的僧團，那無慚無愧的犯戒者，在大眾的威力下，便不能不接受制裁；不接受，就不能寄生在佛教中。有慚愧而真心為道的，在集團法律的保障下，也能安心的為法護法，不會因人事的糾紛而退心。㉓

　　月）。

㉓ 印順導師，《佛法概論》，頁 18-20。

印順導師強調，這種「用集團力量來規範自己的行為，淨化內心的煩惱」的方式，是根本佛教的特色。由於這種集體生活，充滿著大眾教育的意味，因此容易達到修學佛法自利利他的目的。佛教的集體生活不只是生活在一起，注重一同上殿過堂的表面秩序，而是「在同一生活中，引導大眾走上正常而向上的境地」，❷所以能發生真正的力量。

印順導師指出，過去由於隱遁的、個人的思想泛濫，以致漠視佛教的集團精神，使得佛教散漫得像沙礫一樣。因此呼籲：「現在社會已進入集團組織的時代，為了發揚人間佛教，要趕快將集團的精神恢復起來。」❷

西方學界中的社群論者也和佛教相同看法，對群體組織的價值抱持肯定的態度。他們認為自由主義仔細地區分公私領域、確立個人自由的範圍和政府合法權威的界限，這是一項優點；但自由主義所預設的個人主義論調是不正確的。如沈代爾（Michael Sandel）認為個人與社群的關係是必要的，因為人是透過自己所屬社群的成員身分，才可能發現自我認同。個人的自我認同是由其社會文化所賦予，不是經由自我選擇，而是由自我發

---

❷ 印順導師，《佛在人間》，頁 120。
❷ 印順導師，《佛在人間》，頁 121。

現（discover），是社群決定了「我是誰」，而不是我自由選擇了「我是誰」。他指出：自由主義對「自我」所做的描述是不正確的；自我不是「一個能自發性選擇的我」，而是「一個能透過反省認知自我內在構成本質的我」。社群論認為，自由主義的個人，是一個完全缺乏價值的人，他雖然可以自由選擇，也有權利選擇，但是除了個人變化無常、不穩定的利益和欲望之外，卻沒有固定的標準支配選擇，所以這種個人主義式的選擇缺乏凝聚和連續性，在社會實踐上也是支離的。❷⑥

佛教或社群論者對集體生活和社群組織的肯定，並不表示成為群體就有價值，或是成為群體就不會產生負面價值。自由主義者的提醒仍是需要的。以賽·柏林（Berlim, Isaiah）指出：許多情況下，人們把追求自由的欲望和一種深沉隱微的對「地位」與「認可」的渴求所混淆。由於這種尋求彼此共同依存、共同為某些事理而犧牲，因此在臣服於某種寡頭統治或獨裁權威時，卻會認為，他們在某種意義上是獲得解放了。在這種情況下，獲得解放的「自我」，其實不是個人，而是整個「社會」。❷⑦

❷⑥　林火旺，〈自由社會倫理體系中家庭的定位〉，《中國家庭及其倫理研討會論文集》（臺北：漢學研究中心，1999 年 6 月），頁 387-410。
❷⑦　以賽·柏林（Isaiah Berlim）著，陳曉林譯，〈第四章 兩種自由概念〉，

　　因此，對佛教組織的肯定之餘，由外而內地佛教組織倫理中關於自由的討論仍有幾個問題必須回答：佛教組織社群如何而不會成為侵犯別的組織團體唯我獨尊的集體意志？如何而不會成為侵犯個人自由的集體意志？如何而不會成為小我為了尋求地位與認同而自我犧牲的委身處所？

（二）從領袖到法制的過渡

　　二○○六年九月，聖嚴法師從法鼓山方丈職務退位，由果東法師接任法鼓山第二任方丈職位。法鼓山第二任方丈的產生是依據該寺〈方丈敦聘辦法〉，先由僧團代表推選五位，再由聖嚴法師從中遴選一人，最後再於僧團大會行使同意權通過任命。❷ 如此寺院領導人的產生方式，有別於傳統寺院領導人的產生方式，可稱為佛教制度的一種創新。

　　現代社會對「選舉」的理解大多等同於票票等值的「投票」行為。實則在歷史上，「選舉」意謂著由上而下地選拔人才，然後由下而上地舉薦人才。而後把「鄉舉里選循序而進」的稱為選舉，而把「高才重名躐

　　《自由四論》（臺北：聯經圖書，1992 年 5 月），頁 254-282。
❷　參見《法鼓》雜誌 201 期（臺北：法鼓山文教基金會，2006 年 9 月）。

等而升」的稱為「辟召」。❷法鼓山第二任方丈的產生
方式，一方面是結合了選舉與辟召的方式，把傳統寺院
由領導人指定接班人的方式和現代社會的民主選舉做了
結合；更具意義則是顯示了領導型態從「卡理斯瑪型」
跳過「傳統型」，直接向「法制型」的邁進，❸善巧地
把候選人所應具備的「民意基礎」，以及創業開山領導
人所具有的「知人善任」聯結起來。因為一人一票的民
主，重視的是多數人的意思表達，屬量的反應；而知人
善任的見地則重視的不是量，而是質的呈現。

　　投票選舉被視為民主的徵象，是因為這一決定某些人
事的活動過程，顯示了決策和參與的權利，從某種主張的
意思表達，伸展了被管理者的自由意志：提出要求管理者
按照某種方式來進行治理的主張。這種由組織中的每一成

---

❷　參見：【元】馬端臨，《文獻通考》卷 39〈選舉考 12〉。

❸　韋伯曾分析人類歷史的統治經驗，歸納出三種「正當性支配」的領導理
　念類型（ideal type），分別是「傳統型」、「卡理斯瑪型」以及「法制
　型」。在傳統型支配中，統治者乃是由於具有大家所共同接受的傳統所
　賦予的地位，而獲得被統治者認可的正當性。在卡理斯瑪型支配中，一
　個領袖之所以獲得追隨者的信任，則是因為追隨者相信該領袖具有某種
　神聖式、英雄性，或超凡特質的關係。在法制型支配中，一個人之所以
　服從是因為他服膺依法制定的規範，而這些規範通常具有「非個人性、
　客觀化、理性化」的特性。從傳承的穩定來看，三者之間以卡理斯瑪型
　的穩定性最低，法制型的穩定性最高。詳見：韋伯（Max Weber）著，
　錢永祥等譯，〈政治作為一種志業〉，《學術與政治》（臺北：允晨文
　化，1985 年初版）。

員表達意思凝聚成公共的意志，稱爲「民主」體制。民主指的是，公共意志的展現，也就是每一個體自由意志的展現。而依照這樣的意思表達來進行治理，就是「法治」。

現代政治體制要求票票等值的民主，並由此產生「法」以及「法治」。這是一個消解權威肯定每一個體的過程。且不論學術、宗教……與政治的本質差異，消解權威的趨勢恐怕學術界、宗教界都不可免。聖嚴法師亦不能不跟隨如此趨勢，所能著力的也只是在發展過程中盡其所能、盡其所見，補年輕弟子經驗見地尚有差距之不足而已。

（三）從六和敬羯磨法學習融入大我

要建立現代的文明政治秩序，要重視程序理性的法治，此爲今日社會所特別應著意發揚者。而佛教團體的組織結構需儘早跟進者亦當在此。這是佛教倫理中早已有之但停滯多年的老傳統。佛教聲聞律中的「羯磨法」所實踐的即是類似的議事程序。聖嚴法師指出：

> 若以現代的術語解釋，佛教的羯磨法，便是一種特有的議事法或會議法；羯磨法在佛教中的重要性，相似中山先生的民權初步在其三民主義建設中的重要性。沒有健全的議事法，絕難產生理想的民主制

度，佛教僧團之能完全合乎民主精神，便是由於羯
磨法的功效。**㉛**

　　聖嚴法師指出：現代民主制度的內容是民治、民
有、民享，佛教的羯磨法的目的，就是在造成僧團生活
的六種和敬。佛教的六和敬，是絕對民主的民主生活，
而羯磨法的責任與功能就在維持與保護這一民主精神。
他認為：「一個沒有會議的團體，絕不是民主的團體，
一個不行羯磨法的僧團，也不可能是六和敬的僧團。」
羯磨法是僧團大眾成就善舉、祛除惡業的主宰。而把佛
教議會程序的羯磨法和現代的議會程序比較，則佛教的
羯磨法有許多更細緻而嚴謹的設計。例如表決的方式有
採多數決，而更多時候是採絕對決：不是絕對多數而是
全數──一致通過。在決議的宣讀方式則針對不同議題
的嚴重性而有「單白羯磨、白二羯磨、白四羯磨」等宣
告確認次數的區別。而最重要的是，會議決議所具有的
強制功能。聖嚴法師指出，羯磨法規定：

　　凡是如法、如律的羯磨法，便不許可無理取鬧而

㉛　聖嚴法師，〈第五章　羯磨法與懺悔法〉，《戒律學綱要》，《法鼓全
　　集》01-03，頁 297。

橫加破壞。如有一人無理取鬧而破壞如法如律的羯
磨法者，僧團便可對一人而作羯磨；如有四人以上
的小集團取鬧而別作羯磨者，便得破羯磨僧罪。❸

　　可見佛教羯磨法對建立僧團共識與維護僧團清淨的
重要性。聖嚴法師感慨：「如今的中國僧伽，不行羯磨
法，實在是一樁最遺憾的大事！」❸
　　中國僧伽之所以不行羯磨法，有歷史上政治環境的
因素，也有叢林分工的因素：清眾可以「油瓶倒了不用
扶」，專心修持，一切事務都有常住執事負責。但是，一
切的僧團事務全由少數執事包辦，甚至僅由方丈監院的
中央集權，那是與六和敬的精神不符的。因此，聖嚴法師
在方丈交接時特別說明：「方丈不是權力中心，法鼓山的
權力是屬於全體僧團及信眾，而方丈則是僧團大眾所交
付的執行者。」❸任何重要決定，依情節大小輕重，分別
召開綱領執事會議、僧團代表會議、僧團大會，藉由各級
會議討論、規畫，並交由各部門分工處理。

---

❸　聖嚴法師，〈第五章 羯磨法與懺悔法〉，《戒律學綱要》，《法鼓全
　　集》01-03，頁 299。
❸　聖嚴法師，〈第五章 羯磨法與懺悔法〉，《戒律學綱要》，《法鼓全
　　集》01-03，頁 299-300。
❸　《法鼓》雜誌 201 期（臺北：法鼓山文教基金會，2006 年 9 月），第 1
　　版。

　　然而，取得共識的困難並不只是調理大眾的不同意見，還難在於成員的意見的量和質如何取得平衡？此所以方丈的產生並非單方面由全體僧眾投票即可，創辦人的學識修證見地也占相對一定程度的決定權。方丈的責任在形式上是傳承法鼓山的法脈法統，但在實務上則從方向上要「秉承創辦人的理念宗旨，依據法鼓山的共識」，作法上則「結合僧團內外的資源」，以達到「為僧團內外，為一切眾生，提供淨化人心、淨化社會的服務」之目的。❸ 會議決議要考量的不只是每一成員的意思表達，也要考量「如法、如律」的要求，而這個「法」包括組織的終極目標與當前使命：把握方向的正確性。

　　凝聚成員，把一群人從鬆散的群體改變為團體或團隊，❸ 當然可以用規定的方式來進行。但是倫理學提

❸ 《法鼓》雜誌 201 期（臺北：法鼓山文教基金會，2006 年 9 月），第 1 版。

❸ 社會學上從社會關係是否密切聯結，而將群體區分為組織群體和非組織群體。管理學上則區分團隊和團體，對工作團隊（work team）定義為一群以個別努力導致集體績效大於個別績效總和的團體；而團體（work group）則與團隊截然不同，團體是一群人，團隊則是具有集體績效的一個強有力的單位。前者典型地由管理階層指導，後者則強調自我管理（self-managed）。本文先要採取的是社會學的區分，把是否組織群體先確認。然後進一步則要探討，如何從鬆散的組織發展出有力量的團隊。

醒我們：規範可以任意制定，但是若希望制定出能行之久遠的優良規範，則只能通過組織團體創制道德終極標準，並從行為事實的客觀本性中推導才有可能。❸

如何能將這個組織的使命化成每一成員的使命？只能從教育著手。因為團隊成立的基礎條件有二：1.目標與策略之訂定必須由成員參與，這才能保證成員對目標與策略是清楚而明確的。2.由全體成員共同選擇努力方向及途徑，而這一建立共識的過程是經由理性溝通消弭異見而完成的。也就是說，成員的參與品質決定了決策與執行的品質。這需要有品質的組織教育才可能達成。

五、小我在大我中成長

（一）小我、大我和四它

小我，指的是管理者，也指的是被管理者。指的是權力高的人，也指的是權力低的人。讓組織中的每一個體能在組織中自由地成長，除了要考量個體（小我）與群體（大我）的關係，而群體中個體（小我）與個體（小我）彼此之間的關係更是組織成長品質的重大關

---

❸　王海明，〈元倫理確證〉，《新倫理學》（北京：商務印書館，2001年2月），頁 54-95。

鍵。制度的正義調節，正是一定利益集團的主體與公共
利益和社會主體之間的利益關係。❸而此一制度規畫與
創設歷程是漫長的，需經由個體間長期思維討論，像種
樹或養蚵一樣，讓制度長出來。組織的目的與使命提供
了方向供大家思惟，而如何將抽象的方向具體呈現，這
一架構的擬具以及將架構的血肉長養出來，則是經由成
員相互質疑與澄清論辯而完成。

　　這個過程，保證了品質的良善，更重要的則是：
經由這個小組長期討論的過程，凝聚了共識，因此在付
諸執行時，有充分且品質良好的人力投入，知道準確的
方向。「徒法不足以自行」，制度不能只是投票或規定
就產生出來，制度的設立如果不能趨近於成員的共同心
向，則規定亦只是書面文件的呈現而已。而在這組織成
文的章程或不成文的慣例形成過程，如何讓成員依著中
心思想逐步成形，可以以聖嚴法師所提出自我提昇的
「四它」歷程爲基礎，再擴大發展。這一全幅展開，便
同時能把從小我到大我，把柏林（Berlim, Isaiah）所提
對內的尋求地位與對外的獨尊一併解決。❸

❸ 倪愫馨，《組織倫理：現代性文明的道德哲學悖論及其轉向》（北京：
中國社會科學出版社，2008 年 8 月），頁 108。
❸ 以賽·柏林（Isaiah Berlim）著，陳曉林譯，《自由四論》（臺北：聯
經圖書，1992 年 5 月），頁 254-282。

　　自我提昇的「四它」歷程是說明自我提昇的四個步驟：面對它、接受它、處理它、放下它。我們據此再來和小我、大我聯繫成兩個階段八個步驟的學習次第。

　　第一個階段是小我的層次。先是面對小我、接受小我、處理小我，然後放下小我。「面對」自我指的是認識自己的性情和能力，從而「接受」自我、肯定自我，「處理」自我則是進行必須的改善和修正，而後才有「放下」自我、超越自我。這一階段又可分為面對、接受、處理、放下「自己的小我」，以及面對、接受、處理、放下「他者的小我」兩部分。面對自己的小我最重要的是反省力和覺察力。面對他者的小我最重要的是培養以對方為中心的同理心和關懷力。

　　第二個階段則是大我的層次。「面對」大我指的是認識組織的願景、規範等各種制度規章和慣性。「接受」大我則是認同這些願景、目標、規章和辦法並且願意隨順並助成這些規矩制度的深化。「處理」則是對這些規章辦法甚至目標設定提出改善之道，期由組織的持續改善來達到大我的超越「放下」、不斷提昇以永續經營。

　　藉著這樣由自己向他人，我們得以從與他人的應對中反省自己、認識自己而在情感向度上開展提昇；而藉著由小我向大我，也能從自己在組織甚至歷史長河的大

我裡找到生命的意義而獲得安頓。如此層層上升而步步向上，既無墮入虛無之虞，也無躐等學習不進反退的擔心。從小我而大我，終能漸次而至無我的解脫層次。

（二）入大我、住大我、出大我

天台智者大師在《法界次第初門》裡談到高位菩薩在出入甚深禪定時時間非常短暫，快得像是獅子動作一樣迅捷。所以智者大師就把它稱作「獅子奮迅三昧」。相對的，尋常禪者出入禪定時則要逐步逐層地入禪定、然後住禪定，也逐步逐步地出禪定。這裡我們借用禪者入、住、出的歷程，來看小我融入大我的歷程。

維繫大我運作的核心是組織的內在關係，這個關係的運作之道就是結構系統。包括成文的規章、不成文的慣例習俗……，檯面上的檯面下的，都是結構系統的一部分。小我要進入大我的第一步，就是要了解這個組織結構的運作系統。不但要了解還要接受、認同這個系統。有人質疑，若是系統裡的某些部分或是陋習明明和系統的目標是相違的，怎麼辦？如果嚴重到根本違反自己基本原則，那問題大概就是當初自己根本入錯行選錯對象。否則，家有家法、行有行規，入了行就要先接受大我的系統。認識、了解，這是第一步：「入」大我。接受、照辦，有法依法、無法依例，這是第二步：

「住」大我。要到我認同這個大我、接受這個大我，而大我也接受我，把我看成是組織內部的成員而不是把我視為過客或外賓，這才是融入大我、「住」大我。必得到這個時候，才有資格談第三步：「出」大我。

出大我的「出」有兩個意思，一個是離開這個組織離開這個團體，另一個意思是改善這個團體提昇這個團體。

離開這個團體，意味著已經深入認識或學到這個團體的精神價值與內容技能了，但因為心有未安或是仍有未足，於是要離開另尋高明。等於是學校畢業，或是少林子弟過銅人陣，夠資格離開了。而如果還沒有融入大我，對組織的系統尚無了解尚待學習，根本還沒有進來，也就談不上離開的問題。

至於改善、提昇這個團體，則更需要對這個組織系統有相當的認識，才能掌握到問題的關鍵。此外還需要組織成員有命運共同體這種人我一體的信任感，改善才不會被看作是負面的批評與責備，所提出的改善方案才不會被視為是找麻煩添亂子。這樣的作法也才符合四悉檀的順序。

四悉檀談煩惱消解的程式與自我提昇之道，其中第一、第二的「世界悉檀、為人悉壇」，是指隨順眾生的習性令眾生歡喜以生起行善的動機，這是經由肯定學

者的優點來引生使他發展長處;四悉檀的第三「對治悉檀」才是批評缺點改善短處以斷惡。經由這三個步驟建立起基礎,最後才有「第一義悉檀」,引發對終極目標的關懷與嚮往。最後這第四個步驟且不論,前三個步驟所遵循的原則就是:先從肯定中建立自信,有了自信之後再批評缺點要求改善,才不會打擊信心反而引生排斥抗拒的心理。

大我層次的問題也是如此。這些成文不成文的制度和慣例習性,都是成員賴以聯繫彼此的組織系統,成員從這些關係網絡的建立產生歸屬感和自我感。要改變這些得先取得認同。也只有從了解內部的慣性後再提出的改善才有對症下藥的效果。有認同、有認識、有接受,才有可能產生有效的改善。

融入大我,先要有照顧自己、關懷別人的基礎。沒有禪修工夫、沒有照顧自己的能力,就去關懷別人,會是空談。能照顧自己,在察覺自己沒有能力照顧別人時自我節制,知道如何退回原位;但同時也知道自己力量不足時必須靠別人關懷我、拉我一把,為了珍惜有限的資源有限的福報,於是發心回報。由於這樣的感恩報恩的心情,於是能快快成長,這是由他度而自度;病得淺的照顧病得重的,於是忘了自己的病痛,這是由度他而自度。從照顧自己進而關懷他人,因此在受人照顧、照

顧他人中相互成就。

就個人修為而言，不管是當個禪修者或觀音或大我中的小我，還是在知情意、戒定慧當中。特別是在定學，必然是朝著大我前進。但在往大我的完成中，不要太快就把自我消融在關懷他人之中，太快就去關懷對方，而自我不見了，或者太快消融在大我裡而小我不見了，在未證解脫前自我是永遠不會消失。此所以聖嚴法師指導「四它」時，第一個談到是「面對它」：清清楚楚地認識自己。在融入大我的過程中需要與別人聯繫、協調，甚至會有部門間的爭執。所有的爭執要用大我層次的消解結構性煩惱的方式處理，而非用小我層次消解個體性煩惱的方式處理。處理大我的方式就是看這個組織、團體的基本目標、方向如何？只要掌握住朝此方向前進，雖然彼此間會有爭執，但不會妨礙大我的方向。如果因為他動情緒所以我就讓他，因我不高興所以他就安慰我……，因彼此互相安慰關懷而把大我的方向迷失甚至消解掉，那就是只成就小我，而沒有成就大我，那離無我就更遠了。

對小我而言，完成小我層次裡最重要的是節制之德，而完成大我層次的重點則是制度與體制。現在不談從小我直接到無我，因為中間要經過一個大我，也不奢談從小我直接到大我。看著自己的情緒，企圖在此磨合

過程中依據大我的方向、宗旨，以眾人最大利益做為處理部門間、私我間最大的判準。

這一長久的組織教育歷程，即是一種入、住、出的持續改善歷程。這一歷程，足以面對前述其他兩個問題：對外而不獨尊，對內而不會使小我委屈。

六、小結

佛教徒喜用「三界唯心，萬法唯識」，以及馬斯洛說的：「心若改變，態度就跟著改變；態度改變，習慣就跟著改變；習慣改變，個性就跟著改變；個性改變，人生就跟著改變」來證明人心的重要。心確實是重要的，德行確實是重要的，甚至應該放在首要條件。但首要只是第一個條件而不是唯一的條件。或者更準確地說，是必要條件而不是充分條件更不是充要條件。因為人心是易變的，人性是脆弱的。社會心理學家金巴多教授在史丹福大學主導「史丹福監獄實驗」更證明了這點。[40] 因此從相對穩定的制度結構去規

---

[40] 一九七一年，金巴多教授在史丹福大學主導「史丹福監獄實驗」：挑選身心健康且情緒穩定的大學生擔任自願受試者，隨機分派扮演「守衛」和「犯人」兩種角色，模擬監獄環境。但到了實驗第六天，原本單純的大學生已轉變為殘暴不仁的守衛或是情緒崩潰的犯人，情況演變得過度逼真，為期兩週的實驗不得不宣告中止。詳見：菲力浦·金巴多（Philip Zimbardo）著，孫佩妏等譯，《路西法效應》（臺北：商周出

範易變的相對不穩定的人心是必要的。這便是從小我
到大我的成長歷程。

　　從小我到大我的建立，關涉到的是個人與群體的
關係。個人如何能在群體成長，既能自利也同時建構
了群體的效能。

　　組織發展與組織運作必然涉及職權與指揮的問
題，而組織運作是以「分層負責、逐級授權」為準
則，即使是關懷也需要分層關懷，而不能期望從最高
層普及地照顧到所有層級。當最高層級越位照顧到各
層級則便會取消了中間層級的功能，會破壞或至少是
弱化了組織結構的功能。這對組織長遠的發展是不利
的。但對大乘菩薩的學習來說，長久的傳統是以慈悲
關懷為最高道德，也是以此為基本取向。因此站在第
一線與眾生／他人的直接接觸與關懷，成為佛教徒最
重要的學習而成為基本訓練。但是組織結構中層級節
制的要求則容易取消這樣的直接接觸。因此，常見的
情況不是侵權站到第一線上去因而破壞了組織體制，
就是因遠離群眾、感覺不到第一線的聲音於是做出不
符現場要求的反應。從小我的直接關懷，到大我的間
接關懷，這是組織發展會有的不同學習。

版，2008 年 3 月）。

　　麥金太爾（MacIntyre, Alasdair C.）指稱：古代社會以德行爲倫理中心，現代則以規則爲中心。當即是看出現代社會關聯強大的組織特性與傳統社會關聯簡單的特性有別。以德行爲倫理中心，追尋的是無私利他的寬恕與仁愛，這是最高的善最高的道德。以規則爲中心，則公正是比仁愛要更優先考慮的倫理原則。公正、公平、平等雖然不是最高的道德，但卻是社會治理的最根本原則。❹麥金太爾從德行倫理學的角度提醒我們：只有制度，只有規則是不夠的，行使規則的是人，仍然是人決定了行事的品質。而組織倫理學則說明從制度架構來規範群體行爲的必要性。以金融會計從業人員來說，當會計制度缺乏時，只能從最親近信賴的家臣親屬中挑選會計人員；而當有良好的會計稽核制度時，則期許每一個人而不是只有道德高尙操守謹嚴的人才能擔任會計工作。但是在「良好完善」的制度尚未建立前，人品與道德操守是否良好，仍決定了制度是否有效。組織倫理與德行倫理在可預見的未來，仍將是社會發展的共同需要。

---

❹ 王海明，〈平等：最重要的公正〉，《新倫理學》（北京：商務印書館，2001 年 2 月），頁 348-396。

聖嚴法師大普化教育的實踐

—— 以聖嚴書院課程規畫為例❶

　　聖嚴法師以「提昇人的品質，建設人間淨土」為人間淨土思想核心，並進一步提出「大學院教育、大普化教育、大關懷教育」三大教育做為開展與落實人間淨土理念的內涵。這些作為能否具體地轉化出相應的施設，使人間淨土理念不致於停留在抽象概念的層次？在實踐開展時又應掌握哪些精神原則，才不致於偏離方向？本文試就大普化教育中「聖嚴書院」的課程規畫與實施現狀為例，探察抽象的理念在具體實踐時可能遭遇的難題，並藉以了解聖嚴法師人間淨土思想的實踐力度。

一、前言

　　聖嚴法師提出「提昇人的品質，建設人間淨土」為

---

❶ 本文原發表於「第四屆聖嚴思想國際學術研討會」，臺北：聖嚴教育基金會主辦，2012 年 6 月 3-4 日。

核心的人間淨土思想，並進一步提出「大學院教育、大普化教育、大關懷教育」三大教育做為開展與落實人間淨土理念的具體措施。

大學院教育，目的在造就高層次的專業研究、教學、弘法及社會服務的人才。大普化教育則是普及佛法以淨化人心、淨化社會風氣及習俗。大學院教育為專業人才、菁英教育，由一般大學及佛教大學、僧伽大學來承擔。大普化教育則為普及教育，由各類型的法會講座營隊活動及文化傳播事業來承擔。❷

聖嚴法師晚年時，法鼓山有「聖嚴書院」的創設，誼屬大普化教育之一環。

成功的教育規畫設計有哪些質素？怎樣才能有效有品質地規畫辦理？近年來佛教團體多有各層級各類型佛學課程的開辦，然對課程規畫之知能與方法常感不足，❸本文擬從「課程設計與規畫」觀點出發，從學習目標的設定，程序的組織安排，學習的教材教法……等方面之探討法鼓山大普化教育中「聖嚴書院」的課程規畫與實施現狀，觀察抽象理念具體轉化

❷ 參見：聖嚴法師《法鼓山的方向》，《法鼓全集》08-06，頁 79、131。
❸ 參見：釋見潤（張尤雅），《佛教成人教育課程規劃之研究》（嘉義：國立中正大學成人及繼續教育研究所 87 學年度碩士論文），頁 2。

的實踐歷程，並藉以了解聖嚴法師人間淨土思想的實踐力度。

主要討論問題有：

1.為什麼要創設「聖嚴書院」？希望達成的目的是什麼？──此係由辦理者的角度來探討。

2.參加「聖嚴書院」能達成什麼目標？──此係由參與者的角度探討學習者的目標。

3.要達到這樣的目標，應該如何辦理？──這關涉到教學計畫、教學內容……等科目、教材、教法，乃至行政支援等問題。

4.佛教（宗派）的基礎教育應如何規畫？教學內容應以特殊的宗派教學為主或以普遍的佛教教學為主？教學對象是以推廣佛法弘傳佛法給社會大眾為主，或是以寺院信眾的養成為主？

這些作為能否具體地轉化出相應的施設，使人間淨土理念不致於停留在抽象概念的層次？在實踐開展時又應掌握哪些精神原則，才不致於偏離方向？本文試就大普化教育中「聖嚴書院」的課程規畫與實施現狀為例，探察抽象的理念在具體實踐時可能遭遇的難題，並藉以了解聖嚴法師人間淨土思想的實踐力度。

二、大普化教育中的聖嚴書院

（一）大普化教育的精神

　　聖嚴法師人間淨土思想的核心概念爲「心靈環保」，據此開展出「心五四」、「心六倫」等作爲，其目的在於「提昇人的品質」以「建設人間淨土」。可以這麼理解：「建設人間淨土」爲聖嚴法師思想理念中所期望達成的目的，而「心靈環保」以及據此展開之各種作爲則是達成此一目的的各層級各向度或大規模或小規模的實踐歷程。「大學院教育、大普化教育、大關懷教育」三大教育則是開展與落實人間淨土理念的具體弘化事業。

　　大學院教育造就高層次的專業研究、教學、弘法及社會服務的人才。大普化教育普及佛法以淨化人心、淨化社會風氣及習俗。大關懷教育則是普遍而平等地關懷社會大眾；從人初受孕即開始的胎教，到死亡時的臨終關懷及往生關懷之間，每一個階段、每一個層面，都是我們關懷的焦點。❹

　　三大教育中，大學院教育屬知識、研究方面；實踐方面的則是大普化教育和大關懷教育。法師指出：施設

---

❹　《法鼓山的方向》，《法鼓全集》08-06，頁134-136。

「大學院教育」的目的，是為了深化「大普化教育」及
「大關懷教育」的落實。至於學習者，不論是出家人或
在家人的修行，都是屬於大普化教育及大關懷教育的範
疇。推行「大普化教育」與「大關懷教育」的宗旨所在
就是用佛法來提昇我們自己和社會的品質，提昇整個人
間的精神領域。❺三大教育的目標都是關懷，關懷和教
育是同時並行的。所以「用教育來達成關懷的目的，用
關懷來達成教育的功能」，教育與關懷兩者互為體用，
相輔相成。❻

　　「教育與關懷兩者互為體用」的說法或許太抽象，
「三大教育的目標都是關懷」的敘述在實踐時也可能會
混淆，我們可以從法師對法鼓山成員僧俗四眾身分的定
位來進一步理解。法師確認法鼓山成員的主要分為傳播
佛法的普化、關懷工作者。傳播佛法，並不僅是在口中
講述佛學名詞、佛教經論，而是要把佛法的精神在我們
的生活之中表現出來，在社會之中發揚光大，這才是傳
播佛法的真正涵義。❼因此佛法的傳播者其實就是佛法
智慧與慈悲的實踐者。法師說：

---

❺　《法鼓家風》，《法鼓全集》08-11，頁 12。
❻　《法鼓晨音》，《法鼓全集》08-08，頁 190。
❼　《法鼓家風》，《法鼓全集》08-11，頁 12。

　　法鼓山的成員包含了僧俗四眾，即出家的男、女
二眾及在家的男、女二眾，這四眾都是擔任普化教
育及關懷教育工作的人，我們法鼓山稱他們為「鼓
手」，因為他們在做傳播佛法的工作。❽

如是，我們就可以把三大教育視為一個相互支持的正三
角形：大學院教育是支持大關懷、大普化的前行與後
盾；大關懷和大普化則是人間淨土理念的具體實踐，也
是佛教慈悲與智慧的具體實踐：慈悲關懷的救濟中，須
有善巧普化的智慧；智慧善巧的普化，不離慈悲平等的
關懷。慈悲與智慧，是佛教的根本精神，是心靈環保的
核心，也是「提昇人的品質，建設人間淨土」所以可能
的根源所在。

（二）聖嚴書院簡史

　　大普化教育，指的是要普及佛法來進行對社會大
眾人心的淨化及風氣習俗的淨化。因此只要是以四種環
保理念，以禪修、念佛、傳菩薩戒、八關齋戒、禮懺、
講座、文字、音聲、影像及各種集會、儀典、營隊、教
室、課程等的活動之中，以教育達成關懷的目的，以

---

❽　《法鼓家風》，《法鼓全集》08-11，頁 12。

關懷完成教育的任務。則這些活動，都能有教育和關懷兩大功能。❾這些集會活動，也都可以稱之為大普化教育。

　　法鼓山多年來開設各種以信眾及社會大眾為對象的佛學課程，更是法鼓山大普化教育的主要項目。聖嚴書院的課程施設與這些佛學課程的對象與性質都相似，誼屬大普化教育之一。但和前述佛學課程略有差異的則在於類似一般大學校院「學分制」的學期制。每週上課二小時，每學期上課十八週，每階段三年（六學期），全學程共計三階段九年。

　　聖嚴書院正式成立於二〇〇七年一月。正式揭牌成立前，已有三年的試營運經驗的基礎累積。聖嚴法師於「聖嚴書院」成立當天有日記述其事云：

　　　法鼓山僧團弘化院與聖嚴教育基金會在今天成立了聖嚴書院，讓體系內外的菩薩都能夠有機會選修書院的課程。這個課程，最早是由聖嚴教育基金會發起，同時僧團弘化院也在規畫如何把我的著作思想，透過大學院的形式呈現出來，就在此時做了連結。❿

---

❾　《法鼓山的方向 II》，《法鼓全集》08-13，頁 85。
❿　〈八　遊心禪悅〉，《美好的晚年》，頁 140-141。

　　原來的課程是由聖嚴教育基金會負責規畫，並已在南部舉辦三年。此課程規畫理念與方向和法鼓山僧團擬建構規畫有次第性、有階段性的法鼓山信眾學習系統高度契合，因此，在進一步討論，並經聖嚴法師認可，法鼓山弘化院便將原已在南部實施的課程，納入法鼓山信眾學習系統。由於開設的課程是以聖嚴法師的思想理念及著作為核心，因此命名為「聖嚴書院」。❶相關重要紀事簡錄於下：

　　二○○四年一月，高屏地區開辦信眾教育常態課程，設精讀班一班。

　　二○○五年一月，高屏地區增開精讀班兩班，初階班三班。

　　二○○六年一月，北部地區首次開班，設精讀班一班；八月設初階班三班。同年八月，臺中地區首次開班，設精讀班一班。

　　二○○七年一月，正式成立，稱之為「聖嚴書院」。

　　二○○八年一月，臺南地區首次開班，設精讀班一班。

　　二○一○年，針對義工培訓，開辦每月上課一次之

---

❶ 另參見：《法鼓山年鑑 2007》，頁 116。

一年課程「福田班」。原每週上課一次之三年課程改稱「佛學班」。

　　二○一一年八月，開辦「禪學班」，爲每週上課一次之三年課程。

　　以上爲聖嚴書院整體發展簡要記述。本文以下討論主題及範圍僅就「佛學班」部分發言，福田班、禪學班部分不在本文討論範圍，亦不討論其他各類短期課程。

（三）聖嚴書院課程目的

　　聖嚴書院課程施設的目的在於培養具備法鼓山理念的佛教徒。具體目標則在提供法鼓山信眾學佛從入之門的引導。有次第而系統地讓信眾穩定、專注地學習。具體而言，其目標內涵應包括：

　　1.內化法鼓山理念。

　　2.建立基礎佛法知見。

　　3.認識漢傳佛教禪佛教。

　　4.養成解行並優、具法鼓山理念並能實踐法鼓山理念的佛教徒。

　　上述目標依學習者不同的學習成熟度，而有不同的次第安排。（見表一）

表一：課程目的

對象	初機學佛者	進階學佛者
課程目的	主要目的在介紹新進信眾認識法鼓山精神，藉由法鼓山理念之引導認識正信之佛教、人間之佛教。進而能熟悉佛教之基本修學方法並落實於倫理生活的實踐。	培養佛法聞思獨立思考之能力，並學習討論與判斷之能力，以長養長期深入法義之能力。
課程目標	基礎佛法概論，重點在於佛法正知見的建立，並配合其他相關課程，如：學佛行儀、基礎念佛、基礎禪坐的指導等，奠定解行二門的基石。	加強深入初階課程及佛法正知見的建立，配合其他相關課程，做為進階課程的基礎，並擔任初階班課程之服務工作。

（四）課程內容

目標確認後，再依目標選擇適當教學內容。

法鼓山的教法全面而完整，修福方面此不具論，修慧方面其三學的特色是以「心靈環保」為核心，而呈顯於：「菩薩戒、禪修、學佛五講」。如果未能掌握「心靈環保」的核心價值與「菩薩戒、禪修、學佛五講」之精神特質，則各課程只成一般性的佛學常識，未必能具備引導法門之功能。

法鼓山信眾教育的重心，置重於「心五四、菩薩戒、禪修、學佛五講」。教育內容因此以「人間淨土」為取向，不離人間而修學佛法，於是而以《學佛五講》

為核心課程，初階之《學佛五講》為基礎認識，精讀班則全以《學佛五講》為主。教材以《學佛五講》為骨幹，以《正信的佛教》、《學佛群疑》為血肉。

學習上，初階班是以講授為主，著重基本佛法概念的理解與熟誦（見表二、表三）。精讀班則是以實作、討論為主。實作以提要法之熟練為基礎，以論證法之理解為目標。討論則可相互檢證學習之知見是否正確。提要、論證、討論的能力是深入佛法應具備的基礎。（見表四）

（五）課程整體特色

聖嚴書院的課程規畫，具有學期制、學長制、階次性，以及解行並重的實踐性等多項特色。《法鼓山年鑑2007》於此有特別報導云：

聖嚴書院的上課方式採學期制，每學期18堂課，每四堂有一節的小組討論；其次，在班級中，每八至十人為一小組，每小組有兩位學長照顧及關懷。再者，上課之外，還須繳交作業，上課請假或缺席、缺交作業超過六次則不能升級。這樣的安排，既有嚴謹的制度規範，又有學長關懷和示範，最大的用意就是要激勵學員精進、奮發。

表二：初階班三年課程總覽

學程	上學期			下學期		
	科目	週數	必選修	科目	週數	必選修
第一年	佛法入門	6	必	禪修法門及實習（聖嚴法師教禪坐）	6	必
	心五四法鼓山方向	8	必	念佛法門及實習（四十八個願望）	6	必
	我們的師父——聖嚴法師四眾佛子共勉語	4	必	拜懺法門及實習（聖嚴法師教觀音法門）	6	必
第二年	學佛五講	18	必	如來藏經語體譯釋	18	三選一
				心的經典（心經講記）	18	
				探索識界（八識規矩頌講記）	18	
第三年	漢傳佛教導論	6	必	如來藏經語體譯釋	18	三選一
	律制生活菩薩戒指要	12	必	心的經典（心經講記）	18	
				探索識界（八識規矩頌講記）	18	

表三：初階班三年主副學習重點

級別	主學習	副學習	說明
初一	法鼓山理念 基礎佛法與禮儀 禪修 念佛 大悲懺	初級禪訓班 念佛共修 禪坐共修 法會共修	• 初一下配合課內三種行門之教學實習，學員需於課外參加禪坐會、念佛會、大悲懺各一次共修。
		發願	• 初一下《四十八個願望》，搭配發願之作業，學習發起現在受用之願心。
初二 / 初三	漢傳佛教簡介 戒定慧三學 學佛五講 菩薩戒	日課表	• 初二起，於課後以日課表做為作業之搭配，列為每月小組討論之項目。 • 可先從生命規畫講起，將理想與目標之別帶入，設定可檢驗之目標。 • 亦可縮小範圍，以一句、一則做為班級共修之德目，以增強同儕交流作用。
		共修	• 初二起，每學期需另參加六次共修。 （禪坐會、念佛會、拜懺皆可，全天法會、禪一、佛一折算兩次）
		發願	• 初二起，行禮後上課前靜坐三分鐘，而後由一位學員帶領發願。願文可參考上學期作業。下課後行禮前由另一位誦讀願文。（前幾週可由老師、組長帶領示範）
		義工養成	• 義工養成採「見習→實習→任用」漸進方式，初二上採「小組」集體參與，初二下起採「個人」參與方式。

表四：精讀班三年課程總覽

學程	上學期	下學期
第一年	學佛五講——研讀 服務工作心態與技能	學佛五講——研讀 服務工作心態與技能
第二年	學佛五講——研讀 服務工作心態與技能	學佛五講——研讀 服務工作心態與技能
第三年	學佛五講——研讀 服務工作心態與技能	學佛五講——研讀 服務工作心態與技能

　　與一般佛學課程不同的是，聖嚴書院的課程本身除了著重次第性的內容，還著重佛法與現代生活的結合。例如課程中，學員須實地至寺院見習，學習如何當義工、如何規畫執行活動等，該課程不只是理論性的學習，而且強調解行並重，能知能行，希望學員可以在生活中、實做中實踐佛法，體驗佛法。⓬

此外，可列出整體教學特色者有：

1. 常態性學習：每週上課，每學期上課十八週。⓭
2. 長期性學習：每階段三年為期，初階班三年、精

⓬ 參見：《法鼓山年鑑2007》，頁116。
⓭ 原規畫比照正規學制一學期十八週，嗣後因師資調配等問題，調整為一學期十六週。

讀班三年、專題班三年。

3. 系統性學習：課程設計以法鼓山教學為核心，次第安排科目銜接。

4. 關懷中學習：課程除教師之講授教學，班級安排每十人有一位服務學長關懷學習情形。服務學長除上課時段與平日之聯繫關懷，亦常透過每週之作業寫作、每月之小組討論，關懷了解學員學習情形。

5. 學員為中心：課程取向不以教師為中心，亦不以服務學長為中心，採「學員中心取向」來學習菩薩心懷。服務學長除了在初階班陪同學習，精讀班亦持續不斷，除了在知識觀念上用功，亦同時練習菩薩事業的承當，自利利他。

6. 與道場聯結：學員無償使用道場空間設備，體會所承受之眾生恩，從而生起回報想而護持後學，因此可使法流久長。道場提供學員活動學習的場所與機會，學員亦成為道場活動與各項工作的重要人力資源。

（六）課程執行成果

1. 學員之成長：安心安家進而積極護持所在道場

諸多學員表示，透過課程對法鼓山精神及師父理念有更明確的認識，對學佛之必要與方向亦增加許多信心。而由於對人間淨土教學注重安心、安家、安業的掌

握，對家庭和諧、職場生涯助益甚多。學員多有親子兩代，或夫妻二人同來共學。而南北各班均有學員於入學一年或一學期後，即發心加入榮董護持法鼓山者。由護持轉而承擔勸募者更多有人在。

2. 服務學長之成長：更明白為何而來，進而歡喜融入道場

服務學長經一學期或一學年精讀班之學習，即成為初階班之服務學長，從此每週有初階班、精讀班兩班課程同時進行。加上初階班學員作業回應、精讀班之作業寫作，每週約需二至四個晚上之工作量。加上小組成員之生活關懷，原來會團之工作承擔，服務學長之工作量確實沉重。然服務學長多表示，從聖嚴書院的服務中學習到如何關懷護持會員，並對法鼓山理念與師父悲願有更親切的認識。此正是凡夫菩薩在利他中自利的實踐。

3. 教師之成長：更貼近師父悲懷與體貼眾生需求

任課教師對師父理念與教學原就有一定程度之理解，但於教學準備與多元的學員反應中，更能多視角地認識。多位任課教師表示，由於擔任聖嚴書院課程，對師父教學之完整性與系統性有更細緻深切的體認。

4. 道場之成長：課程帶動護持的人員與心力

聖嚴書院於各道場上課，使用場地與各項設備，費

用等消耗必有增加，但每週固定數量之學員來往，因人員流通而帶動了資訊流通與物力流通，對道場各項活動之推行亦應有相當助益。例如：

臺中分院由聖嚴書院精讀班成員擔負興辦梁皇法會之籌備執行工作，兩年來陸續完成近百頁之細部工作流程及要點之工作手冊，對法會籌辦之進行與分工提昇品質甚多。

高雄則從聖嚴書院現有班級延伸，先為尚未生起信心人士開設短期課程做為推廣及接引，如：佛教生死學、佛教徒的生活等。繼而從目前以中壯年為主要對象之班隊擴展至老年菩薩及兒童菩薩，開設老年學佛班及兒童學佛班。召募初階班學員擔任老菩薩及兒童菩薩之守護志工陪伴上課，實際到課人數均遠超過需求人數。另又配合道場需要，成立筆耕隊、主持司儀講談會、文化小蜜蜂、隨身書結緣關懷隊……等，組訓各類活動所需之文字與攝影記者、主持人司儀、法鼓文化推廣工作人員。對道場平常運作所需人力之數量與品質當均有相當助益。而因此提昇信眾悅眾之整體向心力更是無形的資產。

三、聖嚴書院課程規畫的檢討

以上簡述聖嚴書院的實施現狀。接著就學習目標的

設定，程序的組織安排，學習的教材教法等課程要素擇
要檢討。

（一）教育目的的設定：如何面對「門戶之見」的問題？

　　教育宗旨，或稱教育目的，是為教育預設的理
想，用以決定教育發展方向，指引教育活動歸趨，做
為教育活動發展的規範或依據；使教育成為有意義而
循序漸進的活動，而不成為盲目凌亂的活動。⓮教學
目的是教學活動預期達到的結果，教學目標則是教學
目的的具體化，將教學目的外化為可操作的具體的目
標。而從管理學的角度來說，目的即使命，是機構、
部門或團體組織的基本功能或工作；目標則指的是達
成活動成果的結束。目的目標的設定是所有活動的
依據，有了目的與目標，才能據此展開後續的策略、
程序、規則乃至行動方案等。目的、目標、策略、程
序、規則、行動方案，都是計畫的一種，由上而下形
成一金字塔式的系統結構，一方面是由上而下地規範
了下層的活動方向，同時也保證了由下而上地具體實

⓮ 參見：鄭世興，〈教育目的〉，收入田培林主編，《教育學新論》（臺
　北：文景出版社，1982 年）。

現了上層的期望。

　　依據這樣的結構，聖嚴書院的教學目的，自然地就肩負了上層部門乃至整個組織團體的使命。因此，訂定聖嚴書院的教學目的，就先得從聖嚴書院的屬性定位討論起。

　　聖嚴書院最基本的屬性是法鼓山大普化教育，往上可再探究歸屬的是法鼓山這個佛教團體；往下可再細分的則是居士／信眾教育、成人教育。從佛教、法鼓山、普化教育、信眾教育、成人教育到聖嚴書院的層級區分中，我們就可以找到聖嚴書院所要對應的教學目的／目標。

　　聖嚴書院屬「信眾」教育，要區分的是「僧眾」教育，因此不宜以僧眾教育的性質與目的來規範；聖嚴書院屬「普化」教育，要區分的是「學院」教育，因此不宜以學院規格來要求。以上先以遮詮的方式說明聖嚴書院屬性，以下再從佛教、法鼓山這兩個層級表詮聖嚴書院的教學目的。❶

　　對應著佛教此一層級，聖嚴書院教學的終極目標自

---

❶ 信眾教育、成人教育呈現的是教育對象的屬性，「信眾」教育要區分的是「僧眾」教育，即聖嚴書院的教學對象是信眾不是僧眾；「成人」教育首先要區分的是「主流」教育，即聖嚴書院的教學內容不是現行大學、中學、小學的教學內容，而是終身教育；其次，「成人」教育要區分的是「兒童」教育，聖嚴書院的教育對象是成人而不是兒童或少年。

是成佛，此雖屬「盡未來際」的問題，但聖嚴書院所有學習與活動仍然必須導歸於此。而就「盡形壽」的今生而言，聖嚴書院的學習目標誼屬短程目標，然其訂定便關涉到終極目標、長程目標的設定。

聖嚴法師對法鼓山團體整體方向的訂定，其一貫的宗旨是「提昇人的品質，建設人間淨土」。「建設人間淨土」可視為今生的長程目標，「提昇人的品質」則可視為達成目標的方法，而其具體內容便可視為各階段的短中程的目標。

這裡，便遭遇到終極目標與中、長程目標的抉擇問題。講得更清楚些，就是宗派與門戶的問題。在設定目的與目標時，如何面對「門戶之見」或「宗派意識」的問題？

門戶之見或宗派意識，常指稱著封閉固守的狹隘心態，多是一種負面意謂。這在傳統教學即有師承與門戶的問題。注重師承可以有嚴謹的基本訓練，但也會有門戶之見的封閉心態。只要有學有術就會有一定的門牆，此其從入之門道與要求。因此對存在於世間的任何學問而言，有門牆是必然的，有門戶是必然的，否則即不成其為學。可以討論的只是：門戶是開放的或封閉的。

教育學者在討論類似教育原則時，嘗有自由與紀律孰重、應以學生為中心或以課程、教師為中心之考量。

如涂爾幹重視統一紀律的價值，他亦支持教師本位思想。他認為，「教育應主要是一種權威的活動」❻。而現代人本主義者則強調學生自己的選擇，主張發揮其自身潛能，體諒學生個人需要，反對集體規範。他們認為教師絕對權威的時代已經一去不返了。

　　值得重視的是杜威的主張。杜威雖倡導學生中心學生本位，但其心目中並未放棄教師應有的教導角色。他認為，教師不能強迫服從，但是也不能無所教說，「而是作為集體的一個成員來選擇對兒童起著作用的影響，並幫助兒童對這些影響作出適當的反應。」❼

　　從杜威的主張，我們得到一種啓發：自由與紀律、學生本位與教師本位……，這些看起來相對的概念並不是絕對相斥的關係，其間實存在著一種相反而相成的辯證關係。如同藝術家、運動家揮灑自如之自由需以嚴格訓練的紀律為代價，而學生本位的考量著重在適才適性的選擇，選定後的教育仍不能缺少課程中心、教師中心的錘鍊，否則無以成就。門戶之見的討論，亦需置於此中始能顯出其特別意義。

---

❻　涂爾幹著，陳光金等譯，《道德教育》（上海：上海人民出版社，2001年），頁 146-151。

❼　杜威著，趙祥、王承緒譯，《杜威教育論著選》（上海：華東師範大學出版社，1981年），頁 6。

　　需更進一步了解的是：門戶之見與宗派意識都是「量化」而不是「質性」的概念。祛除門戶之見意謂要門戶開放、不要關門閉戶，但並不是要門戶洞開甚至拆牆撤籬；宗派意識之所以不當，亦只在「不顧其他條件，唯宗派立場為判斷是非的標準」時，宗派意識才被責難。「只問立場，不問是非」的問題所在，不是在「有立場」，而在「只問」立場，不問其他。因此討論宗派與門戶的問題，不能用定性分析的方式，而要用定量分析的方法。「立場是否偏頗」是合法的提問，「有沒有立場」則是不合法的提問；「宗派意識是否超越其他判斷」是合法的質問，「有沒有宗派意識」則是不合法的質問。立場、宗派都是一個立足點，沒有立場就無法進行課程規畫。謝錦指出：

> 沒有立場，課程無法定位；沒有目標，課程無法設計；沒有結構，課程無法安排；沒有方法，課程無法落實。而立場、目標、結構、方法都來自觀念。來自世界觀，來自生命意義的理解、要求和時代脈動的體察掌握。[18]

---

[18] 謝錦桂毓，《做自己是最深刻的反叛》（臺北：麥田出版，2010年），頁85。

立場是自然會有的，宗派也是事實存在的，世界觀、生命觀的價值判斷不同，「建設人間」與「急求出離」的宗旨有別，可以存異求同合作交流，但不必泯除差異強求和會。王順民曾就佛教寺院經濟、組織型態等多方考察當代佛教的變遷如表五。❶

　　這樣的差異在可見的未來仍然會存在。而且，從太虛大師以來，人生佛教、人間佛教、人間淨土的理念相續提出，成為當代佛教「人生、人間」方向的基本性格。法鼓山如何承繼發展？做為法鼓山普化教育弘傳人間淨土教法的聖嚴書院，對太虛大師的佛教現代化三策：「現實人生化、證據科學化、組織群眾化」又當如何落實？

　　因此，在設定聖嚴書院的教學目的時，不是「不能有門戶立場、不能有宗派意識」，而是要思考如何在門戶宗派的立足點上出發，以承繼發揚人間淨土教法，並進而達到「超越宗派、開放門戶」的成熟心態。

　　這如何可能呢？這便需要設計出一種開口漸收，合口漸開的學習策略。

---

❶　王順民，〈當代臺灣佛教變遷之考察〉，《中華佛學學報》第 8 期（臺北：中華佛學研究所，1995 年 7 月），頁 315-343。

表五：當代佛教的變遷趨勢

	傳統	現代
政教關係型態	剛性政教關係	柔性政教關係
寺院聚落型態	山林佛教	山林佛教、都會佛教
寺院經濟景觀	經懺、法事	經懺、法事 禪七、觀光、辦學（多元化）
教界組織型態	單一權威組織	多元化佛教組織
教界交流型態	地區性	國際性
教務發展類型	僧團佛教為主	僧團佛教、居士佛教並重
僧制教育型態	常住叢林（僧伽教育）	佛學院、佛研所、佛教大學（佛學社會教育）
宗教福利服務	殘補性	統合性
弘法布教方式	善書流通（被動）	多媒體（主動）
組織運作型態	佛教叢林化	佛教事業化（世俗化）
佛教文學形式	原文經典	佛法短偈、齋後語、語錄式
佛藝表現形式	殿堂供奉、裝飾性	精緻化、生活化、本土化
佛教倫理內涵	經懺佛教（自修）（來世）	人間佛教（共修）（現世）

　　且把法鼓山視為佛教的下位概念。上位概念為下位概念的共同屬性，而下位概念中彼此不共的地方，就是其屬性所在。同理可推：法鼓山的特色、法鼓山與其他佛教團體不共的地方，即是法鼓山存在的價值與功能，

也即是此團體的使命所在。這個特色，即是聖嚴書院教學目的的立足點。

　　法鼓山要教授的佛法自然十分豐富，有些是和世間所有社團組織相同的能力：組織、勸募、慈善、救災、活動、總務、炊事……，有些是和所有佛教團體相同的，拜懺念誦，而其中是只有法鼓山獨特的，不與其他組織團體相同的，就是價值所在，當這個特色能充分彰顯，則就是做相同的事，也會呈顯出獨特的價值。法鼓山的佛學課程，即應當以此特質為核心。❷

　　因此法鼓山教學的目的應是：具備法鼓山理念的佛教徒（現代佛教徒、正信佛教徒、人間佛教行者）。其教學內容即以「心靈環保」為核心，而呈顯於：「菩薩戒、禪修、學佛五講」。如果未能掌握「心靈環保」的核心價值與「菩薩戒、禪修、學佛五講」之精神特質，

---

❷ 教法教典廣大繁多，窮盡一生亦無法學盡。即使能夠學盡，亦當有學習的步驟與次第，此便需有所選擇。選擇標準與方法的依據即「契機契理的方便」。每一部典籍、每一個宗派、每一個教法，都是方便法，為相應的眾生提供相契的修學途徑。方便，指的是一種方法和途徑。此一方便法本身即已含攝並導向真實法，真實法也必得透過方便法才能傳布。此即《教觀綱宗》所云「為實施權，則權含于實；開權顯實，則實融于權」。

法鼓山之存在即是佛法在現世傳布的一種方便，其價值便在於接引與這種方便相契合的眾生修學佛法。因此法鼓山的教法特色，便即當是法鼓山信眾教育的核心課程，理應由法鼓山的教法特色來承擔此教育重心。

則各課程只成一般性的佛學常識，未必能具備引導法門
之功能。而在養成教育的次第上，課程首要目的置重於
法鼓山理念的培養，先著重法鼓山的特性，再擴展及佛
教的通性。先有焦點集中的從入之道，才不致於歧路迷
途眼花撩亂；如此方能引導初學者有循序漸進的方便。
入門之後有寬廣的門路，才能免於坐井觀天之僻。

　　焦點集中，使法鼓山信眾有相同的基礎訓練，對
內能凝聚共識，以與各會團、各課程相互聯結，共同實
踐法鼓山的核心價值。而這基礎訓練具有普遍性與開展
性，與其他佛教徒能容易地展開對話，有繼續向上開展
的寬闊空間。

（二）教學科目的施設：教學內容是否符應教學目的？

　　佛教教育實施的類型，可依對象而分為僧眾教育、
信眾教育，亦由此而區分專業與業餘。又可依教學內容
之專精或普及分為專業教育、推廣教育，又可依學制階
次分為大學（學院）層級、研究所層級。

　　聖嚴書院的實施對象明確是以成人為對象，實施方
式又非以正規學制進行，誼屬「社會教育」。學員以在
家人為主，故為「信眾教育」。初階班三年上課總時數
約為二〇〇小時，換算約為十二學分。因此，聖嚴書院

的性質應定位爲非正規學制之「社會教育」、「信眾教育」、「基礎教育」。

如此性質如此層級之佛學教育，當施設何種教學內容，始爲符應教學目的？當如何安排教學歷程方能有效達成此目標？我們從各系各家之課程規畫對照來看。

聖嚴書院，爲基礎教育；性質上與斯里蘭卡的「佛教星期日學校」較爲接近。「南傳週日學校」學習的科目爲：《吉祥經》、《三寶經》、《守護經》、《佛功德莊嚴經》、《念住經》、《法句經》、《佛傳》、《阿毘達磨》、《大史》等。❷

藏傳佛教與近代漢傳佛教的教學規畫均屬較完整之專業教育，修學年期長，修學科目多、範圍廣。以藏傳佛教論，修學期限長達十餘年。❷暫置不論。且取楊仁山祇洹精舍之規畫，太虛大師世界佛學苑佛學規畫、呂澂〈內院佛學五科講習綱要〉❷之課程規畫，整理各家

❷ 釋淨海，〈斯里蘭卡佛教史〉，《南傳佛教史》（北京：宗教文化出版社，2002年1月初版）頁104-106。

❷ 參見：法尊法師，〈甘肅噶登協主卻稞寺學習五部大論的課程〉，《法尊法師論文集》（臺北縣汐止：大千出版社，1997年5月初版），頁437；劉毓珠，〈印度辯經學院：學僧喇嘛的搖籃〉，《十方》17卷9期（臺北市：十方月刊社，1999年6月）。

❷ 詳見楊仁山，〈釋氏學堂內班課程〉，《楊仁山集》（北京：中國社會科學出版社，1995年）。太虛大師，〈世苑圖書館館員之修學方針〉，《太虛大師全書·第一編佛法總學》，頁497。呂澂，《學院五

教學科目一覽於表六。

漢傳佛教向以大乘佛教爲主流，大乘佛教的三大系統：法性空慧、法相唯識、法界圓覺，行門中最普遍的禪密淨三行門：禪修、大悲懺法、念佛法門，在課程規畫中都照顧到。法鼓山教法中最有特色，最具接引方便的禪修、菩薩戒和法鼓山理念（心靈環保、心五四、心六倫……）等，都在學習科目中。如此應可符應從立足點出發，通向全局的目的設定。

（三）學習系統的原則與制度化問題：小我到大我的學習

教育系統的成功建立，關涉許多因素：課程、教材、教學、服務、設備……等，都是教育工作的重大環節，希望以課程與服務來接引新學，從而以新學的加入和參與來延續發展組織的永續經營。眾生因人間教法而受用得利，人間教法亦因眾生的參與加入而得延續發展。教育系統因此關係了個人的成長，也關聯著組織的成長發展。個人的成長與組織發展，如何能遵循著人間教法的方向同時並進？從教育原理與管理理論的觀點，

科經論講要》（新北市：大千出版社，2003 年），頁 23。另參見〈內院佛學五科講習綱要〉，同書頁 43。

表六：各家教學科目一覽表

科目 \ 學校		南傳週日學校	楊仁山	太虛大師	呂澂	臺中蓮社	聖嚴書院
課誦		吉祥經、三寶經……	晨昏課誦				（佛子共勉語，日課表）
戒學			菩薩戒本經	小大律藏系	戒律		菩薩戒
定學		念住經	小止觀、六妙門				三行門（禪修、念佛、大悲懺）
總	概論史傳	法句經、大史	佛教初學課本、釋迦成道記			佛學十四講表	佛法入門、法鼓山理念、漢傳佛教導論、學佛五講
	方法學		因明論		(科判)		
慧學 別	根本	阿毘達磨	四十二章經、八大人覺經	五三共法系	毘曇	八大人覺經	
	法性		心經	般若中論系	般若	心經	心經
	法相		唯識三十論、百法明門、八識規矩	法相唯識系	瑜伽	唯識簡介	八識規矩頌
	圓覺		大乘起信論、念佛伽陀、阿彌陀經	中國台賢禪淨系、印華日藏密法系	涅槃	阿彌陀經、普賢行願品	如來藏經

有幾項原則可參考：

1. 課程與目標導向：

信眾佛學教育課程係由許多個別科目組建而成，每一科目的學習均有其個別的目標，而又同時要達成共同目標。教師與學長等的功能即在引導學員循序漸進地融入法鼓山的學習團體以長久學習。個別教師的素養與氣質自然影響學習的成效，因此教師需要全面提昇教學能力與品質，但希望能更進一層，引導學員從對「人」的吸引漸次轉移至對「法」的注重。從而更從一科目一科目的學習導向整體教學目標。

2. 以學員為中心：

課程非以教師為中心，亦非以學長、行政服務為中心，即不是以教師想要教什麼為優先考量，而是反過來，教師需考量的是學員需要什麼。行政是服務工作，不可因為行政本位上的考量而造成學員學習的困擾。

3. 建立橫向同儕關係：

大抵各階段的學習，每五至十位學員能有一位學長擔任輔導接引，期由對環境團體的融入熟悉，進而專注有效地學習。藉由課程安排之小組討論、課後關懷、作業回應……，培養同理心關懷力，建立起小組成員之橫向關係，成為學習之相互支持力量，成為彼此長久之同

行善知識。學習於是從培養興趣，培養實力，而培養出自修能力，能從中成為一自足之學習圈。

信眾教育的辦理需有組織，因此悅眾的養成教育要比一般信眾優先考量。否則，組織無法建構。但如何引發悅眾的認同與動能？前述諸環節的這些教育原則，以及更抽象的目的目標的設定，如何成為實務操作的指導原則形成工作慣例？個人成長與組織發展如何結合並進？轉換關鍵厥為制度的建立。

聖嚴法師在學佛次第的安排上，從小我往無我的提昇歷程，多加了一個「大我」。從歷史的角度觀察，法鼓山從一九七八年起專事禪修、到一九八九年成立護法會開展關懷，到二○○五年開山建立宗派，其總體發展的脈絡正是從小我到大我的歷程。而對大我這一階段的昇進，正是目前最要加強的功課。

小我往大我的提昇，正是從父家長制或君主專制往民主制的歷程。專制威權只是小我的膨脹，不是大我。專制是人治，民主是法治。政治學研究顯示：人治和法治的區別並不是「有沒有法」，人治和法治的區別在於「法的來源」是個人或群體。法治是「rule of law」，of 是由大眾共識而來，人治是「rule by law」，by 是從少數人規定而來。我國學步民主近百年而未能稱成熟，佛教現代化過程中，這個從小我到大我的艱難課題亦正

才開始。因為大我和小我的性質不同，面對方法亦異。
但在實務上不太容易即時分辨。

　　小我的煩惱是個體性的煩惱，要用對治個體煩惱的
方法來處理；大我的煩惱是總體性的煩惱，要用對治總
體煩惱的方法來處理。是煩惱，當然有其共性，但是用
小我的藥方來治大我的病，或者用大我的藥方來治小我
的病，都有不對症亂下藥的可能。對話、討論、溝通、
妥協……，這些在小我中不太用得著，卻是大我裡不可
或缺的元素。

　　同是以情理法的兼顧來說，治個體煩惱的程序是
情、理、法，治總體煩惱的程序則是法、理、情。大
我的群體組織不能以照顧情感為第一優先，而應以法
為優先。辦大眾事，有法依法，無法則依例，沒有成
文法也沒有不成文法，則依普遍理則來推斷。缺少了
這種對客觀法例理法的尊重，不是容易落入「人治」
的隨意性，就是充滿便宜行事的投機性，因為缺乏對
理想的堅持，也就無法累積起需要的能量。而對治小
我煩惱的「隨順因緣」、「法無定法」又是耳熟能詳
的處方，就把這個拿來做為提昇大我的有力藉口。這
就又恰恰走向了回頭路。

　　從理念到實踐的過程，是從抽象的法到具體的事
業建構，事業由人施設而來，而有人、有事便有許多經

營管理的問題，其中關鍵因素在於「人」。但人的變動太高，如何使變動性高的個人組合成變性較低的組織群體，這便有賴建立制度做為中介轉換。偏偏制度又是不能由上而下威權地規定，只能上上下下來回對話溝通慢慢長出來。

太虛大師對佛教現代化人間教法的綱領指導：「現實人生化、證據科學化、組織群眾化」所蘊涵的科學理性、民主法治、倫理尊重的精神都不能只從課堂中教授，而需是在教育系統的經營運作中隨處落實，親歷其事地一一驗證示範。

四、小結

太虛大師提出「現實人生化、證據科學化、組織群眾化」，確立了我國當代佛教「人生、人間」的基本性格。聖嚴法師承繼前賢，於是有「提昇人的品質，建設人間淨土」為核心的人間淨土思想，並進一步提出「大學院教育、大普化教育、大關懷教育」三大教育做為開展與落實人間淨土理念的內涵。本文就大普化教育中「聖嚴書院」的課程規畫與實施現狀為例，探察抽象的理念在具體實踐時可能遭遇的難題，並藉以了解聖嚴法師人間淨土思想的實踐力度。

本文不討論事業經營操辦必然關涉的人員素質與

人事問題，❷僅就課程規畫中目的設定、科目安排等討
論。研究發現，聖嚴書院課程目的與科目確能符應法鼓
山的組織使命。至於學習系統是否能穩定發展以持續接
引新學培養成重要幹部，則有賴符合教育原理的制度建
立。特以制度建立不宜由上而下威權地規定，且佛教團
體乃至我國族對建立制度所賴之民主法治文化心理尚有
相當成長空間。太虛大師自謂革命失敗，聖嚴法師建設
人間淨土之志業亦未可言成功，而有待於後學之持續加
功努力發展。

---

❷ 學習系統的永續經營，其根本在於師資與學員兩方的品質與來源。學員
的來源少部分爲自尋而來，大多是來自舊學員的口耳相傳。因此課程品
質所繫的師資更形重要。師資的來源與品質如何規畫管控，當是主事者
更應費心規畫的要務。

聖嚴法師的情感倫理觀

——從情感向度談「提昇人的品質」

一、情感向度的內涵

　　「提昇人的品質，建設人間淨土」是聖嚴法師提出人間淨土思想的核心理念。提昇人品的本質，即是品德教育或品格教育。

　　品格教育或品德教育均屬道德教育，即是透過道德認知、道德情感和道德義務的承諾而有道德行為的實踐。道德認知的教育內容屬智育；道德情感的教育則屬德育，在美國教育心理學家布洛姆（B. S. Bloom）教學目標分類中屬於情意領域（affective domain）。❶情意領域中的元素包括同情感、價值觀與信念（feeling, valuing & believing），而其學習昇進階層包括：情願接

---

❶ 布洛姆提出教育目標的分類有三大領域：認知、情意、技能。參見：L.W. 安德森等編，譚曉玉等譯，《布盧姆教育目標分類學 40 年的回顧》（上海：華東師範大學出版社，1998 年 6 月）。

受、樂意反應、價值的偏愛、奉獻、內化、終至形成品
格。品德的建立、良好態度的養成、良好習性的深化，
都缺少不了情感這一向度的學習。但是情感／情意的內
涵有哪些呢？以下從情感元素的分類和分層認識起。

（一）情感家族

情意、情感、感情、情緒，都是指心理活動所呈現
的現象，如心情或心境。

「情感」affective，根據現代心理學的研究，是指
包括情緒、感情、心境等一切屬於情感方面的心理歷
程。傳統心理學，情感與認知、意動兩觀念聯結，合稱
為知情意三個心理官能。布洛姆教學目標分類中的「情
意」領域，原文用的也是這個詞。

「感情」feeling，則是主觀的情緒性的心理狀態。
「情緒」emotion，指由某種刺激所引起的個體自覺的
身心激動狀態。心理學研究指出：情緒狀態之發生雖為
個體所能體驗，但對其所引起的生理變化與行為反應，
卻不易為個體本身所控制，故對個體之生活極具影響作
用。此一心理狀態有極為複雜的情感性反應。❷但有下

---

❷ 心理學界對情緒理論尚無定論共識，比較重要的理論是斯辛二氏理論
（Schachter-Singer theory of emotion），係由斯開特與辛格所提出。他
們認為，個體對其生理變化與刺激性質兩方面的認知，都是形成情緒經

列四個屬性是大致可確定的：是刺激引起的，是主觀意識經驗，不易自我控制，與動機有連帶關係。❸

我國對情的討論則有六情：喜、怒、哀、樂、愛、惡；或者去掉樂加上欲、懼而成喜、怒、哀、懼、愛、惡、欲七情之說；都指的有情緒和情感的部分。再從七情裡的「欲」發展出六欲來，❹這就更可見出情緒的複雜性和變動性來。

佛教對情意領域的描述則更是大觀。從把世界的描述分為器世間、有情世間開始，世界的主角眾生就是以有「情」來規定的。生命的開始是由情識而來，而有情的根本則是「愛」，生命的延續輪轉不息也是由情愛而有。原始佛教的根本教法十二因緣法中從受支開始到愛、取、有各支，都是對這些心理現象的說明。十二因緣法的受支相當於感情之意，由根（感官）、境（對象）、識（感覺）三者之結合、接觸（觸）而生苦、

驗的原因，且重視當事人自己的認知解釋，故又稱情緒歸因論。參見：張春興，《心理學》（臺北：臺灣東華圖書，1977 年）；馮觀富，《情緒心理學》（臺北：心理出版社，2005 年）。

❸ 情緒有時伴隨動機性行為產生，有時則情緒本身即可視為動機。參見：張春興，《心理學》。

❹ 《禮記》〈禮運〉有：「喜、怒、哀、懼、愛、惡、欲七者，弗學而能。」六欲的概念最早見於《呂氏春秋》〈仲春紀〉：「所謂尊生者，全生之謂。所謂全生者，六欲皆得其宜也。」

樂、憂、喜、捨五種感受，再由此引發愛著（愛）和追求（取）。印順導師總結佛教的觀點說：「愛可說是生死的動力。」

原始佛教對情愛的描述可以南傳《法句經》為代表，該經「第十六喜愛品」從二一二偈「由愛生憂患，由愛生怖畏，離所愛無憂，何處有怖畏」開始，列出從愛所開展出的親愛（巴 pema）、欲樂（巴 rati）、愛欲（巴 kama）、渴愛（巴 tanha）等四種。愛，是對與自己有親族血緣關係的情愛；親愛，是對他人的友情；欲樂，是對特定人物的愛情；愛欲，專指建立於性關係的情愛；渴愛，則是因過分執著以致於癡病的愛情。

到了唯識學派中則有進一步的呈現，唯識《百法明門論》中心所法裡六個根本煩惱中的：貪、瞋、癡、慢、疑，和隨煩惱心所應即是對情感和情緒的描述。而善心所和別境心所的欲心所，以及不定心所也都有情緒和情感的成分。

另外，原始佛教四無量心的慈、悲、喜、捨，大乘佛教的大悲心，也都是情感向度這領域中的一支。

（二）情感的分類

三十年前，佛教界曾經對「愛」的定義有過熱烈的討論。

　　先是張澄基於《甚麼是佛法》大著中有「佛法的愛是無限的」之主張，沈九成則認為佛教裡「愛」的本義著重於染汙義，若欲表達類似基督教「博愛」的意思，宜用「慈悲」一詞為宜。隨後吳汝鈞亦撰文支持沈九成的主張，詳述佛教對「愛」的規定。吳汝鈞先舉「愛」的梵巴原文，表示佛教的「愛」有染汙義，也有德性義：

　　這些不同的意思亦可歸納為兩個總的意義：其一是染污義，另一則是一種德性（不染污或少染污的）。「愛」的染污義，明顯得很，如上面所舉的大多數的例子；……這種種意思都源於生命中的妄情妄識對外界有所攀附，而生起盲目的衝動，定要有所執著而後快。我們可以說，愛的執著，是妄情妄識的具體表現。……

　　「愛」的德性的意思，在佛教經典中也相當普遍。如……對崇高理想的愛：愛法。其他如愛育、愛果、愛敬、愛喜覺、愛語、愛惜等，不勝煩舉。這個意思實在泛得很，可推而至於愛國家、愛社會、愛親人、愛祖師，以及於對人類萬物的一種關切之情。這是一種寶貴的德性。❺

❺　吳汝鈞，〈「愛」的討論〉，《佛教的概念與方法》（臺北：臺灣商務

　　而後吳汝鈞從哲學觀念的構成提出佛教中「作爲德性的愛」是通行的一般義理,自身不能成一格局;「作爲染污的愛」才有獨特的義理,是佛教的本義。因此主張:了解佛教的愛,當以染汙邊爲主。

　　因爲張澄基並末接受沈九成和吳汝鈞的觀點,而表示仍將在日常談話與佛學譯作中繼續使用「愛」字。可以說這場討論最後並沒有交集。之所以沒有交集是因爲雙方「弘法」預設的對象不同,預設的目的不同。哲學思考的是義理的區分,重在「不共」法,因此強調用本義而不該用通義,因爲用通義就沒有區別性。通俗傳播重視的是「共」法,因爲必須從經驗中把新舊的觀念做很好的聯結,傳播才可能有效果,因而強調從共通的經驗去發展聯結的可能性。❻

　　但是這場討論對我們探討佛教的情感很有啓發。第一個啓發是對象的問題。第二個啓發是情感元素的分類問題。第三個啓發是策略的選擇問題。

　　試從一個修學者的立場來考量:一個修學者他會希

印書館,1992 年 11 月),頁 288-289。

❻ 這次討論未能對焦的另一可能是:除了本義與通義的相對關係,佛教的「愛」與世俗常言的愛也形成一種上下位概念的關係。世俗的愛是上位概念,佛教中汙染義的愛和德性義都是下位概念。沈九成和吳汝鈞談的是兩個下位概念之間的相對關係,而張澄基談的是上下位概念之間的相對關係。

望怎麼樣的學習歷程？義理上細緻地區分本義、通義以掌握佛教的特殊性當然是必要的，但在這之前更優位的考量當是：我怎麼面對我這些經常出現的情感存在？對一個修學者的現實需求來說，分辨情感元素的上下是非正負的方向是比辨識什麼是佛教的獨特性要更優先的考量。對修學者來說，他首先遇到的第一個問題是：如何看待情緒？用什麼樣的態度看待自己的情緒／情感？如果情緒／情感是全然負面的，自然就應該截然放棄、儘早勦除。而如果情緒／情感是有一定程度的含金量，具備開採價值，才會有進一步討論如何開採、如何去蕪存菁的問題。

　　情緒／情感有含金量嗎？具備開採價值嗎？這似乎是個不證自明的問題。唯識學的百法分類的本身就預設了這個前提。分類之後我們可以分辨出：善心所的信是正向的喜樂，惡心所的貪是負向的愛著；對善法的追求屬不定心所的欲，對惡法的追求則是惡心所的貪……。[7]但這都是在肯定情感情緒的大前提下再進一步才會出現的分類與規定。情感元素的分類就肯定了情感礦藏開採的價值。[8]

---

[7]　參見：葉文意，〈貪之研究〉，《法相學會輯刊》第一輯（香港：法相學會，1969 年 10 月）。

[8]　再退一萬步來說，就算修學者重心在於鍛鍊能採的意志，而不在於所採

　　唯識學的心所分類即是對情感元素的分類，除了有的類別是以總體性、個別性來分，主要就是以善、惡的性質來區分的。對今生、次生都有助益的名為善，只對今生有益而對來生無益的則不能算善。❾因此，五十一心所除了某些是中性的以外，只有十一個心所是「善」的。❿情愛呢？從上一節看來，似乎也被歸屬於負面表列之中。問題是，如果這些情感元素都是負面而需要斷除消滅，那麼慈悲從哪裡生起呢？善心所中的無貪、無瞋、信、慚、愧……要從何而來？這些善心所能不能算是正面的情愛？而這個分類的問題是由策略的選擇所決定的。

　　「情愛是眾生生死的根本」，這是佛教徒共許無諍疑的命題；至於「要解脫生死煩惱就必需『捨情捨愛』乃至『斷愛』」，這就有商量的餘地。而如何斷捨呢？這就有更多的選擇。佛教的修學者該是無情，或者要盡可能地以無情的／不帶感情的面目呈現？這是否預設情緒都是負面的，所以修學者沒有快樂歡喜的權利呢？還是諸受是苦，世間無常，所以要常帶愁苦？這和釋迦牟

的情感，他仍然必須通過這一段正視情緒／情感的歷程。
❾　《成唯識論集解》卷5云：「此世他世順益名為善。」（《卍新纂續藏經》第50冊）
❿　《大乘百法明門論》，《大正藏》第31冊，頁855。

尼佛因為精勤苦修所以後發先至超越彌勒菩薩而先成佛
的原因有關嗎？❶

　　拿佛教徒和基督徒相對照，佛教徒似乎確實較少
呈現歡喜的情緒。但是這並不是佛教徒的共通特質。因
為，和藏傳佛教甚至和南傳佛教對比起來，漢傳佛教才
顯示這樣的氣息。聖嚴法師有這樣的觀察：

　　　法鼓山上，有不少西藏喇嘛前來修學漢傳佛
　　法，……他們每天都過得很歡喜。……有些中國的
　　佛教徒，認為生死就是苦，人間是苦海無邊，只要
　　未得解脫、未斷生死，就當愁眉苦臉、如喪考妣。
　　這真是顛倒！那是對佛法一知半解，並未修持佛法。
　　只要聽懂佛法，能用佛法，隨時隨地都應該是歡歡
　　喜喜的。❷

　　梁乃崇的觀察也大致相同：

---

❶　釋迦牟尼佛比彌勒菩薩後發先至的原因有穢土成佛與淨土成佛的發願不
　　同，有精進苦修及樂修的不同等原因。《彌勒菩薩所問本願經》：「彌
　　勒，發意我之前四十二劫，我於其後乃發道意，於此賢劫，以大精
　　進，超越九劫，得無上正真之道成最正覺。」（《大正藏》第 12 冊，
　　頁 188）
❷　聖嚴法師，《七覺支》，《法鼓全集》07-14-4，頁 24-25。

就宗教來說，南傳佛教徒比漢傳佛教徒要快樂一些。……一樣都是佛教徒，而南傳佛法修行是講苦修、苦行的，可是他們卻沒有什麼悲慘的氣息，甚至比我們號稱大乘的漢傳佛法還要快樂得多。而且那種快樂是打從心裡生出的快樂，這種情形實在是耐人尋味。❸

倫理實踐是要抱持歡喜自然或是堅苦奮鬥的意趣？是要著重去惡或是修善？這是兩個不同的問題。我們可以先回到原初的問題：以一位修學者的需求來考量，佛法情感倫理的教學應作如何安排？這就不只是分類的問題，而是分層的問題。

（三）情感的分層

捨離有情、出離有情世間是佛法的目的，但在起點與終點之間如何安排？修學者是否就是無情？聖嚴法師認為，對凡夫來說，不能沒有情感的存在，佛教不能只講離欲：

---

❸ 梁乃崇，〈源源不絕的喜悅〉，《眞愛》（臺北：圓覺文教基金會，2007 年），頁 130-131。

　　學佛是由眾生來學的，是由凡夫開始的，任何人
之間的接觸交往，都必須合情合理合法。如果佛教
只講離欲，則無法使一般人進入佛門；如果佛的教
化沒有感情的成分，也很難教化眾生。……

　　佛菩薩可以無我，眾生不可能無我，因此要教導
眾生從有我的愛而漸漸進入無我的慈悲；也需要先
從有條件的愛，而加以淨化成無條件的愛。因此，
佛教不能一開始就叫人離開感情生活。……

　　如果沒有情，就像機器沒有潤滑的油，隨時都可
能發生故障，也很容易因摩擦而受損傷。❹

　　面對這些複雜變動的心理現象，聖嚴法師於是首
先規定：所謂「情」，不僅是感情，於是把情的向度分
為三種層次，即情緒、情感和情操。❺有時候則把情分
為四個層次：情緒、情感、情操、慈悲。情緒是起伏波
動的感情；情感則指夫妻之間的愛情、父母子女之間的
親情、朋友之間的友情等；情操則是自發的人格修養和
道德修養，是發自內在的心甘情願，不受外界的人情
包圍，也不受威脅利誘所左右。慈悲則是不求回饋的施

---

❹　〈佛教徒可以有感情生活嗎？〉，《學佛群疑》，《法鼓全集》05-
　　03，頁 49-50。
❺　〈時空與生命的超越〉，《禪與悟》，《法鼓全集》04-06，頁 249。

予，是沒有占有欲的關懷，也是怨親平等的救濟，所以是無染無私的感情。⑯

　　這樣就把感情發展的層次明確地呈現出來，第一步要處理的是起伏波動較大的情緒；接著是相對穩定的情感，這就又從有條件的愛而進展到無條件的愛。而無條件的愛仍是「有我」的，所以又再從無條件、有我的愛進展到無我的愛。無我的愛就是慈悲，就是清淨無染的感情：

　　　有人說：出家人離開家庭，離開父母親友，所以不需有感情。又說：出家人不結婚也沒有兒女，所以不懂什麼是感情。其實，這種說法，都似是而非；應該要說，出家人的感情是最豐富的，也是最崇高的，因為清淨無染的感情，便是平等關愛的慈悲。⑰

　　佛法所稱的「慈悲」，似乎跟感情不同，但是慈悲的基礎就是人與人之間的感情，有人稱之為「愛」。愛除了分為有條件和無條件之外，也有「有我」和

---

⑯　〈談生涯規畫──立足點與方向感〉，《禪門》，《法鼓全集》04-11，頁135。
⑰　〈談生涯規畫──立足點與方向感〉，《禪門》，《法鼓全集》04-11，頁132。

「無我」之別。佛菩薩的慈悲是無我的，人與人之間的愛是有我的；親子之愛是無條件的，男女之愛和朋友之愛則可能是有條件，也可能是無條件的。佛法是要從基礎的愛來引導至無我的慈悲。❽

這樣的漸進思路並不特別，從有相到無相，大乘漸修的教法原來就是這樣的發展歷程。吉藏大師解釋《百論·捨罪福品》說道，剛開始修行的人，入道次第該是「依福捨罪」，久修已有基礎的人則是「依空捨福」。為了「依福捨罪」，所以必須修福。為了「入空」所以要捨福。吉藏大師指出為剛入道修學者安排的次第是：

罪但捨不取。空無相但取不捨。福則亦取亦捨。❾

空無相是最高境界最後目的，所以「但取不捨」；罪則是從開始就該捨棄；福則在兩者之間，先是追求的目標，但也只是中間目標，達到之後就要捨棄，往最高境界繼續前進。

---

❽　〈佛教徒可以有感情生活嗎？〉，《學佛群疑》，《法鼓全集》05-03，頁49。

❾　《百論疏》：「始行人則依福捨罪。為久行人則依空捨福。」（《大正藏》第42冊，頁239上）

　　以上我們從總體的鉅觀的層面，觀察情感元素的分類與分層說明情感向度的內涵，這是「提昇人品」首先得確立的態度。接著我們想從微觀的層面追問的是，在提昇人的品質、提昇人情緒情感的品質時，聖嚴法師著重的是哪些情感元素的提昇？怎麼提昇？這是在實際操作時必然會觸及到的問題：從哪裡做起？怎麼做？

二、情感向度的提昇之道

　　情感向度之所以重要，在於倫理行為的實踐，其發動處常在於道德意識的覺察與道德情感的甦醒。而傳統佛教徒的倫理實踐常是從五戒、十善等戒律做起，對道德情感的喚醒並無直接效能。必須把戒相德目轉換成戒體戒用的體會，否則戒律的持守常容易流於形式。因為五戒：不殺生、不偷盜、不邪淫、不妄語、不飲酒，這些道德條目的表達，著重的是在行為層面的規範。必須能體會這行為規範（戒相）背後的制戒原理與倫理意涵（戒體），了解戒律的指點在倫理實踐上的功能與作用（戒用）在於保護自己、保護他人、利益自己、利益他人……，這樣才容易喚起相應的道德感情與實踐意願。

　　十善是把五戒的不妄語一分為四，再加上不貪不瞋不癡。最後三項的不貪不瞋直接關乎情感倫理，但是又

太粗略了，於喚起道德情感的功能仍然不強。和道德情感關係比較直接的是菩薩戒的六度四攝，從共世間的分享、尊重、寬容、坦誠、溫情、無私……到不共世間的悲智交融的菩提心、大悲心均是。

　　情緒與情感是開發出慈悲的金礦，但裡面有許多雜質，必須仔細地辨認篩選。篩選的標準就是所標示的道德條目。對於這些德目，聖嚴法師如何抉擇，著重從哪些情感元素做為人品提昇的起點？怎麼提昇？

　　聖嚴法師曾說明，之所以提出「心靈環保」的主張，就是鑑於「許多人努力於人與人爭、人與天爭，改革社會、征服自然，卻忽略了向內心的價值觀及認知面來修正改善，也忽略了欲望的節制和情緒的化解」，於是希望喚起社會大眾在物質環境方面以及精神生活層面，努力成為美化世界、淨化世界的中心。❷⓿

　　「心靈環保」是「提昇人品」的核心概念，而由於是要「向內心的價值觀及認知面來修正改善」，於是從心靈環保的核心概念開展出「心五四」來。其中「四安」、「四它」、「四感」、「四福」是從內心的安定與安詳開始，由安心而安定身心家業乃至生活中生命中所遭遇到的一切情境；「四要」則是要「節制欲望」，

---

❷⓿　〈代序〉，《兩千年行腳》，《法鼓全集》06-11，頁5。

分辨出：需要、想要、能要、該要。而這些都要先建立
在「化解情緒」的基礎上。因此心靈環保在情感向度
的提昇之道，第一步先不處理個別情感元素，而是用禪
修的基本方法先整體性地安定情緒。第二步再以「心五
四」做為個別情感的提昇，而特別著重於慚愧、懺悔、
感恩。第三步則在促發大悲心、菩提心。

（一）以禪修安定情緒

　　法師指出，現代工商社會中人人忙碌，但在智能
及體能深處，卻有很大的漏洞，將大量的能源無謂地漏
掉。這個漏洞就是由強烈的欲望、忿恨、傲慢……等形
成的情緒激動。❷這種容易波動和衝動的情緒，會給自
己增加煩惱，也會給他人帶來困擾。而情感和理智的不
協調更是生活中困擾的來源：

　　　純粹的理性會使人被現實的世界拒絕；純粹的感
　　性會使人被現實的世界淹沒。如果時時處處講理，
　　而又得理不饒人，步步緊逼人，當然會被人拒絕；
　　經常情緒化的人，必然是糊塗人，也不能同情人。

---

❷　〈坐禪的功能〉，《禪的體驗・禪的開示》，《法鼓全集》04-03，頁
　　181。

雖然也可能會站在自以為是的立場和觀點來愛人，卻不是以他人的角度來同情人。這種缺少理性的愛，可能會演變成佔有、控制又否定他人的自由空間。❷

就社會一般大眾來說，尋找穩定情緒的方法可以有欣賞音樂、運動、旅遊、聊天、傾訴、尋求心理諮商等等。聖嚴法師建議：最好的方法是宗教的靈修祈禱，在佛教來說就是「禪修」。❷

通常的凡人，都有恐懼、憂慮、悲傷、失望等情緒，都是不能安心的原因。禪修就在於練習著將這些忽起忽落的虛妄心，隨時能用禪修的觀念和禪修的方法，達成攝心、安心的目的。❷

一個坐禪而有了若干效果的人，他的身體必然是健全並且能夠忍苦耐勞的。對心理方面，我們注重人的煩躁、多疑、憂慮、恐懼、意志渙散等情緒的消除，使之建立自信、果斷、樂觀、寧靜和穩定的

❷ 〈多情須講理〉，《是非要溫柔》，《法鼓全集》08-04，頁 12。
❷ 〈認識心靈環保〉，《致詞》，《法鼓全集》03-12，頁 76-77。
❷ 〈東初禪寺第五十七期禪七〉，《禪的體驗·禪的開示》，《法鼓全集》04-03，頁 296。

情操。❷

　　心靈環保的方法就是禪修的方法。而禪修的第一步
則在提高自覺，而不是處理個別的情緒問題。先對自己
的情緒反應有所覺察，而後用放鬆的方法來切入：

　　　當我們察覺到自己的情緒起伏不定、滿腔的忿恨
　　不平、身心緊張、語無倫次、情緒激動難以控制時，
　　內心要清楚明白，這是感性急於抬頭和力求表現的
　　時刻，也是容易跟別人起大爭執的先兆。……
　　　在這重要時刻，不妨告訴自己試著將頭腦放鬆，
　　全身肌肉、小腹、神經都放鬆；若能放鬆，定可化
　　干戈為玉帛。❷

　　接下去則是以數息、慢步經行、打坐……等禪修的
方法做為調理情意的工夫。

（二）慚愧懺悔促發情感正向發展

　　在情緒安定的條件下，情感向度如何進一步地提

---

❷　〈從小我到無我〉，《禪的體驗‧禪的開示》，《法鼓全集》04-03，
　　頁192。
❷　《是非要溫柔》，《法鼓全集》08-04，頁 12-13。

昇？聖嚴法師從哪一個情感元素做為起動點？

聖嚴法師總括法鼓山弘化主軸為三大教育，其主要
內容為：

> 大學院教育：創立中華佛學研究所及法鼓人文社
> 會大學。為佛教、為社會，培育宗教、人文、社會
> 等各層次人才。
>
> 大普化教育：創立出家僧團，組織在家信眾，設
> 立出版公司。全面提昇人品，淨化身心，淨化社會
> 環境。
>
> 大關懷教育：以宗教信仰關懷、社會福祉關懷、
> 終身學習關懷等為大眾服務。提倡四環及四安運
> 動。❼

三大教育中與情感向度直接相關的是「大關懷教
育」。而大關懷教育中的四安運動，後來擴展成「心五
四運動」，指與心靈環保相關的五個類別，各有四點的
實踐項目：

---

❼　〈人間佛教的人間淨土〉，《學術論考》，《法鼓全集》03-01，頁
471。

四安——安心、安身、安家、安業。

四要——需要、想要、能要、該要。

四它——面對它、接受它、處理它、放下它。

四感——感恩、感謝、感化、感動。

四福——知福、惜福、培福、種福。❷⑧

心五四的五個類目中，「四要」是要我們認知到「需要的不多、想要的太多」，從此出發去分辨出：「需要、想要、能要、該要」以節制欲望；這主要是屬理智的向度。「四它」則是自我的展現，主要是屬意志的向度。❷⑨而「四安」由內而外的範圍，也超越情感向度。心靈環保在情感向度的提昇，是以「心五四」中的「四感」、「四福」為主，而這八個項目中的知福、惜福等，或者是以感恩為基礎，或者是以感恩為目標，要以感恩這個德目為最核心。而感恩又與慚愧、懺悔兩德目合成一組，成為聖嚴法師禪七教學的主要內容以及平常教學的主題。❸⓪

---

❷⑧ 〈從東亞思想談現代人的心靈環保〉，《學術論考 II》，《法鼓全集》03-09，頁 59。

❷⑨ 有關自我展現的意志向度，見前文第三篇「從小我到大我看法鼓宗的創建」討論。

❸⓪ 試從法鼓全集的光碟，以字串搜尋可能的情感元素，各詞出現頁數的頻率為：感恩／知恩／報恩 500，關懷 500，接受 500，放下 500，面

1. 情感品質提昇起點：慚愧、懺悔、感恩

法師在禪七中除了禪觀禪數的教導，最重要的就是懺悔與感恩的促發。法師在禪七中有如此開示：

> 對不起人家、對不起自己，自己卻還不知道，這就是無知、就是不知道慚愧。這樣的人是沒有辦法修道成道的。如果知慚愧了，就要懺悔：我知道過去錯、我知道現在錯，我希望從此以後不再錯；這也叫發願：我承認錯，我願從此以後不再錯。再錯，再懺悔；一次又一次，便能增強信願，如法修行了。㉛

除了在觀念上態度上養成知慚愧、知懺悔，在禪修中也配合禮拜的動作，促發慚愧與懺悔心態的建立。法師教導禮拜的三個層次為：懺悔心禮拜、感恩禮拜、實

對 500，奉獻 500，無我／無私 500，慈悲／大悲 500，孝 449，發願 438，懺悔 430，尊重／敬重 375，慚愧 337，利他 238，同情／同理心 183，公平／公正／正義 182，分享 254，坦白／坦誠／坦率／不妄語 138，寬容／忍耐／容忍 128，信任 54，忠誠 14，親和 10。除去無我、慈悲等屬於層次較高應非初入手工夫，粗略地從量的統計看來，和聖嚴法師禪修教學的重點是吻合的。

㉛ 〈禪七開示錄〉，《禪的體驗・禪的開示》，《法鼓全集》04-03，頁 260。

相禮拜。實相禮拜建立在前兩個層次的基礎，其效益甚至可達進入定境。而慚愧、懺悔的方法與效能為：

> 第一是懺悔心拜佛，懇切懺悔自己對不住人、對不起自己的一切事，懺悔自尊自傲傷害別人，自憐自卑傷害自己。
>
> 第二是感恩禮拜，思量一切人於我有恩，父母、師長、兄弟、姊妹、朋友乃至一切眾生互為因緣，息息相關，自己承受別人的太多，付出的太少，對於既有的一切，應常懷感恩之念。❸

在禪七期間，慚愧、懺悔的教法這兩種方法的出現大致是在第四天、第五天，經過前幾天用數息法安定情緒後的接續工夫。❸ 密集禪修的內容是日常生活中修學的緊密壓縮，因此不止在禪修期間當從慚愧、懺悔、感恩三方面努力學習，這三者也是日常生活中成長自我的重要學習，而其次第亦正在情緒安定後的

---

❸ 〈宗教行為與宗教現象〉，《神通與人通》，《法鼓全集》03-02，頁183。

❸ 法鼓全集收錄四篇禪七開示錄，其中有一次是在第四天，兩次是在第五天。見：〈第四篇 禪七開示錄〉，《禪的體驗·禪的開示》，《法鼓全集》04-03，頁223-349。

接續工夫。但是，為什麼要慚愧、懺悔呢？什麼是慚愧、懺悔？

2.慚愧、懺悔的發動

一般而言，道德行為的實踐是以道德意識的自覺為起點的。也許有些人是天賦高的「生而知之者」、生而行之者；也有些人可能是「百姓日用而不知」，在不自覺無意識的狀態下自然地行善、慣性地道德實踐。但對大多數人而言，道德實踐是「學而知之、學而行之」的。在遇事臨境、遭逢道德的兩難時，先有倫理判斷、道德抉擇而後更進一步地有所承諾，然後才付諸實踐。這一連串從知到行的實踐歷程，是以道德自覺為起點。而道德的自覺由反省來。

慚、愧，是唯識學中的善心所，慚是自我的醒覺、愧是他人的提醒，於是發起羞恥感而向上向善、不敢為惡。蕅益大師如此解釋：

> 慚者，依于自身及法，生于尊貴增上，由斯崇尚敬重賢善，羞恥過惡而不敢為，以為體性。……愧者，依于世間他人訶厭增上，輕拒暴惡，由此羞恥過罪而不敢為，以為體性。❸

---

❸ 見：《百法明門論直解》卷 1，《卍續藏》第 48 冊，頁 343 上。

　　而懺悔，律學中解說道：「懺謂止斷未來非。悔謂恥心於往犯。」❸著重於對過去未來惡心惡行的制止，也都和羞恥感有關。

　　聖嚴法師說明：懺悔和慚愧都是反省的作用。「慚愧」是發覺自己的錯誤；而在發覺並承認自己的過失之後，願意承擔責任，並著手修正改進自己的錯誤，這就是「懺悔」。所以，懺悔的行動，要從慚愧心生起之後開始。法師指出：想要解脫煩惱，必須從反省及懺悔的工夫做起：

　　　慚愧是反省自己的身口意三種行為，從注意自己行為，進而了解自己行為，然後反省自己行為，結果是改善修正自己的行為。便是慚愧與懺悔的功能。一次又一次地起慚愧、修懺悔之後，身口意的三種行為，便會越來越清淨，那也正是離煩惱證智慧的禪修目標。❸

　　慚愧、懺悔的目的在認識自己，便能因了解自己而有自知之明而建立自信，從而建立了道心：

❸　見：《四分律行事鈔資持記》卷2，《大正藏》第40冊，頁349中。
❸　〈東初禪寺第五十八期禪七〉，《禪的體驗·禪的開示》，《法鼓全集》04-03，頁317-318。

　　慚愧、懺悔，就是要自己看自己的過失和弱點，發現的越多，信心越強。知過而改，善莫大焉，就是不能立即全改，自己也會建立信心，此即有了自知之明。若不自省自知，易流於輕舉妄動，不斷地遭受挫敗，便會對自己喪失信心。所以禪修者當從不斷地自省中建立堅固的信心。❸

　　必須分辨的是，懺悔是「改往修來」，特別是對未來的期許和承諾，因此不是祈求免除責任的逃避心理。

　　「懺悔」就是承認自己的過失，承擔應負的責任。……有些人不懂得懺悔的真義，他們在神前或佛前，焚香祈禱，說是犯了錯害了人，請求神佛，網開一面，原諒他們無知；這樣在神佛的偶像之前懺悔之後，便以為不再受到應得的懲罰了，下一次有了機會，再三再四地犯錯害人，又再三再四地去焚香祈禱表示自己的無知，請求神佛原諒他們的無知。這種懺悔的心態不正確，也不能收到懺悔的功效。❸

---

❸　〈東初禪寺第五十八期禪七〉，《禪的體驗・禪的開示》，《法鼓全集》04-03，頁322-323。

❸　〈禪修的功能〉，《聖嚴法師教禪坐》，《法鼓全集》04-09，頁114。

　　「心五四運動」中的「四感」——感化、感動、感
謝、感恩，聖嚴法師解釋，所謂「感化」是感化自己、
修正自己，就是要知慚愧、常懺悔。慚愧是因為自己做
得不夠好，希望能夠做得更好、更努力；懺悔是因為知
道自己有做錯的地方，提醒以後不要再犯錯。「感動」
是用智慧慈悲對待別人，「感謝」則要把一切順逆因緣
皆當恩人看待，「感恩」則是奉獻回饋不求回報。㊴這
四個步驟，就已經包括了第一步的慚愧、懺悔，第二步
的感恩，以及最高層次的不求回報的大慈悲了。我們就
從感恩和大慈悲心的關係討論起。

（三）以知恩報恩發起大悲心
1. 菩提心以大悲心為因
　　佛法修學的最高目標是證得「無上正等正覺」，
這是釋迦牟尼佛所證得一切圓滿的果德。「無上正等正
覺」依梵文音譯則為「阿耨多羅三藐三菩提」，立願修
學一切教法以證得這樣的果德就稱「發阿耨多羅三藐三
菩提心」，簡稱「發菩提心」。有時則與「行菩薩道」
相對而稱「發菩薩心」，或稱「發菩提願」。《梵網

㊴　〈我為你祝福〉，《法鼓山的方向》，《法鼓全集》08-06，頁 468-
　　474。

經》稱受菩薩戒者為佛子，因為已經具備了成佛的根本
種子。❹求受菩薩戒的條件即是發菩提心。❹而發大悲心
則是發起同體大悲、救度一切眾生的心。菩提心和大悲
心是什麼關聯？印順導師指出，發菩提心也就是發大悲
心，這是大乘佛法的根本：

　　大乘佛法的根是什麼呢？以大悲心為因的大菩提
　　心，就是大乘法的根本。修大乘行必須先發菩提
　　心——上求佛道，下化眾生之心。亦即是大悲心，
　　若是缺乏了大悲心，則任何事物都不能說是大乘，
　　更不必談成佛了。什麼時候有菩提心，大悲心，即
　　是菩薩；而大悲心一旦退失，即非菩薩。❹

　　所謂菩提心「亦即是大悲心」，需要再進一步
分疏。

---

❹　《梵網經》：「一切有心者，皆應攝佛戒，眾生受佛戒，即入諸佛位，
　　位同大覺已，真是諸佛子。」（《大正藏》第24冊，頁1004上）佛戒
　　即菩薩戒，一從果位立名，一從因位立名。
❹　求受菩薩戒的基本條件，第一要有感戒之善，第二要無障戒之惡。其中
　　感戒之善分為兩種：一是菩薩種姓，二是發菩提願。參見：〈三世諸佛
　　的搖籃——菩薩戒綱要〉，《戒律學綱要》，《法鼓全集》01-03，頁
　　370。
❹　印順導師，〈大樹緊那羅王所問經偈頌講記〉，收見：《華雨集》第一
　　冊，頁6。

　　唐法藏大師在《大乘起信論》對信成就發心者的三種發心「直心、深心、大悲心」，疏解道：

　　　直心者。謂向理之心。無別岐路故。即二行之本。
　　　深心者。備具萬德。歸向心源。即自利行本。
　　　大悲心者。廣拔物苦。令得菩提。即利他行本。

　　然後把這三種發心和三聚戒、三德、三身相比配，因爲都是由此迴向而成就的。法藏大師稱這三種發心是「初向實際。次向菩提。後向眾生。」❸向眾生的是大悲心，是令眾生得菩提的利他行；向菩提的是深心，是自利行的根本。可見大悲心與菩提心是有所區別的。這是什麼樣的區別呢？

　　印順導師從《般若經》的「一切智智相應作意，大悲爲上首，無所得爲方便」解說道：

　　1.「一切智智相應作意」，是菩薩行的志向與佛的大覺相應。菩薩的發菩提心，是悲智融和淨化了的意志。有這大願欲，即是爲大覺而勇于趨求的菩薩。

　　2.「大悲爲上首」，是菩薩行的動機、志趣，都以大悲爲上首。因爲菩薩行的心髓，以慈悲爲本，從自利

與利他的互相促進，進展到自利利他的究竟圓成。

3.「無所得為方便」，是菩薩行的善巧。一般的行為，處處為自我的私欲所累；聲聞雖體悟不取一切法相的空慧，但由於偏於空寂，所以無所得又成為障礙。菩薩的空慧，從一切緣起有中悟解得來，而且是悲願所助成的，所以能無所為而為，成為自利利他的大方便。❹

印順導師指出，「一切智智相應作意」是自增上的意志；「大悲為上首」是世間增上的情感；「無所得為方便」是法增上的理智。也就是從知、情、意心靈的三個向度來理解佛陀的無上正等正覺。這三向度，有時說「悲智雙運」，有時說「悲願弘深」，悲、願、智或者大悲心、菩提心、般若慧其實在無上正覺都是相融互聯的，特就其殊勝一面強調而有不同稱謂。聖嚴法師強調悲智的相融相需性謂：

> 真慈悲一定要從真智慧產生。沒有無我的智慧為指導，慈悲便是不清淨的。清淨無私的愛，也可算是慈悲，凡是有我的、自私的、帶有情緒情感的慈悲，便是所謂「有情眾生」的愛。有情，所以有煩

---

❹ 印順導師，《佛法概論》，頁 251-253；又，印順導師常以大悲心、菩提心、空正見合稱為「學佛三要」，與現傳藏傳佛教常以出離心、菩提心、空正見為「聖道三要」不同。

惱；自己有煩惱，也會帶給別人煩惱，豈能名為真正的慈悲。⑮

　　從以上討論我們可以概括：「菩提心」一詞有兩個概念，一是做為「大悲心、菩提心、般若慧」的上位概念，泛指「成佛」、「證阿耨多羅三藐三菩提」的總體概念；另一個則是做為和「大悲心、般若慧」相對的，特別指稱的是意志向度的概念。當說菩提心是「以大悲心為因」時，這是指做為上位概念的菩提心；當從知情意三向度來理解時，例如《般若經》、《大乘起信論》，則指的是做為下位概念的菩提心。掌握這樣的區分，才能理解知情意的開展各有其根本所依，而不致於誤以為菩薩般若的空慧是來自於慈悲。慈悲對菩薩空慧是助成，而非正因，空慧是來自於對一切緣起有中的悟解。

　　從三向度的開展來看，各自有其根本。但是從整體的菩提心來看，這三向度應以哪一個為最先著眼呢？

　　吉藏大師於疏解《十二門論》時，廣引經論總結云：「金剛但從金性出不從餘寶生。菩提心唯從大悲

生不從餘善生。」㊻ 這裡所表述的正是：在發起（上位概念的）菩提心時，知情意三向度的抉擇是以情的向度發起大悲心為首出。因此菩薩的精神、發菩提心的旨意，就在於發起利益他人的悲心。印順導師也指出「菩提心不由禪定中來，也不由智慧中來，而是從大悲心來」，㊼菩提心的修學是「以不忍眾生的苦惱為因緣，起大悲心，依大悲心而引發上求下化的菩提心。」㊽

太虛大師嘗自述是「以凡夫而學修發菩薩心」，印順導師對此盛讚，並以具煩惱身、悲心增上為新學菩薩的特徵。印順導師表示，即使是新學的凡夫菩薩，也當以「利他為重」，「不能裝成聖人模樣，開口證悟，閉口解脫」，若是「急於了生死，對利他事業漠不關心」，「決非菩薩種性」。㊾聖嚴法師指出，正是這樣的觀念，導正了今日正統佛教的正知、正見、正信、正行，確立了人間的凡夫身實踐菩薩道的可能性，也因此使現今臺灣佛教受到朝野普遍的認同。㊿

㊻　《十二門論疏》卷 1，《大正藏》第 42 冊，頁 179 上。

㊼　印順導師，《學佛三要》，頁 110。

㊽　印順導師，《成佛之道》，頁 250。

㊾　印順導師：「凡夫菩薩：十善，本是人乘的正法。」《佛在人間》，頁 102。

㊿　〈印順導師的人間佛教〉，《法鼓山的方向》，《法鼓全集》08-06，頁 499。

聖嚴法師又從「在度他中自度」來說明即使從最功利的角度來計算，發菩提心都是絕對划算的，他指出：

> 發菩提心，一定是捨己而利人，是「不為自己求安樂，但願眾生得離苦」。真正的菩提心是要「為眾生做床座」、「為眾生做牛馬」。「做牛」、「做馬」，聽起來好像很可憐，但是，牛馬是馱著人走的，別人到了目的地，牛馬自己也一樣到了。「為眾生做舟航」，把眾生從此岸運到彼岸去，眾生上岸了，舟航也靠岸了；若能於彼岸此岸來去自由，根本無所謂彼岸此岸，亦無所謂岸上水上。(51)

這種利濟他人、悲心增上的發心，同時也保障了自己修學的成長，是自他兩利的最佳選擇。

2. 知恩報恩開啟慈悲心

大悲心，指的是「無緣大慈，同體大悲」，那是慈悲心的最高境界，對一切眾生不論怨親，無條件地平等救濟。在此之前則有眾生緣慈和法緣慈的階段。(52) 聖嚴

(51) 〈農禪寺第四十期禪七開示〉，《禪的體驗．禪的開示》，《法鼓全集》04-03，頁 264。

(52) 「慈悲心有三種，眾生緣，法緣，無緣。凡夫人眾生緣；聲聞、辟支佛及菩薩，初眾生緣，後法緣；諸佛善修行畢竟空，故名爲無緣，是故慈

法師特別指出，可以把「慈悲」稱爲是清淨無私的愛，而帶有自我的、自私的、有情緒情感的慈悲，則是所謂「有情眾生」的愛，不能名爲眞正的慈悲。只不過，凡夫階段，原來就「當從初等學起，然後登二望三」。(53)

聖嚴法師所謂從「初等」學起，就是指的有親疏之分的眾生緣慈。即是從家庭中、職場中、平常生活所接觸到的每個人開始練習起：

> 若發大悲願心，便得對心繫苦惱的眾生，隨時給予協助、關懷、救濟。眾生在哪裡？就在我們家裡，以及每天接觸到的每一個人。古來禪門祖師教誡禪修者，當在平常待人接物中攝心安心，若能經常練習著以慈悲心待人，必能以智慧心待己，那就是最上乘的禪者工夫了。(54)

如何在日常生活中練習以慈悲待人？這就和前面的修學聯繫起來了。聖嚴法師在以基礎禪修做爲安定情

悲亦名佛眼。」（《大智度論》卷 40，《大正藏》第 25 冊，頁 350）

(53) 〈農禪寺第四十期禪七開示〉，《禪的體驗．禪的開示》，《法鼓全集》04-03，頁 266。

(54) 〈農禪寺第四十期禪七開示〉，《禪的體驗．禪的開示》，《法鼓全集》04-03，頁 267。

緒的教學之後，是以慚愧、懺悔做爲情感提昇純度的主要內容。而在慚愧、懺悔與發菩提心之間則施設了「知恩、報恩」。

知恩、報恩等觀念原就是印度佛教所重視，《阿含經》、《大般若經》、《正法念處經》、《菩薩地持經》、《大乘本生心地觀經》、《大智度論》……等多有述及；而漢傳佛教對此尤爲注重，除了散見經律論的注疏中，祖師語錄專著亦隨處可見。但是把知恩報恩和發菩提心聯結起來成爲一完整系列教學而普遍推廣的，當屬藏傳佛教。(55)《菩提道次第廣論》中於修菩提心的教學有「修七種因果教授」(56)：知母、念恩、報恩、慈、悲、增上意樂、發菩提心，即是從最關係最親密的母親爲起點，逐步開展而至發菩提心。

聖嚴法師吸收了各系佛教教典中有關發菩提心的論

---

(55) 主要爲格魯派一系教學，如宗喀巴大師的《菩提道次第廣論》、達賴三世的《淬鍊精金》（臺北：曼尼文化，2004 年）。印順導師〈菩提心的修習次第〉，《學佛三要》有：「修習菩提心，經過知母、念恩、求報恩這一些意向，進一步就要修慈、修悲。慈悲跟發菩提心，最有密切關係。」（頁 110）當亦來自於爲法尊法師潤飾《菩提道次第論》時建立的觀念。

(56) 《菩提道次第廣論》卷 8〈上士道〉：「七因果者，謂正等覺菩提心生。此心又從增上意樂。意樂從悲，大悲從慈，慈從報恩，報恩從念恩，憶念恩者從知母生。」見《大藏經補編》第 10 冊（臺北：華宇出版社，1985 年），頁 680 中。

點，將感恩的教學和慚愧、懺悔的教學，組成一系列相聯接的教法施設。

法師指出，感恩心的發起，是在情緒穩定後的反省所產生的謙遜之心。有了謙遜心理，才能體會到自己現在的成就其實是蒙受到許多人的照顧和成就，感恩心自會油然而生。法師說：

> 諸位在修行之後，有了謙虛的心，就能體會到其他的人也在奉獻。也許，這些人根本沒有想到是在奉獻，但是，從他們那裡，使我們得到了利益，學到了經驗。
>
> 從佛法及禪修者的立場而言，感恩不僅僅是對自己的長輩、上級的提攜和關懷，對自己的平輩，甚至於晚輩的相助與照顧，也都要感恩。乃至於對所有的一切眾生，都抱著感恩的心；能有這種感恩心時，就會感覺到，自己實在太有福氣、太幸運了。(57)

而當生起這樣感恩的心情而想要回報恩情時，父母師長未必都在世，因此就會盡己所能，學習父母師長對我的照護一樣，去幫助更多的眾生，來表達對恩人的感

(57) 〈感恩與迴向〉，《禪鑰》，《法鼓全集》04-10，頁 79-80。

恩。聖師法師表示：

> 恩惠就像流水，自上而下，順向而行。因此感恩的方法，便是順向往前推動；簡言之，即是承先啟後。把從前人處所受的恩惠，再施予後人，綿延不絕。(58)

以此爲基礎，法師擴而廣之把感恩的對象從親人推廣到在生命中有助益的人，都是恩人。而這就從順、逆兩面來看，不只是順水推舟的人是恩人，使我們逆水行舟讓我們的生命與智慧因此而鍛鍊增長的，都是恩人。就像提婆達多無量劫來對釋迦牟尼的打擊、阻撓、破壞，這種逆向的幫助也助成了佛道的成就，也是恩人。

而其最爲心要教學的〈四眾佛子共勉語〉中，在標示出教學宗旨、目標後，對於實際修學方法的指點就是「知恩報恩爲先，利人便是利己」。(59)這裡所指點的「爲先」應就是指的爲「發菩提心」的先著，而「利人便是利己」則是對「同體大悲」的另一角度的詮釋。這

(58) 〈感恩〉，《聖嚴法師教禪坐》，《法鼓全集》04-09，頁63。
(59) 聖嚴法師，〈四眾佛子共勉語〉。

就把慈悲的開展從親疏關係的眾生緣慈提昇到法緣慈、
無緣慈的層次都顯示出來了。

三、情緒管理與關懷倫理

　　以上我們可以看出，聖嚴法師在指導人間佛教行者
在情感向度的人品提昇上，大抵有幾個層次：1. 以基礎
禪修安定情緒；2. 以慚愧懺悔引發情感的正向發展；
3. 從親密關係的感恩心提昇至無條件的感恩慈悲。這樣
的修學安排呈現出什麼價值？把這個教法放在當代學術
思潮的發展中考察，才比較能看出當代漢傳佛教在傳統
文化與現代西方中多方衡定的艱難。以下我們就先從西
方情感理論以及在佛教內部來看，聖嚴法師的情感倫理
思維在現代社會的價值。

　　西方文化如何處理？中華文化處理情感、情欲？
佛教本質所能允許的權變到什麼程度？聖嚴法師在出世
與世俗之間、在東方與西方各種浪潮之間，他是如何
抉擇？

（一）東方文化的情感觀

　　和西方文化對照來看，中華文化特別是儒家傳
統，顯然是重視情感的。儒家雖然智仁勇三達德並
重，但最為核心的是「仁」。而仁確是屬於情感向度

的。樊遲問仁，孔子的回答是：「愛人。」顏淵問
仁，孔子的回答是：「克己復禮為仁。」此外，「唯
仁者能好人，能惡人」，具見儒家在倫理實踐上是主
張從正面的道德情感開發，但也注重克制、節制情感
的流盪。所以在提出「克己復禮」的原則後，再詳細
說明「非禮勿視、非禮勿聽、非禮勿言、非禮勿動」
的條目來。孔子以後孟子提出四端、荀子討論性情
欲，接下來哲學史上對情感的探討幾乎就是整個人性
論的討論。此處僅就《論語·顏淵篇》「克己復禮」
引發的爭點以見一斑。

「克己復禮」是漢學、宋學的爭點所在，關鍵即在
於「克己」的理解。「克」是動詞，但是怎麼個方式和
程度？「己」是受詞，又指的是什麼？

這不是一個過去式的問題，一九九一年由何炳棣
起頭，杜維明、劉述先、孫國棟等學者往來論究的仍是
這個問題。[60] 何炳棣批評杜維明不該把「克己」解釋成

---

[60] 何炳棣，〈「克己復禮」真詮 —— 當代新儒家杜維明治學方法的初步
檢討〉，《二十一世紀》第 8 期（香港：中文大學，1991 年 12 月）；
杜維明，〈從既驚訝又榮幸到迷惑而費解 —— 寫在敬答何炳棣教授之
前〉，《二十一世紀》第 8 期（香港：中文大學，1991 年 12 月）；劉
述先，〈從方法論的角度論何炳棣教授對「克己復禮」的解釋〉，《二
十一世紀》第 9 期（香港：中文大學，1992 年 2 月）；爾後幾期何、
劉接續有文章回應。

「修身」，因為一個是消極約制、一個是積極開展，意義不同。杜維明則解釋「克己」的概念和修身的概念密切相接，它們在實踐上是等同的。而更重要的是唯恐「克己」會被理解成宗教意義上的「禁慾主義」。他特別指出：

> 孔子（克己）這一觀念不是指人應竭力消滅自己的物慾，反之，它意味著人應在倫理道德的脈絡內使慾望獲得滿足。

從杜維明用「消滅物慾」來對比著「在倫理道德的脈絡內使慾望獲得滿足」，我們可以就能想見思想史上因著不同的思想脈絡於是有節制欲望、疏導感情以至懲忿窒欲種種解釋。論題是從朱注的「存天理滅人欲」而來，哲學上的有王船山的「天理在人欲之中」，戴震「通天下之情，遂天下之欲，權之而分釐不爽謂之理」，是這個論題正視情欲的繼續延伸；另一支則從李卓吾的「穿衣吃飯即是人倫物理」和〈童心說〉開始，在文學上發展成湯顯祖的以眞情講學、馮夢龍的「借男女之眞情，發名教之僞藥。」(61)

(61) 參見：陳萬益，〈馮夢龍「情教說」試論〉，《晚明小品與明季文人生

湯顯祖自述他自己和他的老師都在講學，不同的是老師講學的主題是「心性」，而自己的主題是「眞情」，但同樣是在講學，是在淑世濟民。而章太炎認爲戴震「欲不可絕，欲當即爲理」的說法是針對政治而發，「非飭身之典」。(62)熊十力批評戴震，徐復觀更批評錢穆是戴震理路的更進一步延伸。(63)

徐復觀從儒家在修己與治人的區別上看待這個問題，他提出，先秦儒家在修己方面是學術上的標準，在治人方面則是政治上的標準，兩者顯然不同：

> 修己的，學術上的標準，總是將自然生命不斷底向德性上提，決不在自然生命上立足，決不在自然生命的要求上安設人生生的價值。治人的政治上的標準，當然還是承認德性的標準，但這只是居於第二的地位，而必以人民的自然生命的要求居於第一的地位。治人的政治上的價值，首先是安設在人民的自然生命的要求之上，其他價值，必附麗於此一

活》（臺北：大安出版社，1988 年 5 月）。

(62) 章太炎，〈釋戴〉，上海人民出版社編，《太炎文錄初編》卷 1，《章太炎全集》第四冊（上海：上海人民出版社，1986 年）。

(63) 熊十力評戴震理欲說見於氏著《讀經示要》卷 1；徐復觀評錢著則見氏著，〈儒家在修己與治人上的區別及其意義〉，《（新版）學術與政治之間》（臺北：臺灣學生書局，1980 年 4 月臺一版）。

價值而始有其價值。(64)

徐復觀對於儒家區分人己的安排十分有透視的力度。但是這個區分的走向在今天仍然適用嗎？這樣的區分隱然預設了菁英與庶民的區別，而在菁英政治養民牧民的心態已經被等同爲父家長制而被質疑的今天，學術上的要求以及德性上的要求，是否仍然堅持以菁英分子爲對象以高標準條自我要求？現代性的特徵之一是世俗化，世俗化有負面的低俗的走向，但世俗化也有正面意義，意味著普遍化與大眾化。知識大眾化了、權力大眾化了、政治教育傳播財富……都大眾化了。德性的修養呢？

（二）西方文化的情感觀

感情問題被哲學家開始討論是爲了要解決倫理實踐的具體內容。

西方文化從柏拉圖和斯多噶學派以來，激情（passions）經常被描繪成非理性和非自然的動物性特徵，假如任其滋長，就會動搖人類眞實的理性本質。

---

(64) 此文先見於氏著〈釋論語「民無信不立」〉，後又引見於〈儒家在修己與治人上的區別及其意義〉，《（新版）學術與政治之間》（臺北：臺灣學生書局，1980 年 4 月臺一版）。

這個情意轉向最早可溯源於英國哲學家休姆（1711－76），他認爲激情是人性的一個必要部分，而且是道德實踐的根據所在。休姆論道：道德並不來自理性和感性（感覺印象），而是來自反省印象。激情（passions）是心靈生活的各種運作或作用的總稱，包括情緒、情感、感情或感受等等。休姆認爲激情是「次生印象」（secondary impression），或即反省印象，而不同於感覺性印象或原初印象。(65)

休姆認爲道德是屬於次生或反省印象當中的「激情」類的東西，因此斷言：

> 道德與其說是判斷（judged）的對象，毋寧說是感受（felt）的對象。
>
> 道德上的是非善惡之辨是基於苦樂。

換言之，道德是某種感受或情感或感情。

康德（1724－1804）則是因逐漸了解萊布尼茲（1646－1716）、吳爾夫（1679－1754）一系底理性主義倫理學之缺點，而試圖另外尋求道德原則而接觸了英

(65) 參見：《劍橋哲學辭典》（臺北：貓頭鷹出版，2002 年），頁 545；黃慶明，〈休姆論道德觀念〉，《鵝湖月刊》卷 9 第 7 期（臺北：鵝湖月刊社，1984 年 1 月），頁 11-23。

國「道德情感」學說。康德因此在吳爾夫道德原則的基礎上，由道德情感來保證道德的絕對性。(66)

西方倫理學情意轉折的里程碑應是由馬克斯·謝勒（Scheler, Max，1874－1928）所立下的。謝勒認爲：情感是個體生活及其基本倫理行爲的基本質料。「情性」是衝動的，但應當努力尋求「情性」的理性秩序。而人心價值秩序以及正義的社會秩序的確立，其正當性基礎不能撇開感性的價值偏好，而需得是經由感性的價值偏好所確立的理性秩序。謝勒自稱這種基本立場爲倫理學的絕對主義，也可從性質上稱之爲情緒的直覺主義，總之，是從「情性」現象學提出實質的價值倫理學。他認爲，人是唯一能夠成全其爲自己，並能超越世界、超越自己的存有者。而此根據在於人有「人格」。人格與行動不可分割，人格存在且生活於意向活動的實現中。這些活動包括感覺、嗜好、愛、恨、認可、拒絕……。所有行動可區分爲肉體的生命行爲、純粹的自我心靈活動，以及人格精神活動，因而我們亦有三種形式的愛：生命或激情的愛、個體自我的心靈愛，以及人格的精神愛。(67)

---

(66) 李明輝，〈孟子的四端之心與康德的道德情感〉，《鵝湖學誌》第 3 期（臺北：鵝湖月刊社，1989 年），頁 1-35。

(67) 本節參考：阿弗德·休慈著，江日新譯，《馬克斯·謝勒三論》（臺

比謝勒稍晚的海德格（1889－1976）也以存有的可能性為優先於理性，指出，人的存有的可能性與其「對他者的關愛與其對世界的關切」的方式密切相關。

里克爾則更是將知覺優位的現象學，轉為以情感為優位的現象學。而由哲學出發在心理學上探討愛情，如佛洛姆，探討情緒，如高曼，乃至從經濟學上探討，則又有更多的派生了。具見當代社會各學科對情緒的擁抱。

（三）聖嚴法師的抉擇

以上對東西方文化情感理論的發展簡略回顧，用以體會聖嚴法師所面對的東西方各種潮流風向的交會。但在主智主情之間、情與理之間、天理與人欲之間，仍然有許多爭衡在。如麥金太爾批評現代社會的情感主義，認為狄德羅訴諸欲望和激情來證明道德規則的合理性是不可行的、休姆以同情來填補普遍道德原則與情感判斷間的鴻溝是虛幻的、功利主義趨樂避苦的道德原則是無效的……。(68) 麥金太爾認為，是情感主義倫理學導致了

北：東大圖書，1990 年）；馬克斯．謝勒著，陳仁華、曾淑正譯，《謝勒論文集》（臺北：遠流，1991 年 10 月）；劉小楓選編，《舍勒選集》（上海：三聯書店，1999 年 1 月）。

(68) A. 麥金太爾著，龔群等譯，《德性之後》（北京：中國社會科學出版社，1995 年 1 月初版）；另參同書異譯（宋繼杰譯），《追尋美德》（南京：譯林出版社，2003 年 12 月）。

西方社會倫理道德的淪喪。因此主張回到亞里士多德的
德性倫理。這就又回到西方柏拉圖嚴分理性、情感和欲
望，並用「調御烈馬」的比喻，把情感和欲望視為理性
所有駕御的工具，以理性為優位的傳統。

　　且不論情緒情感被壓抑，必然會潛滋暗長找到其他
的出口；就是這種把情感視為是一種被約制甚至是被對
治的對象而不是被開發助成的對象，這種先天負面的烙
印就是一種對情感生命的貶抑。因此，現代倫理學的德
性轉向不能也不宜只是回到柏拉圖、亞里斯多德式的以
理性駕馭情感欲望。

　　從這裡看來，聖嚴法師教學的兩個層次和當代情感
理論的相對應就顯得有特別意味。

　　第一個層次對應的是丹尼爾‧高曼（Goleman,
Daniel）情緒管理學（EQ）和情緒認知療法。第二個層
次對應的則是卡羅爾‧吉利根（Gilligan, Carol）和諾丁
的關懷倫理學。

　　1. 情緒管理

　　從佛法對當代社會的可能貢獻來看，最容易著力的
當是對現代人在都會生活中所產生各種焦慮的對治。包
括家庭關係裡的夫妻相處、親子關係的調整到職場上的
各種爭競與壓力的紓解……等。

　　而在這個層次上，當代心理諮詢的主流體系是心理

分析、認知學派以及以丹尼爾・高曼爲代表的情緒管理
理論。這些情緒理論之所以成爲顯學並在家庭、學校、
職場都開展出強大的應用功能，[69] 共通優點之一是肯定
情意與欲望的價值，並企圖從中找到生活的力量。但沈
清松指出，必須區別機體的身體和體驗的身體。因爲情
緒智能只見到人的機體的身體，而無視於人的體驗的身
體。機體的身體是由大腦四肢五官百骸所構成的生理整
體，體驗的身體則是人在日常生活中實存地體驗到的自
己的身體。這是人的欲望的存在之現象學場域，也是人
邁向有意義的生命的原始動力所在。情意或欲望之所以
有價值是因爲欲望是人邁向意義的最原始的動力，是人
最原初的意義企畫。他表示：

> 我的身體作爲我欲望實現的場域而言，經常向他
> 人、他物開放，也因而啟動了一個指向有意義的生
> 命企畫。欲望的指意活動在與他人、他物相關的脈
> 絡中躍動與轉化，於是構成了人的情意生活。[70]

---

[69] 例如情緒經濟學與行銷有關，情緒管理和職場服務效能、家庭中配偶關
係親子關係、運動員的賽場表現等都有關。

[70] 參見：沈清松，〈情意發展與實踐智慧〉，《通識教育季刊》5 卷 1 期
（臺北：中華民國通識教育學會，1998 年 3 月）。

而這一轉化的關鍵就在於把心理學轉向到倫理學，或者更推一層是從技術層面的情緒管理提昇到生命層面的人生哲學來考量。而不論是轉向或提昇，核心實踐都在於情緒管理與節制之德的重疊性。情緒管理與節制之德的養成密切相關。情緒管理是心理學式的、技術層面的語彙，節制之德則是倫理學的、生命哲學的語彙。同樣的修爲，但因背景脈絡不同就會呈現出不同的深度和意義來。

沈清松引史賓諾莎《倫理學》表示，與其說節制是在克制情意的發洩和滿足，不如說是使情意卓越的藝術，是欲望對自己下工夫，其目的不在超越人的限度，而在尊重人的限度，也因此，節制是在尊重自我的限度中追求卓越的努力：

> 節制是一種應用在感性生活上的實踐智慧。節制是致力於使人的情感能力卓越化的德行，其目的不在禁止情感的發洩或扼殺感性的快樂。所以問題不在於必須自我節制，使自己享受得更少；相反的，節制是為了使自己卓越，以便享受得更好。換言之，節制是追求情感卓越的藝術。(71)

---

(71) 參見：沈清松，〈情意發展與實踐智慧〉，《通識教育季刊》5 卷 1 期

太虛大師曾比較漢傳佛教與藏傳佛教判教策略的差別，認爲漢傳佛教的判教方式是排它法的判別，儘管台賢兩宗已經把自宗以外所有教法都收攝起來，但卻是爲劣根所設而非勝根所必須。亦即各宗道途都是自有始終，只是路途快慢有別，所達境高下有別。自宗與各宗的關係是各自平行向上的。而藏傳佛教的判教則各宗是重疊的關係，自宗與各宗的關係是次第增上的。因此一切教法都有其價值而不能少。(72)太虛大師認爲，正是兩系判教的不同策略，導致了教運的不同發展。這是因爲「學者又誰肯劣根自居，於是亦皆被棄」。

同樣的，也必須是這種對欲望的肯定，對欲望價值的肯定，才有可能解開情與理、天理與人欲的對立。聖嚴法師在「心靈環保」的第一層的指導，主要著眼的是建立起「面對、接受」的態度以正視情緒的

（臺北：中華民國通識教育學會，1998 年 3 月）。

(72) 太虛大師〈菩提道次第廣論序〉：「賢台雖可以小始終頓藏通別圓位攝所餘佛言，然既爲劣機而設，非勝根所必須，縱曰圓人無不可用爲圓法，亦唯俟不獲已時始一援之，而學者又誰肯劣根自居，於是亦皆被棄此風至日本而加厲，橫判顯密教豎判十住心之東密，則除秘密盡排爲淺顯，高唱經題之日蓮，則於法華亦捨迹門而僅崇本門。今日本雖經明治維新復興，然亦祗有各宗而無整全之佛教。……西藏四五百年來之黃衣士風教，獨能卓然安住，內充外弘，遐被康青蒙滿而不匱，爲之勝緣者雖非一，而此論力闡上士道必經中下士道，俾趣密之士，亦須取一切經律論所詮戒定慧遍爲教授，實爲最主要原因。」

實然存在，並試圖發現其價值。這也是聖嚴法師與當代心理諮商理論、情緒管理理論策略相同之處。但與上述理論不同的有三點。

第一：情緒智能理論的場域或預設是重視機體的身體與大腦的生物論根據，聖嚴法師雖然不是不重視生理機制，但重視程度有別。

第二：聖嚴法師教法的主要取向在於不個別處理情緒，直接安定整體的情緒。

第三：聖嚴法師安定情緒的教法是做為後續深廣教學的第一個層次，背後有整個生命的安頓做為意義的支持。

現代化歷程因為理性的過度膨脹，使得現代人的生命缺乏實存感受；而現代人否認彼岸世界只肯認現世的結果，也因俗世成就與價值太過淺薄，無法滿足人對生命意義的渴望，於是因喪失意義引發更多的挫折和焦慮。過度理性或偏重理性的結果造成理性的貧乏與對未來的絕望，而情感主義亦會造成麥金太爾所說的偏執。情緒理論不要求超越自我、實踐自我，而只求日常生活的困擾得以消解。缺乏深廣的生命意義指向，不但會使情緒理論停留在技術層面，更容易使人在枝枝節節的困擾中反覆不前。

苟嘉陵指出美國社會裡流行一有問題就找心理醫師

諮商的行爲，其實是由於心力不足心力軟弱而來的依賴心理。只要能修定，使自己的心力變得比較強韌，許多問題就都解決了。(73)

然而，禪法教學對於情緒的覺察度實多在於總相的覺察、一元的覺察，而無法分辨其差別相，這就容易遇敵受挫，因爲缺少「知彼」的戰力。而情緒理論及認知療法正可提高禪法教學中對情緒安定教學的分析能力，使其教法在知識面也能有穩固的支撐點。(74) 在第一個層次，從情緒總體的安定禪修加上部分認知療法，以增強對情緒別相的辨識與認知能力，應能強化學習者對教法的接受度，而強化其理據，不但符合現代人論理的要求，也符合太虛大師證據科學化的原則。

(73) 苟嘉陵，〈無憂無悔地活在當下〉，《作個喜悅的人：念處今論》（臺北：圓明出版社，2000 年 8 月）。

(74) 柏拉圖主張要成其爲認識必須具備三個條件，從而爲人們追求知識畫定了規則。他要求：第一，議題必須眞實存在；第二，你確信它眞實無誤；第三，你能舉證合理的論據爲自己辯護。第三項條件對區分眞正的認識和「純粹的信念」——那些毫無根據卻碰巧是正確的看法——而言必不可少。知識之果不該留待好運去摘取，眞理亦不應通過僥幸猜想獲致。純粹的信念與知識有同工之處，很多時候它甚至和後者一樣實用，但柏拉圖認爲它缺乏論據帶有的穩固的支撐點。參見：尼古拉斯・費恩（Fearn, Nicholas）著，許世鵬譯，《哲學——對最古老問題的最新解答》（北京：新星出版社，2007 年 7 月初版），頁 86。

2. 關懷倫理學

關懷倫理學論旨

關懷倫理學於一九八二年卡羅爾·吉利根的《不同的聲音：心理學理論與婦女發展》做爲先聲而開展。隨後有諾丁等學者繼起。迄今已成爲當代西方女性主義倫理學中的重鎮，且又儼然跨越了性別成爲男女兩性共同的道德規範。吉利根在《不同的聲音》書中對他老師柯博（Kohlberg, Lawrence）有關道德階段發展論提出質疑。柯博該研究顯示女性道德判斷常落在第二水平中（成規期）的第三階段，以人際關係導向爲主，(75) 因此認爲女性的道德發展比男性落後。吉利根質疑這個結論，認爲這是因爲柯博只以正義做爲道德發展的標準，而正義倫理是以男性的生命處境與經驗爲基礎，以此來判定女性的道德發展不夠成熟是一種性別偏見。吉利根認爲，除了代表男性道德意識的正義，做爲女性道德意

(75) 此六個階段分別爲：階段一、懲罰與服從／他律道德。階段二、工具性的交易／利益與實用的目的。階段三、人際的和諧／人際關係與人際順從。階段四、社會體制和良心的維繫／維持社會秩序。階段五、基本人權和社會契約／個人權利。階段六、正義的普遍性的原則／普遍性倫理原則。第一、第二階段爲水平一的道德成規前期，第三、第四階段爲水平二的道德成規期，第五、第六階段爲水平三的道德成規後期。Lawrence Kohlberg 著，郭本禹等譯，《道德發展心理學》（上海：華東師範大學出版社，2004 年 9 月），頁 161-194、599-616。

識代表的關懷也具備倫理實踐上的有效性和正當性。甚至，在道德判斷上，女性比男性重視關係脈絡，更能發展出同情與同理的情感，這不但不是缺點，反而是道德成熟的表徵。(76)

諾丁繼起而發展，認爲不只女性，每個人都活在關懷的關係中，提出「關係」爲人存在基礎的關懷倫理學，強調關懷的情感與關係的面向，以同情與同理的關懷情感爲道德動力。和保護個人權利或遵守抽象原則的道德理論不同，關懷倫理不強調公正無私，認爲道德偏愛與個別特定關係的感受，比理性、自主性與普遍性的原則更重要。諾丁認爲人在關懷的關係中才能自由地存在，伴隨著關懷的關係以及感受到情感交流的快樂，更能承擔道德的責任。

關懷倫理學重視關懷、關係、脈絡、溝通、情意、差異中的公平對待等。諾丁認爲由於過去倫理學一直由「理性」所主導，這些特點因此被詮釋成帶有貶義、有盲目意味的「愛欲」。因此諾丁認爲需將道德實踐的根源重新定位，將道德行爲核心泉源置於人類的情感回應而不是道德推理。(77)

---

(76) 見：卡羅爾．吉利根著，肖巍譯，《不同的聲音》（北京：中央編譯，1999 年 2 月），頁 16-21。

(77) 諾丁以「情感回應」爲首出的立場，呼籲人們正視情感的存有學。重視

　　國內學者亦嘗試以關懷爲中心提出與傳統道德哲學不同的倫理理論。傳統倫理理論一向以人人獨立、自主與平等爲核心，建立起一強調道德無私、道德（原則）普遍主義與道德契約的鐵三角。相對於此結構，吳秀瑾提出一個相反思考的三角結構來，以母子依靠關係構成根本信賴爲關懷倫理的核心，然後由親而疏（道德偏私）、由內而外（信賴），由德性而原則（道德個別）。更清晰地把「關懷倫理學」和傳統「公正倫理學」做出區分來。兩者的區別是：(1)「道德等差性」和「道德無私」的分野；(2)「道德個別主義」和「道德普遍主義」的對立；(3)「信賴」道德觀和「道德契約論」的抗衡。[78]

關懷倫理學與聖嚴法師情感思想比較

　　聖嚴法師有一長期的電視談話節目，邀請各界賢達社會名流與法師對談生命問題。這個節目因爲對談者

接納、關係和回應並不表示摒棄道德的推理，而是呈現另一種觀點，指向道德態度的存有探索。參見：林朝成，〈關懷與正義：佛教觀點的詮譯〉，《第四屆印順導師思想之理論與實踐「人間佛教·薪火相傳」海峽兩岸學術研討會論文集》（桃園：弘誓文教基金會，2003 年 3月）。

[78] 吳秀瑾，〈關懷倫理的道德蘊涵：試論女性主義的道德知識生產與實踐〉，《國立政治大學哲學學報》 第 16 期（臺北：國立政治大學哲學系，2006 年 7 月），頁 107-162。

眾，法師也對各式各樣的問題提出不同的觀點解答，因此節目名為「不一樣的聲音」。與關懷倫理學者吉利根的名作 *In a Different Voice* 幾為同名。而法師所揭櫫法鼓山的三大教育中有一「大關懷教育」，也顯見法師對關懷的重視。但是兩者間的關聯與影響則尚待考察。因為慈悲原就是大乘佛教傳統特別是觀音信仰的精神指標，而差序倫理更是中華文化的核心倫理元素。而且，除了方向相同外，兩者的哲學根據完全不同。例如諾丁否定形上學、不相信有絕對眞理、質疑理性；宗教上，接受上帝已死的宣稱；倫理學上，不相信有放諸四海皆準的道德律令。

但是關懷倫理學所帶來方法論上的革命，確實讓我們可以重新審視情感的倫理價值。如關懷倫理學在本體論上表現為「在關係中自我認同與自主」；在認識論上表現為「注重具體情境」，而不是抽象的和普遍的原則；「注重體驗和情感」，而不是理性的判斷和證明。❼這對傳統中討論理性或關懷、天理與人欲……的老命題，會有如何不同的抉擇？

對儒家以及對深受中華文化影響的漢傳佛教來說，

---

❼ 肖巍，〈關懷倫理學：主題與思考〉，《教學與研究》（1999 年第 3 期）。

關懷倫理學的興起頗有他鄉故知的感覺。因為在倫理實踐上，都是以情意做為道德的基礎，同時以「差序倫理／道德偏愛／由親而疏」為實踐的立足點。這和以公義平等為基礎的倫理學預設有異。

關懷倫理是為了補救理性主義發展的偏頗而興起的，因此根本上與正義倫理的預設就有不同。正義倫理強調自我的獨立與自主，而關懷倫理則強調自我在人際關係中與他人的關聯性與相互依存性。關懷有賴雙方為彼此間的關係共同努力，關懷者接受對方，以受關懷者為念；受關懷者則在被關懷下努力求得自我實現和成長以回報關懷者。諾丁認為，彼此依存的關聯性這一親切的事實是關懷倫理的優點所在。因為關懷的引發是由自然關懷的情感進昇到道德關懷的情感。自然關懷是人人本有、不學而能的；道德關懷則是在衝突時必須經由努力才能呈現的。而只有在具備了道德情感後，才有可能在面事臨境時生起「我應該」的道德感與義務感，願意在困境中猶然勉力而行實踐承諾。

關懷倫理學者既不同意關懷倫理和正義倫理適用於不同的領域，也不同意「正義」占有上述永遠優先於「關懷」的地位：在關懷倫理中，儘管「正義」仍具重要地位，然地位仍次於「關懷」。且不論正義倫理與關懷倫理之間的優位或關聯，純就關懷倫理由

親而疏的道德偏愛而論，把倫理實踐的範圍限縮在家庭、家族，而且以親緣關係決定了倫理的價值，這正是傳統文化差序格局、差序倫理最被詬病的地方。學者因此批評這會造成循情枉法、任人唯親的貪腐結果，侵蝕社會平等和法律公正的根基，抑制公共利益和公共精神的發育。⑳

　　正義倫理預設了個體的自我獨立，重視的是平等；關懷倫理則預設了個體的相互依存，重視的是等差之愛；均有其合理性。只談自我獨立，像極了智勝於悲、只求證空的小乘行者；只談關懷而無普遍正義的平等性，又像傳統文化中家族取向的血緣倫理。等差倫理符合自然主義發生學原理，但也容易局限不前。次第而進的可能性何在？問題似乎又回到了出世與入世的優位選擇。

　　聖嚴法師重視修學者的態度、道心，道心者向道之心，向道的熱誠，這自然是一種道德感情。理性和情感的作用是不同的。理性掌握的是方向，情感則提供前

---

⑳　參見徐長福，〈差等之愛與平等之愛——對儒家、墨家、基督教有關愛的觀念的一個比較〉；劉清平，〈論孔孟儒學的血親團體性特徵〉、〈美德還是腐敗？——析《孟子》中有關舜的兩個案例〉；及黃裕生等各篇；俱收入郭齊勇編，《儒家倫理爭鳴集——以「親親互隱」為中心》（武漢：湖北教育出版社，2004 年 11 月）。

進的能量，兩者自需相輔相成。但是從發生學的原理來看，從道德如何開始的問題出發，能自然產生的是感情，能引發動能的是感情，關懷倫理與等差的愛的優點在此。它之所以常被批評的關鍵在於停滯在「血親團體」而未能推恩、推愛，因此問題是在於未能繼續發展所以不夠好，而不是根本不好。根本「不好」是不該有血親之愛、親疏之別，「不夠好」則是應在親疏之別等差之愛的基礎上再求開展。聖嚴法師對情感關懷的價值估定顯然是「不夠好」而不是「不好」。

（四）接受情緒，肯認情感

從接受情緒、情感的存在現實到肯定情感淨化慈悲的可能性，因此情感向度上要學習的是溫暖的關愛、設身處地的同情、自尊自重、敬人愛人。

從佛教和關懷倫理學的相通處看，關懷倫理學者區分關懷為自然關懷與道德關懷，自然關懷為天生而有，道德關懷則需經由努力才能習得。這個階段，相當於佛教慈悲三層次，從眾生緣慈到法緣慈的提昇。眾生緣慈就是天生而來有親疏遠近的等差之愛，以此為道德來源，好處是來自於人之常情，不學而能。但局限也在此，容易囿於血親團體的家庭本位，因此需有推恩推愛的倫理教學與實踐。這就是法緣慈則從等差之愛開展為

眾生平等之愛，關懷倫理的道德關懷所開展的其實也是
關乎平等正義的社會關懷問題。

聖嚴法師的思路與此相同，因此把情感的向度分為
三種層次，即情緒、情感和情操。這樣的分類和分層顯
示出幾個特點：

1. 把「慈悲」設定為最後目的，終極取向是慈悲而
不是解脫，因此人間淨土的核心教法和解脫道的相對關
係得以確認。人間淨土雖也強調禪修、強調智慧以解脫
煩惱，同時也講出離心以免落入世俗，但是關懷世界的
入世取向是無可懷疑的。

但這一點是大乘佛教通義，並未顯示出特殊意義
來。比較特殊的是：

2. 把情緒、情感設定為對象並肯定其功能，修
學的安排因此必須先是向著「有情」而不是無情，是
要體驗對人的關懷與關愛，而不是平等無私的愛。平
等的愛是最高境界，工夫不到只會學成「無情」、
「不愛」。

聖嚴法師把慈悲定義為淨化了的愛，並且指出：
佛法，並非反對感情生活，而是要指導我們如何過合
理合法的感情生活。善於處理感情問題而過正當的感
情生活，就是修行佛法的開始。他把情緒設定為首先
要處理的對象，和吉藏大師把罪定位為「但捨不取」

的對象是不一樣的。❸依聖嚴法師的規定，情緒不只是
首先要處理所以必須要正視面對，而且肯定情緒在倫
理實踐在宗教實踐上的意義。他舉《梵網經》為例：
「菩薩見外道及以惡人，一言謗佛音聲，如三百鉾刺
心。」指出這就是一種宗教情緒的發露。修學者不只
是要珍惜這種不自覺的宗教情緒，更要設法激發這樣
的宗教情緒。他提到：「從宗教情緒的養成和培植上
說，受戒的儀式愈隆重，愈能激發虔誠之心，受戒的
要求愈嚴格，愈能使人生起神聖莊嚴之感。」當一位
宗教信徒的宗教情緒到了至誠懇切自然流露的程度，
也就是宗教教育圓滿之時。他說：

　　宗教生活的履行與體驗，到了至誠懇切生死不渝
　的程度，也是宗教情緒及宗教精神的汩然流露，一
　個宗教信徒的宗教情緒及其精神的汩然流露，毫不
　矯揉造作，出乎一片純真而平靜的心境之際，波動
　的宗教情緒，變成了穩定的宗教情操之後，他的宗
　教教育也就完成了。❷

---

❸　吉藏大師分辨罪福曰：「罪但捨不取。空無相但取不捨。福則亦取亦
　捨。」見：〈釋捨罪福品第一〉，《百論疏》，《大正藏》第42冊，
　頁239上。
❷　〈教育・宗教・佛教的宗教教育〉，《教育・文化・文學》，《法鼓全

肯定了情緒與情感功能，並且確立了終極目標
的慈悲是情感的提昇，也確立了中間過程是向著有
「情」而提昇。這就肯定了最高目標的慈悲和初始的
情緒、中間的情感的直接關聯。這是對「煩惱即菩
提」、「不離世間覺」取向的人間教法，在情感向度
又一個細緻的詮釋。

要放下、出離的是負面的情緒／情感，這是吉藏
大師所提示的「但捨不取」；對比著吉藏大師「福則
亦取亦捨」的規定，聖嚴法師對「情感」的規定當也
是先取後捨，要先迎向前去再超越捨離。而初學者當
是以取為主，練習如何有情有義、有同情心、有同理
心、有關懷力，用以引生觸發更進一步的慈悲心；而
對久修者或已發起關懷力者，重點才轉換為「捨」離
對對象的執著。這樣的善巧安排才不會在尚未有情便
談超越，而有落入虛無主義的疑慮。就像無相布施一
樣，在布施的習性尚未養成以前，是沒有所謂的「有
相布施」。有相布施是要和無相布施做出區分來的相
對概念，而在布施的習性尚未養成以前，要區分的相
對概念是「布施」和「不布施」。「無相布施」的重
點在布施而「不執著」，這是要和布施而「執著」做

出區分。但對沒有布施習性的人來說，主要的是要養成「布施」的習性以對治「不布施」的習性，在尚未養成布施習性就高談「無相布施」，多是會將「無相布施」理解爲「不執著」於布施，甚至一再流衍異化爲「不必執著布施」、「不必布施」。

同樣的，不分階段不分層次就要把所有的情緒情感一概捨離，會像西諺所說：倒洗澡水把嬰兒也倒掉了。如果連最基本的正向負向情緒都無法分辨覺察，如果連關懷、同情、同理的心情都不具備，如何開展出慈悲來？而關懷、同情就是一種情感。對善法的追求就是一種情感，對「實德能深忍樂欲」也是一種情感。❸

這一個脈結打通的指點，則人間淨土大乘教法的脈絡才眞正開通，對於世界的投入與關懷才具備了合法性。

四、小結

從總體倫理學來看，傳統儒家的倫理實踐是以家庭爲本位，而原始佛教則是以社團倫理爲本位。儒家以家庭爲倫理實踐的立足點，重視親疏遠近的差序之

---

❸ 《百法明門論》對「信」的定義是：「於實德能深忍樂欲」，實德能是指所信的對象，忍樂欲則是能信的心行：信忍、信樂、信求。

愛，以此爲基礎「親親而仁民，仁民而愛物」。佛教
核心的三寶之一是僧伽，指的即是佛教徒組成的社會
團體。團體成員包括出家與在家的七類分子稱爲七眾
弟子，而以出家的比丘、比丘尼爲領導中心。❽維繫僧
團的規範爲「六和敬」，其倫理原則爲無私，強調法
緣慈甚至是無緣慈的平等之愛。從終極關懷而論，儒
家的仁、佛家的慈悲都要求對天下眾生乃至無情物的
博愛。儒佛之間的差異是在立足點的不同，佛教進入
中國後所遭遇到的最大挑戰其實多是從倫理實踐立足
點的分歧所引生。❾出家、不婚、無後……，都是被視
作不孝不倫的罪證。

　　而今傳統倫理結構重整，家庭本位的倫理要求已
經淡薄，當代漢傳佛教面對的問題已然不同，問題意
識已經不單純是歷史上容受孝道的問題，還有複雜的
工作倫理、社會倫理、醫學倫理……等問題。而其中
最爲基本的則是倫理實踐如何起始的問題。我爲什麼
要實踐道德？我如何實踐道德？這其中當然包含許多

---

❽ 參見：聖嚴法師，〈佛陀及其教團〉，《比較宗教學》，《法鼓全集》
　01-04，頁 376；〈釋尊的教團及行化〉，《印度佛教史》，《法鼓全
　集》02-01，頁 54。

❾ 冉雲華，〈中國佛教對孝道的受容及後果〉，《從印度佛教到中國佛
　教》（臺北：東大圖書，1995 年），頁 43-55。

道德認知層面的問題，例如，我和世界（無生物）的關係、我和眾生（生物）的關係、我和人的關係、我和社會的關係……；而這些認知結構也確實影響道德實踐的深度和廣度。但是，認知層面的問題處理過後仍然要回到發動的層面。這就是道德實踐的動力源問題了。

　　當代漢傳佛教和當代儒家所面對的問題不同。儒家所要面對的主要問題是如何從家庭本位的等差之愛推擴出平等之愛來，關涉的倫理場域是修身齊家與治國平天下的落差，倫理本質是關懷與正義的轉換。當代漢傳佛教雖然也有「漢傳」的歷史負擔，但對大乘菩薩行者，特別是人間佛教行者來說，主要的問題是如何以凡夫身生起度他的道德承諾與承擔，關涉的是入世和出世的抉擇，是教法永續和個人解脫的抉擇，亦即如何發起菩提心、如何行菩薩道的問題。人間佛教的意旨是「不離人間而成佛」，成佛是目的，是一切大小乘佛教、所有宗派的共同目標，而不共處在「不離人間」。人間淨土則又特別就這「不離人間」的不共所在，揭櫫「不離人間而莊嚴人間成淨土」。因為要抉擇的是教法永續和個人解脫，是入世和出世，因此主要的區分點在於對眾生的慈悲與關懷。此所以印順導師特別看重「人菩薩行」而強調「留惑潤生」、「不修（深）禪定，不斷（細）煩

惱」，⑧而聖嚴法師鼓勵「嬰兒菩薩」並強調「發菩提心」、「起大悲心」。

佛法的目的自是解脫煩惱生死。「眾生皆以淫欲而正性命」，淫欲自為煩惱與生死的重要元素。淫欲、情欲、愛欲，別言之雖有輕重深淺之別，總言之則皆是情愛。情愛與煩惱的解脫是什麼樣的關係？這些當然都是佛法中十分有意義的討論。但是，佛法畢竟是以傳播給世人為目的。因此，先得接受世界，才有被世界接受的可能。正視情感、接受情感，並肯定情感在倫理實踐的價值，是與世界接軌的第一步。

聖嚴法師在情感教學的施設上，由情緒的安定到情感的充實以致於情操的圓滿，步驟循序漸進，架構具體而完整。工夫入手處簡利而且有可操作的程序，這是具體；由照顧自己而關懷他人，由安定自身而志願廣大以與菩提心相應，這是完整。對補足當代以心理學做為心理諮商甚至是生命意義的療治都當有相當的貢獻。

唯在情緒安定的層次上，和當代心理學以心理分析

---

⑧ 此為印順導師著作中所常見。另參見：楊惠南，〈不厭生死・不欣涅槃——印順導師「人間佛教」的精髓〉，《第五屆印順導師思想之理論與實踐「印順長老與人間佛教」海峽兩岸學術研討會論文集》（桃園：弘誓文教基金會，2004 年 4 月）。

或認知心理學的取向不同，是以非分解的方式，直接從
情緒不安的根源處下手以禪修來安定情緒。這種整體性
的、非分解的方式雖屬見功快速，但因缺少認知基礎，
一則容易對覺受有錯誤的理會，再則也會因為缺少對話
缺少理論分析的支持，無法有效應用傳播。印光大師教
人修學不能只一心讀經，因為讀經所建立的是「無分別
知見」，而在面對社會各種紛紜現象時如果沒有建立
起「差別知見」，則一遇論敵就會無招架之力。❻ 同樣
的，缺乏證據的信念，不符合現代科學知識的要求，❼
也不符太虛大師「證據科學化」的規定。因此，在總
體性直接安定情緒之餘，當也可略取當代心理分析或認
知療法的手法，對引生情緒的個別性情境練習認知層面

---

❻ 《印光大師文鈔菁華錄》卷 10〈標應讀典籍〉教人讀《弘明集》、
《廣弘明集》、《鐔津文集》、《折疑論》、《護法論》、《三教平心
論》、《續原教論》、《一乘決疑論》等書。認為讀了這些書的效用是
「不被魔外所惑，而摧彼邪見城壘矣。……能令正見堅固，能與經教互
相證明」。因此告誡「且勿謂一心閱經，置此等於不問，則差別知見不
開，遇敵或受挫辱耳」。

❼ 柏拉圖主張要成其為認識必須具備三個條件，從而為人們追求知識畫
定了規則。第一，議題必須真實存在；第二，你確信它真實無誤；第
三，你能舉證合理的論據為自己辯護。這第三項條件對區分真正的
認識和「純粹的信念」── 那些毫無根據卻碰巧是正確的看法 ── 而
言，必不可少。這也是科學精神所自。詳見：尼古拉斯・費恩（Fearn,
Nicholas）著，許世鵬譯，《哲學 ── 對最古老問題的最新解答》（北
京：新星出版，2007 年 7 月）。

的解析以增長應用能力。

　　而提昇到情感關懷的層面，這就已經是從個體的自我開始與他者發生聯繫。問題就進一步變成：有效的情感教育，是在什麼條件下才有可能？

　　從倫理思想、倫理觀的視角言，只要體系合宜完整，任務就算完成。但做為宗教家，重視倫理實踐的宗教家，則考究到的不只是智育的範疇，更得是從德育、從倫理實踐的視角，探討從理論認知到情意內化的完成。這時需要的就不只是理論的完整，而是教育方法的執行。因為，倫理實踐、德育的進行，在倫理認知上期待的不是居高臨下的教條灌輸，而是具有同理心的深度討論；而在倫理實踐的發動上，更有賴於溫暖和諧的關係建立。諾丁關懷理論認為德行的發展是建立在關懷的關係，倫理是從自然的關懷關係與相互依賴的關係中發展出來的；關懷的關係是存在的基礎，關懷的情感是道德的動力，關懷的態度是實踐的方法。宗教教育、心靈教育如何提供關懷的情境做為學習的基礎以轉換原來非關懷的關係？這是組織文化、組織氣氛的執行與建置，已經超出理論討論的範圍，但卻是倫理實踐真實要面對的問題。

尋求菩薩戒的新典範 ❶

一、前言

　　菩薩戒經在漢地的翻譯，始於天竺沙門曇無讖
（385－438）。曇無讖於玄始元年（西元 412 年）到
達涼州。五年後，譯出《優婆塞戒經》；又一年，譯出
《菩薩地持經》。張掖出身的沙門道進即於此時向曇無
讖求受菩薩戒，成為中國佛教史上最早受菩薩戒的出家
僧侶。此後《菩薩地持經》便以涼州為中心，在漢地展
開。梁武帝受持菩薩戒、撰述《出家人受菩薩戒法》，
隋煬帝未及位前也經由智者大師受持菩薩戒。受持、研
究、弘揚大乘戒經風行一時。❷菩薩戒普及後，授受菩

---

❶ 本文原刊於《聖嚴法師思想行誼》，臺北：法鼓文化，2004 年 8 月，
　 頁 57-92。
❷ 參見：佐藤達玄，《戒律在中國佛教的發展》（嘉義：香光書鄉，1997 年
　 初版），頁 478-490；釋湛如，〈敦煌菩薩戒儀與菩薩戒牒之研究〉，《敦

薩戒的儀軌也次第成立。各主要宗派大致都有獨立的授
受儀軌。如瑜伽系的有玄奘翻譯的《菩薩戒羯磨文》；
天台宗的有湛然撰的《授菩薩戒儀》；密宗的有善無
畏、敬賢共編的《無畏三藏禪要》；禪宗的則四祖道
信、神秀、惠能等禪門大德也都留有相關的資料。❸

　　現代通行授受在家菩薩戒時大抵不出《梵網經》與
《優婆塞戒經》兩部經典的規範。❹姑不論經典出處是
否源自印度的疑偽問題，《梵網經》、《優婆塞戒經》
等戒經雖然在授受條件以及在戒相上有多少詳略的差
別，❺在中國的流傳均已有千餘年。而一般通行的菩薩
戒儀規範也多是明朝流傳至今，沿用亦已有三百餘年。

　　法制史研究者指出，中外各種法制有規範得抽象
的，也有規範得具體的。愈是抽象概括性大，則涵蓋
面愈廣泛，愈可長久適用；規範得具體則時地適應的
個性愈明顯，時效愈短。如清朝的《大清律》是真正的

　　煌研究》1997 年第 2 期（蘭州：敦煌研究院，1997 年 5 月），頁 74-85。
❸　參見：釋湛如，〈敦煌菩薩戒儀與菩薩戒牒之研究〉，《敦煌研究》
　　1997 年第 2 期（蘭州：敦煌研究院，1997 年 5 月），頁 74-85。
❹　參見：念生，〈依瓔珞本業經傳在家菩薩戒之管見〉，《律宗思想論
　　集》（臺北：大乘文化，1980 年 10 月），頁 113。
❺　《優婆塞戒經》菩薩戒的授受條件較嚴格，且為「菩薩戒」之預備。詳
　　見：釋聖嚴，《戒律學綱要》（臺北：法鼓文化，2000 年），頁 340-
　　341；念生，〈依瓔珞本業經傳在家菩薩戒之管見〉，《律宗思想論
　　集》，頁 114-115。

「法律」，順治年間頒布後，從未修改。如有不足，則以「例」補充，而「例」時有增修。各部的「則例」有十年一修或五年一修的。以此觀點來探究佛教戒律的性質，研究者指出佛教戒律的某些部分固然是類似自然法，倫理價值長久不變，但也有某些部分的性質與《大清會典》各部則例的性質十分類似。❻與傳統法制相同，現代法律面對因時因地而有的變動常是以立法、修法或解釋的機制來適應。然而因為佛教戒律長久以來「不立新戒、不廢舊戒」的傳統，因此對經律中的戒法要求，哪些是屬於普世原理長久不變，哪些是屬於一時一地的特殊考量，均一視同仁地傳留沿用。此所以百丈禪師面對新局創立清規，雖並未以清規取代戒法，❼就已經招致「破戒」的嚴厲批評。這樣的限定使得佛法的現代適應十分困難。

❻ 見：勞政武，《佛律與國法：戒律學原理》（臺北，老古文化，1999臺初版），頁 205-207。

❼ 范文瀾謂：「天竺傳來的繁瑣無比的大小乘律，被懷海推倒」；王月清亦認為百丈清規的判逆性是顯而易見的。然勞政武則有不同判斷。勞政武認為清規內容為組織內規性質，相當於各部廣律的犍度，而非個人行為的道德規範。以勞的觀點來看，百丈是創清規但並未破戒。請參見：王月清，〈禪宗戒律思想初探──以「無相戒法」和《百丈清規》為中心〉，《佛學研究中心學報》第 4 期（臺北：國立臺灣大學出版中心，1999 年 7 月），頁 131-146；勞政武，《佛律與國法：戒律學原理》（臺北：老古文化，1999 年臺初版），頁 198-200。

　　近年來，聖嚴法師舉辦菩薩戒傳戒會，對菩薩戒特別是在家菩薩戒出現新的詮釋。在家居士在現代佛教與傳統佛教所扮演的角色十分不同。因此在家菩薩戒的現代詮解會是今後居士扮演角色的重要劇本綱領，關涉到居士在佛教內部以及在一般社會的地位與角色。聖嚴法師的在家菩薩戒思想為何，對此有何具體的指點，這是我們非常希望了解的。然此牽涉甚廣，非此文所能概括。本文擬先集中論題就聖嚴法師所舉辦的菩薩戒會內容，觀察其主要論點與因由。並著重探討：

　　1. 法鼓山菩薩戒與傳統菩薩戒法的分合關聯情形。

　　2. 如何進行新典範的詮釋。

　　3. 這樣的戒法有何特點？嘗試解決什麼問題？留下甚問題尚待處理？

二、法鼓山菩薩戒的內容與特點

　　聖嚴法師尋求菩薩戒新典範的起意甚早，約在一九六一年撰寫《戒律學綱要》時，就有「改良菩薩戒授受的心願」。❽而後於一九七○年前後，留學日本期間，因研究蕅益大師的機緣，接觸到明清階段的

---

❽ 見：聖嚴法師，〈適應時空的菩薩戒會〉，《菩薩戒指要》（臺北：法鼓文化，1996 年 2 月），頁 153。

戒律思想。一九九〇年中華佛學研究所召開第一屆國際佛學會議，提交大會發表的論文，爲〈明末的菩薩戒〉。更深切地感慨：中國佛教的菩薩戒思想，至今尚未脫離明末時代的模式和型態，有些部分已不能適應現代社會的要求。❾

　　一九九一年十二月，法師於美國紐約初次傳授菩薩戒。一九九三年二月，於農禪寺舉行的菩薩戒法會，爲法師在國內初次舉辦。❿爾後每隔二至三年舉行傳戒會一次不等。

　　探討法師的菩薩戒理念，法師有關菩薩戒的著述以及制度的設計與落實應並同研究。以下先以同是法師主持的紐約及臺北的菩薩戒傳戒儀程來對照觀察。（見表一）

　　從兩次的儀程比較得知，在重要的儀程部分，臺北的多了幾項程序：

　　1. 問遮難。

　　2. 將三皈依改爲受四不壞信，等於是多了「皈依戒」。

❾　見：聖嚴法師，《行雲流水》（臺北：法鼓文化，1999 年 12 月），頁28-29。

❿　同前註。另參見：林其賢，《聖嚴法師七十年譜》（臺北：法鼓文化，2000 年 3 月初版），頁 653-654；頁 727-731。

表一：法鼓山紐約及臺北菩薩戒儀程對照表

法鼓山（紐約）❶	法鼓山（臺北）❷
一、迎請	一、請師入壇
二、禮佛	二、頂禮十方三世三寶
	三、問菩薩戒遮難
三、懺悔	四、懺悔往昔罪業
	五、請聖降壇，證明授戒
四、三皈依	六、受四不壞信法
七、受菩薩三聚淨戒	七、受三聚淨戒
五、受五戒	八、受十善戒
六、誦四弘誓願 八、宣誓持菩薩十重戒	九、受十無盡戒（四弘誓願）
九、授縵衣 十、搭縵衣	十、受菩薩衣
	十一、讚歎受戒功德
十一、迴向	十二、功德迴向
十二、禮謝	十三、恭請菩薩法師開示
十三、供養	十四、供養菩薩法師
十四、禮成	十五、恭送諸聖及菩薩法師

---

❶ 見：聖嚴法師，《東西南北》，《法鼓全集》06-06，頁 171-176。
❷ 法鼓山，《菩薩戒戒壇儀範》（臺北：農禪寺，2004 年 1 月）。

3. 受五戒改爲十善戒。

4. 不搭縵衣，改爲菩薩披帶。

由於在紐約的菩薩戒傳戒會後，法師發表了〈從三聚淨戒論菩薩戒的時空適應〉（一九九二年七月），〈傳統戒律與現代世界〉（一九九二年七月十八日）。臺北的傳戒會後，又撰有〈十善業道是菩薩戒的共軌〉（一九九四年十二月二十五日），因此應當以後者爲定本。

我們即以法鼓山（臺北）的儀軌爲準來和歷來通行的戒儀對照（見表二），以見其異同。

從表二對照可知，聖嚴法師編定的菩薩戒受戒儀和各家戒儀的幾項差別：

1. 受十善戒：各家幾無授受十善戒的，聖嚴法師則不但提出，且列爲重要條目。

2. 受三聚淨戒：三聚淨戒爲菩薩戒總綱，各家戒儀必然包含。惟各家多是於秉受戒體的正授羯磨時提出，或是如《傳戒正範》於開導戒法時提出。聖嚴法師則特別提出列爲一個重要條目。

3. 正受戒體與〈四弘誓願〉沒有在條目上列出，併見於「受十無盡戒」項下。

4. 戒相：宣戒相時，只強調十重戒，而不宣示輕戒。

表二：法鼓山與通行菩薩戒儀對照表

法鼓山	續明❸	傳戒正範❹	遵式❺	元照❻	湛然❼
			一、開導信心	四、策導勸信	一、開導
一、請師入壇	一、請師	一、敷座結壇 二、請師入壇		一、求師授法	
二、頂禮十方三世三寶	二、進壇禮三寶	三、禮敬三寶	二、請三寶諸天加護 三、依三寶	三、皈佛求加	二、三皈
三、問菩薩戒遮難	七、問遮		七、開遮問難	七、立誓問遮	六、問遮
	三、（向師）乞戒	四、正請師			
四、懺悔往昔罪業	五、懺悔三世罪	八、懺悔過		五、露過求悔	四、懺悔
五、請聖降壇，證明授戒	八、請聖	六、請聖	四、請五聖師 五、下座佛前乞戒	二、請聖證明 六、請師乞戒	三、請師

---

❸ 釋續明，〈菩薩律儀〉，《律宗思想論集》（臺北：大乘文化，1980年10月），頁34-42。

❹ 【明】釋讀體，〈傳戒正範──三壇傳授菩薩戒正範〉，《卍續藏》第107冊（臺北：新文豐，1994年）。

❺ 【宋】釋遵式，〈授菩薩戒儀式〉，《金園集》，《卍續藏》第101冊（臺北：新文豐，1994年）。

❻ 【宋】釋元照，〈授大乘菩薩戒儀〉，《芝苑遺編》，《卍續藏》第105冊（臺北：新文豐，1994年）。

❼ 【唐】釋湛然，〈授菩薩戒儀〉，《卍續藏》第105冊（臺北：新文豐，1994年）。

六、受四不壞信法	四、受持不壞戒	七、受四不壞信			
七、受三聚淨戒	(九) ⑱	五、開導戒法	(八)	(八)	(七)
八、受十善戒					
九、受十無盡戒（發四弘誓願）	六、發四宏誓願 九、正授戒體 十、宣說戒相	九、發願 十、發戒體 十一、宣戒相	六、發四弘誓願 八、三番羯摩 九、請佛證明 十、示持犯戒相	八、秉法授戒 九、說相示誡	五、發心 七、授戒 八、證明 九、現相 十、說相
十、受菩薩衣					
十一、讚歎受戒功德	十一、讚戒勸持			十、歎德發願	十一、廣願 十二、勸持
十二、功德迴向	十二、迴向	十二、結贊迴向			
十三、恭請菩薩法師開示					
十四、供養菩薩法師					
十五、恭送諸聖及菩薩法師					

⑱ 續明法師的儀軌中，受三聚淨戒的程序是在「第九，正授戒體」時進行。因「正授戒體」對照於法鼓山戒儀為「第九，受十無盡戒」時所進

5.菩薩衣：不搭縵衣，另製披帶做為標誌。

三、新典範的目標設定

近代中國佛教衰微原因的探索，或者歸因於義學不興，或者歸因於禪證不深、願心不切、戒律廢弛……。因此振興之道也各有不同的舉措從不同的範圍進行。菩薩戒新典範的尋求，其主要意義當是在三增上學中戒學的範疇，企圖重振律綱。新典範的尋求，便意味原來的典範無法達成這樣的期待。法師說：

> 近代中國傳菩薩戒都是以梵網菩薩戒為主要的範本，許多人看了《梵網經》之後，不敢受菩薩戒了。原因是：怕犯戒，會墮地獄，而那些多半不看也不懂的人，反而去受了戒。這是中國佛教衰敗的主因。❶

不看也不懂的去受戒，這是教育的問題，要從教育著手改進。聖嚴法師四十年前剛入山閉關時，抱持的就是這樣的想法，想從加強戒學的教育著手。他提到：

行，故此處對照於法鼓山戒儀「第七，受三聚淨戒」時以括弧表示。右各欄同。
❶ 見：聖嚴法師，《菩薩戒指要》，《法鼓全集》01-06，頁153。

　　受在家菩薩戒的，在大陸上，多半只是行禮如儀，按照傳戒正範，次第做完，便算受了菩薩戒了，對於菩薩戒的內容，為何受菩薩戒，受菩薩戒的準備工夫是什麼？大家都是不得而知的。戒師要戒子發心，也不說明如何發心？為何發心？……故我希望，發心求受在家菩薩戒的人，最好先看《優婆塞戒經》，或者先請法師宣講一次，庶期受戒得戒，並於受戒之後，知道如何來保養各自的菩薩之道。❷

　　但是，怕受戒會犯戒的，除了是觀念不正確可以從加強教育著手改善，另外還有屬於戒律要求的問題，這就不單純是教育，而是規範的問題。須對規範另作疏解，這就須要另尋典範。

（一）舊典範的不足處

　　對於現代人實踐菩薩戒的困難，法師曾舉例說明，如果佛教戒律對這些問題不加以釐清，將會有礙於佛法的推廣。

　　1.不飲酒戒：今日人類的社交頻繁。有人將烈酒認

❷　見：聖嚴法師，〈《優婆塞戒經》讀後──如何成為理想的在家菩薩〉，《評介·勵行》，《法鼓全集》03-06，頁160-161。

定是酒，其他如啤酒、米酒、水果酒等，只當作一般飲
料，依律能否解釋得通？

2.不邪淫戒：原是指在已婚夫婦以外的男女性關
係；但如今的單身男女，未有法律上的婚姻，卻是生活
在一起，形同夫妻，而且不妨害家庭和社會，也一律視
爲邪淫？

3.新興的在家佛教團體紛紛建立，是否承認他們也
是合乎戒律的僧團？❷

不飲酒戒的戒文，除了「酒」的成分認定問題，還
有邀飲的問題。社交場合，持酒戒者以茶代酒，因此不
會有飲料認定的問題。但是當對方邀飲或向對方致意邀
飲時，是否有犯輕垢罪的嫌疑？❷這對社交頻繁的現代
社會亦是一項負擔。而在《梵網經》、《優婆塞戒經》
同樣都要求的「有講法處必須往聽」、「每月六齋日應
持八戒不得破齋」❷等，在現代社會都不容易持守。

聖嚴法師又指出，《梵網經菩薩戒本》中十重戒的

❷ 見：聖嚴法師，〈傳統戒律與現代世界〉，《菩薩戒指要》，《法鼓全
集》01-06，頁16。

❷ 《梵網經盧舍那佛說菩薩心地戒品》：「若自身手過酒器與人飲酒者，
五百世無手。若故自飲教人飲者，犯輕垢罪。」（《大正藏》第24
冊，頁1005中）

❷ 《梵網經》，《大正藏》第24冊，頁1007中；《優婆塞戒經》，《大
正藏》第24冊，頁1049下。

第三條淫戒是修淨梵行或已離欲的出家戒。《瓔珞經》所列要求從今身至佛身不得故淫，比《梵網菩薩戒經》的不得故淫還要難持。不加分別地授受，這就形成了中國傳授的菩薩戒，要求從嚴而實踐從寬的弊端。❷❹

此外又有些條文則是與現代的倫理價值觀念有別。如：「不得買賣棺材板木盛死之具」❷❺。又如，只許教授大乘經律而不准教人二乘聲聞律經，並把聲聞經律與外道邪見論等相提並論❷❻。法師認為，這不僅與《勝鬘夫人經》、《瑜伽論》、《地持經》等的觀點相違，跟今後的佛教包容性、整體觀，以及佛法次第論，也不相應。❷❼

而對新學菩薩來說，最可惜的當是由於戒條繁多，而戒律教育的功能卻未相對顯發，於是學戒者不容易把握輕重緩急。法師慨歎：

受了菩薩戒之後，便只知道披衣、吃素、六齋日持八關齋戒，至於像「發菩提心」這樣重要的事卻不

---

❷❹ 〈十善業道是菩薩戒的共軌〉，《菩薩戒指要》，《法鼓全集》01-06，頁 109。

❷❺ 《梵網經》，《大正藏》第 24 冊，頁 1005 下。

❷❻ 《梵網經》輕戒有兩條，見：《大正藏》第 24 冊，頁 1005 下 -1006 上。

❷❼ 見：聖嚴法師，〈從三聚淨戒論菩薩戒的時空適應〉，《菩薩戒指要》，《法鼓全集》01-06，頁 69。

明瞭。[28]

　有些戒條是無法持守，有些戒條則因時空變化而有認定的問題而不易持守，另有些戒條則是觀念和時代價值觀有差距。再加上容易使學者模糊了受戒學戒的意義，基於如此因由，於是另尋典範。

（二）新典範的目標

　漢藏體系不同，然同樣的以受學菩薩戒、發菩提心為成佛正因。十一世紀阿底峽《菩提道燈》依無著《瑜伽師地論・菩薩地》說戒波羅蜜多品，菩薩律儀的安立是在發菩提心、別解脫戒之後。阿底峽自己註解的《菩提道燈難處釋》引《現觀莊嚴論》說菩提心有二十二位，前二為因行位，次十七為道行位，後三為果行位。又說明前二位為願菩提心，後二十位為行菩提心。[29]看出菩薩修學菩提心有歷次的不同。同樣是藏傳的寧瑪派的菩薩戒，授受則是在四級灌頂的初級灌頂前，和十四根本墮同時受學。[30]

---

[28]　見：〈對在家菩薩戒的認識〉，《法鼓》雜誌 40 期（臺北：中華佛學研究所，1993 年 4 月 15 日），第 4 版。

[29]　陳玉蛟，《阿底峽與菩提道燈釋》（臺北：東初出版社，1990 年初版），頁 128。

[30]　見：金剛乘學會編，《西藏密宗初階（一）》（臺北縣：金剛乘雜誌社，1986 年），頁 32-33。

　　因此菩薩戒的授受在設定目標時必須考量到應該是在學佛的哪一個階段來進行？主要目的是什麼？不同的階段會有不同的修學內容。

　　聖嚴法師在紐約時曾就菩薩戒的授受問題，與一位冰島來的居士以及西藏來的喇嘛有過討論。冰島來的居士曾經在日本禪宗中心受過菩薩戒。日本自從最澄傳教大師所傳的圓頓菩薩戒之後，日本不論哪一宗都受菩薩戒而沒受比丘戒，受菩薩戒的目的在發菩薩願。西藏則以寂天菩薩的《入菩薩行》對後來影響最大，論中所述菩薩戒為十八根本墮，十八條根本戒，主要是對菩提心的培養和三寶的恭敬及對佛法的尊重。法師比較中日、漢藏的菩薩戒，認為歷來漢傳的菩薩戒法確實較難遵守。但是也由對比中確認大乘的修持者與弘傳者，有必要發菩薩願受菩薩戒。❸於是把發願與受戒係聯起來。

　　一九九二年春天，達賴喇嘛到紐約市，在傳授時輪金剛大法之前，先講寂天論師的《入菩薩行》，並且為全體聽眾，普授菩薩戒。聖嚴法師據此而更肯定：要學菩薩行的大乘佛法，稟受菩薩戒，乃是理所當然的事。❸更確認：菩薩戒的本質，是在使人發起無

❸　見：聖嚴法師，《東西南北》，《法鼓全集》06-06，頁171-172。
❸　聖嚴法師，〈勉勵「萬行菩薩」都受菩薩戒〉，《菩薩戒指要》，《法鼓全集》01-06，頁160。

上菩提心。❸

　　法師不自許爲戒師律師，沒有重戒的傾向。在三
學完整學佛次第上強調：從戒善爲基礎，定慧一貫爲宗
旨，由心念清淨、行爲清淨，而環境清淨、國土清淨的
整體禪修次第。因此期望藉菩薩戒的安立而有完整的
「戒增上學」次第，而更著眼於發起大乘行者的願心。

　　我們可以如此判斷：聖嚴法師於是在受學對象的定
位上，把菩薩戒設定在初學新學；在菩薩戒的定性上，
則設定爲頓立戒，著重於發菩提心、行菩薩誓願之精
神。因此不把重心置於菩薩戒經的條文爲主，而是側重
實際生活中實用、易實踐之軌範。

　　如何能使初學新學歡喜地發起菩薩誓願，種下修
行菩提道的正因；而在修學次第上，又能讓新學菩薩
戒的學者辨別輕重緩急尋得從入之道，成爲聖嚴法師
的主要目標。

四、典範轉移的詮釋策略

　　確立以新學發起菩提心爲目標，便要考量新學
畏艱難、怕犯戒的心理。簡單易學是必要條件。但簡

---

❸ 聖嚴法師，〈勉勵「萬行菩薩」都受菩薩戒〉，《菩薩戒指要》，《法
　鼓全集》01-06，頁 156。

易不能成為淺薄，否則雖然滿足了發起容易的要求，卻不足以承載至佛地，便不能稱為菩薩道。法師於是提出以三聚淨戒、〈四弘誓願〉做為菩薩戒的核心項目。然而三聚淨戒、〈四弘誓願〉都太過抽象，對新學而言缺少實質指導與檢核的標準，於是法師又提出十善，並將流傳已久的菩薩戒十重戒稍作調整，結合成以三聚淨戒、〈四弘誓願〉、十善、十無盡戒所組成的菩薩戒，做為新的菩薩戒典範。

（一）以三聚淨戒切入以簡代繁

一九六七年，法師因檢討當時佛教所面臨之問題，引起教界波瀾。❸對傳統進行反省與批判原來就不是坦途，質疑原有典範更是大事。而戒律問題，自大迦葉決定：「若佛所不制，不應妄制；若已制，不得有違」，制戒成為違犯背棄的象徵。因此，法師在尋求新典範的過程，亦力求與「不立新戒、不廢舊戒」的傳統不相違礙。法師於是主張，戒律雖已面臨種種需要省思改進的問題，然只可以設法補救，卻不可輕言廢棄。❸他說：

---

❸ 參見：林其賢，《聖嚴法師七十年譜》，頁 199-201。
❸ 聖嚴法師，〈傳統戒律與現代世界〉，《菩薩戒指要》，《法鼓全集》01-06，頁 17。

「梵網菩薩戒」的確很好，……可是到了現在，其中已有好多條文，不能適用於我們的社會，但又誰也不敢擅改菩薩戒律，我是根據大乘菩薩的精神，找出漢藏兩傳與菩薩戒有關的內容，發現了「三聚淨戒」是富於彈性，而且各種菩薩戒本，本身就是為了因應時代環境，而有繁簡不同的要求。若依「三聚淨戒」來受菩薩戒，便會成為任何時地、任何個人都可以接受的了。❸

法師根據藏傳寂天的《入菩薩行》、西藏宗喀巴的《菩提道次第廣論》、禪宗典籍、《華嚴經》……等經論的教法，發現菩薩戒綱領的三聚淨戒具備了「彈性、涵攝、既難且易、由易而難、有收有放」的特點，因此冀望以三聚淨戒為原則，考量不同的時空條件，能確實踐履的原則來考量菩薩戒。❸ 法師強調：「菩薩戒的目的，是在於發菩薩悲願的大菩提心，不在拘泥於瑣碎戒條項目的授受」，而三聚淨戒所具備的特點恰可符應這樣的需求，並有相當的開展性，可以由於受持者的程度而做不同層次的持守，遇淺則淺，遇深則深；淺者持

---

❸ 聖嚴法師，《行雲流水》，《法鼓全集》06-08，頁31。
❸ 聖嚴法師，〈從三聚淨戒論菩薩戒的時空適應〉，《菩薩戒指要》，《法鼓全集》01-06，頁19-75。

淺，深者持深；根淺者見淺，根深者見深。❸

　　三聚淨戒原來就是歷來所有菩薩戒儀的重心，是授受戒體時的重要憑依。法師提出這項原來典範中就具有的部分特別強調，其實已經是進入重新詮釋的工程。

（二）以十善戒安立學戒次第

　　有人誤解大小乘戒法，以為大乘戒就是什麼都能做，小乘戒則是什麼都不能做。續明法師曾特別澄清指出：菩薩戒法，首須受持的就是「攝律儀戒」，這是「攝善法戒」和「饒益有情戒」的基礎。沒有善護攝律儀戒，就不可能生起攝善法戒和饒益有情戒。他說：

> 當知菩薩三聚淨戒，以前二為佛法的正體，也即
> 是佛法所以為佛法的所在；以後一為菩薩大乘的勝
> 用，是大乘佛法所以名為大乘的所以。三聚淨戒有
> 主有從，有本有末，次第相生，前後相成，如是始
> 可稱為奉行中道之菩薩行人。❹

　　三聚淨戒的攝律儀戒是七眾別解脫戒，再加上

---

❸　聖嚴法師，《行雲流水》，《法鼓全集》06-08，頁 29-30。
❹　釋續明，〈聲聞戒與菩薩戒〉，張曼濤編，《律宗概述及其成立與發展》（臺北：大乘文化，1980 年 10 月），頁 264-265。

《梵網》、《瓔珞》、《瑜伽》諸經的大乘菩薩戒
法。這種戒，是眞正的戒條規範性質。「攝善法戒」
則並不是一般意義的「法規」，而是如道宣所判教的
「化教」，指佛教中的「義理」部分。「饒益眾生
戒」則指利益他人眾生的一切行爲，屬於菩薩的實踐
範疇。❹因此如果僅以三聚淨戒、〈四弘誓願〉做爲菩
薩戒的內容，而不包括各戒經輕重戒條的話，會使學
者缺乏遵循與憑依。因此聖嚴法師一方面考慮菩薩戒
的時空適應，而予簡化並且認眞實踐，另並從日本佛
教、藏傳佛教以及《大智度論》等教法中總理出十善
戒的重要性來充實。❹印順法師的見地也對十善與菩薩
的關聯充分地支持，他說：

> 對佛有了充分的信解，就得從十善菩薩學起。……
> 以菩提心去行十善行，是初學菩薩，叫十善菩
> 薩。……十善正行，是以發大悲心為主的菩提心為

---

❹ 勞政武，《佛律與國法：戒律學原理》（臺北：老古文化，1999 年臺
初版），頁 450。
❹ 日本天台宗創始祖最澄，設立圓頓戒，以「授圓十善戒，爲菩薩沙
彌」；《入中論》所舉的菩薩律儀是十善道；《大智度論》以「十善
爲總戒相」；宗喀巴《菩提道次第廣論》則以「此（十善）爲攝盡尸
羅本」。詳見聖嚴法師，〈十善業道是菩薩戒的共軌〉，《菩薩戒指
要》，《法鼓全集》01-06，頁 77。

引導，所以即成為從人到成佛的第一步。❷

　　法師於是判斷：十善既是初發心的菩薩戒，也是通於在家出家的菩薩戒，更是從人間的賢者直到成佛為止的菩薩戒，是最能普及又有彈性和實用的菩薩戒。於是以十善法為菩薩戒是印漢藏諸大論師的共識，主張將十善律儀與三聚淨戒配合，視為菩薩戒的根本。❸

　　十善戒法如果是獨立地作用，是否即能發揮上面法師所引述的功用，其實是還有疑義的。曾經有人對永明延壽提出質疑，何必對一切學法眾生都傳授菩薩戒，應該以八關齋戒、十善戒慢慢地來接引根機小的眾生，又可免其毀犯戒法。永明延壽並不同意這樣的作法。他說：

　　經云：若以十善化人如將毒藥與人，雖一期得人天之飽，不免生死毒發，終不出輪迴，翻增業垢。若以小乘開化，即是大乘冤鴆解脫深坑可畏之處。經云：寧起狐狼野干心，不起聲聞辟支佛意。所以

---

❷　印順導師，《佛在人間》，（臺北：正聞出版社，1984 年 10 月五版），頁 137-140。

❸　聖嚴法師，〈十善業道是菩薩戒的共軌〉，《菩薩戒指要》，《法鼓全集》01-06，頁 77-118。

云：但說大乘無咎。❹

　　永明延壽認為單講十善無異於「飲鴆止渴」。當
然若是如聖嚴法師的主張，以十善法配合三聚淨戒為菩
薩戒受持準則的觀念和作法；則「在他種菩薩戒無法一
一遵守的情況下，能以十善戒作為菩薩戒而來涵蓋一切
戒，應該是最合佛旨的」。❺

（三）宣示重戒，突出重點

　　法鼓山菩薩戒的內容除了三聚淨戒、〈四弘誓
願〉、十善戒，還包括《梵網經》的十無盡戒（十重
戒）。法師雖然主張「以十善法配合三聚淨戒為菩薩
戒受持準則的觀念和作法」，但並未以三聚十善取代
所有的重戒輕戒。

　　法師已表明，對於傳統戒律，可以設法補救，卻
不可輕言廢棄。❻因此菩薩戒典範的轉移，實可視為只
是重心的轉換。站在《梵網經》的系統來看，法鼓山

❹ 永明延壽，〈受菩薩戒法〉，《卍續藏》第 105 冊（臺北：新文豐，
　 1994 年），頁 17 中。
❺ 聖嚴法師，〈十善業道是菩薩戒的共軌〉，《菩薩戒指要》，《法鼓全
　 集》01-06，頁 116。
❻ 聖嚴法師，〈傳統戒律與現代世界〉，《菩薩戒指要》，《法鼓全集》
　 01-06，頁 17。

的菩薩戒在攝律儀戒的施設上，是用十善戒及十重戒取代原本的十重四十八輕戒；增加了十善戒，減少了四十八輕戒。但四十八輕戒並沒有消失，只是從三聚淨戒中的攝律儀戒挪移到攝善法戒去。因為菩薩修學範圍原即無限，攝律儀戒中的各戒法須確實地作為或不作為地踐履，而其他各種經戒範儀所教示的輕戒、重戒乃至八萬威儀，則當視為攝善法戒，視因緣程度隨分隨力而修學。這樣的處理，在典範轉移的策略上是十分高明的。

對在家居士而言，《梵網》十重戒難持且較有時代衝擊的為第三重戒，因此將第三重戒「不得故淫」改為「不得故邪淫」。第五重戒「不得故酤酒」擴大為「不得故酤酒，不得故飲酒」，把十善戒比五戒少一條的飲酒戒補齊。經此調整，則十重戒與十善戒沒有重疊的就只賸下：不說在家出家菩薩罪過，不自讚毀他，不謗三寶；這原就是爭議較少的戒條。

不宣示輕戒以突出重點，這樣的作法在四十年前，蔡念生長者也有類似的呼籲。念生居士認為《菩薩瓔珞本業經》有：戒相以多賅寡、後期所說、明示在家人可以秉受、儀式簡單易行、可以量力分受，以及強調重戒不廢輕戒等六大特色，因此主張應該依《菩薩瓔珞本業經》傳在家菩薩戒。對第六項有關輕戒重戒的戒相部

分，他提到：

> （其他）各經列舉條款，繁簡開合，初機學人及
> 教外人，多有望而生畏。《瓔珞》作原則性的規定，
> 使學者集中意志，注意重戒。而對輕戒也可根據發
> 心，參考各經，有犯即悔，乃是更為契理契機的辦
> 法。❹

聖嚴法師曾說明菩薩戒儀十無盡戒是據《梵網經》
而來，雖與蔡念生長者依《菩薩瓔珞本業經》傳在家菩
薩戒的主張不同，但精神是一致的。

（四）較量功德以鼓勵學戒

三聚、十善、十無盡戒，法師認為這是「菩薩戒
的心要」。「以三聚淨戒攝盡一切淨戒、一切善法、一
切濟世利物的全體佛法；十善法為一切淨戒的基礎，當
然也是菩薩戒的總綱；以《梵網經》的十無盡戒，為盡
未來際永恆不渝的菩薩戒準繩。」❹至此菩薩戒的施設
完畢，受戒之後便可循此修學。但是如何鼓勵來受戒學

❹ 念生，〈依《瓔珞本業經》傳在家菩薩戒之管見〉，張曼濤編，《律宗
　思想論集》（臺北：大乘文化，1980 年 10 月），頁 113-120。
❹ 聖嚴法師，〈序〉，《菩薩戒指要》，《法鼓全集》01-06，頁 6。

戒？調整戒文的要求，降低受戒的門檻，已經大力祛除了對可能犯戒破戒的畏怯，進一步則更較量受戒功德與犯戒業報間的輕重得失來鼓舞提振。

法師因根據《菩薩瓔珞本業經》「有戒可犯是菩薩，無戒可犯是外道」的經教，強調：「有戒而犯者，勝過無戒而不犯。」他說：

> 受了菩薩戒，發了菩提心的人，即使犯了戒，犯戒的罪業雖重，定要遭報，但其必將由於他曾受過菩薩戒，而可決定得度，成為真實的菩薩，乃至證得無上的佛果。要是不發心，不求菩薩戒，甚至不求受五戒與三皈者，既不下種，也就不會有所收穫。❹

「有而犯者，勝無不犯，有犯名菩薩，無犯名外道。」法師解釋說：一旦受了菩薩戒，便已進入諸佛國土的菩薩數量之中，因為若發菩薩誓願，並受菩薩戒者，即是初發心的菩薩，雖然常犯戒，仍算是菩薩。若不發菩薩願，不受菩薩戒，雖然無戒可犯，也不是菩

---

❹ 聖嚴法師，〈《優婆塞戒經》讀後——如何成為理想的在家菩薩〉，《評介·勵行》，《法鼓全集》03-06，頁163。

薩。❺ 因此，不要一開始就想犯戒，但也不必因怕犯戒而不受戒。〈四弘誓願〉及三聚淨戒，是一受永受，直到成佛時爲止，「其受戒者，入諸佛界菩薩數中，超過三（大阿僧祇）劫生死之苦」。

（五）戒衣：典範轉移的象徵

除了上述在戒相的開合與重心有別於當代通行的戒法，在儀制方面的不同施設則是將縵衣取消。

大抵一般受了菩薩戒的在家居士，在參加法會活動時，都會穿海青、披縵衣，排班的位置也比未受戒者排得前面。聖嚴法師表示：菩薩沒有定位，在僧則僧，在俗則俗，在七眾之中各依其位。而且菩薩也無定相，故也未必要披壞色衣。而縵衣的顏色是緇色，與向來居士爲「白衣」的稱呼也不相符。❺ 此外主要應是考慮到，縵衣雖無割截相，但和僧人袈裟仍不容易區分，爲免僧俗不分，故予取消。❺ 然爲表示紀念，也爲了會場莊

---

❺ 聖嚴法師，〈勉勵「萬行菩薩」都受菩薩戒〉，《菩薩戒指要》，《法鼓全集》01-06，頁 157。

❺ 聖嚴法師，〈適應時空的菩薩戒會〉，《菩薩戒指要》，《法鼓全集》01-06，頁 153。另參見：〈對在家菩薩戒的認識〉，《法鼓》雜誌 40 期（臺北：中華佛學研究所，1993 年 4 月 15 日），第 4 版。

❺ 郭慧珍指出：印度佛教僧伽制衣款式的主要特徵是「田相」；但對漢人來說，漢族僧伽制衣的特徵除了田相以外，其輪廓造形也是相當特別的要件。因佛教傳到中國將近兩世紀的時間，漢族僧伽所穿的袈裟並沒有

嚴、整齊的效果，所以另外設計了「象徵意義深遠的菩薩衣」。新設計的菩薩衣採取披帶式的形製，披帶的一邊繡有佛像，另一邊則繡有法鼓山的標誌，代表學佛向法的精神。❸

這件「象徵意義深遠的菩薩衣」確實充滿了象徵的意義。法師認為在家眾受菩薩戒後披縵衣，在律中並無根據，因此加以改良。但是在戒場中，又對大眾說明，如果有人希望在其他場合披縵衣，也是可以的。❹ 這樣的宣示正好十分象徵地顯示出法師在尋求菩薩戒新典範的基本態度：尋求、開展、建立新的典範，但是對原來的舊有的典範或則採取重心移轉的方式，或則採取兩存的方式。總而言之，立新而不破舊。前衛者或會批評這樣的作法不夠前進，守舊者也會批評這樣的作法不夠謹慎。但卻是另一種思路的開發。

完全按照印度三衣「割截田相」的規定而是縵衣，也就是未經割截的三衣。詳見氏著，《漢族佛教僧伽服裝之研究》（臺北：法鼓文化，2001年），頁90。
❸ 見：〈對在家菩薩戒的認識〉，《法鼓》雜誌 40 期（臺北：中華佛學研究所，1993 年 4 月 15 日），第 4 版。
❹ 聖嚴法師，《行雲流水》，《法鼓全集》06-08，頁 33。

五、尚待解決的問題

以上討論聖嚴法師在菩薩戒儀上的詮釋與調整。然就觀察所及，尚有幾點是有待解決的。以下依問題大小程度由小而大略作說明。

（一）戒體感發程序

歷來各家的菩薩戒儀軌中，大都有「正授戒體」、「發戒體」、或「三番羯摩」的程序。在法鼓山菩薩戒儀中，並未將此表現於儀軌的條目中，而是於「受十無盡戒」項有三番啓白請佛菩薩證明受戒的程序，這和當代通行的《傳戒正範》是一致的。

感發戒體是傳戒法會中最重要的程序，惠敏法師曾考察現行傳戒儀式，發現主要是依據明朝末葉見月律師所編的《傳戒正範》。其程儀將《瑜伽菩薩戒品》之「三說請佛證明」做為「正授戒體法」的羯磨文；然後把「三問能受戒否」之羯磨文判為與「納受戒體」無關之「明開導戒法」，惠敏法師判斷：這是與古傳「湛然本」等「受菩薩戒法」相違的。❺

---

❺ 釋惠敏，〈漢傳「受戒法」之考察〉，《中華佛學學報》第 9 期（臺北：中華佛學研究所，1996 年 7 月），頁 65-82。

今檢藏傳的宗喀巴大師《菩提正道菩薩戒論》，其中將儀式分為：加行、正行、終行三部分。加行有五個項目：啟請、備具資糧、請速授戒、起勝歡喜、作次第問。問的內容是：「是菩薩否？發菩提願未？欲受菩薩戒否？」終行有四個項目：啟白請證、讚彼勝利、酬恩供養、不率宣示菩薩淨戒。正行部分，則只有一個：「如是學處、如是淨戒，過去一切菩薩已學、未來一切菩薩當學，普於十方現在一切菩薩今學，」然後問：「汝能受否？」三問三答能受。❺整個儀程中沒有秉受戒體的部分。但是「正行」的部分應即是戒法授受最重要的部分，和漢傳的「正授」相當。因此，即使是在藏傳菩薩戒來說，惠敏法師的判斷也是有效的。據此，則法鼓山菩薩戒儀中，「作意思惟十方世界妙善戒法震動、覆頂、流入」的程序，就當改動為原是「受三聚淨戒」問答「如是菩薩學處，過去一切菩薩已學、未來一切菩薩當學、普於十方現在一切菩薩今學，汝能受否？」的部分。

只是，除了從戒儀討論外，還需另外檢討一下如何看待「戒體」的來源與功用這些問題。

---

❺ 宗喀巴，《菩提正道菩薩戒論》（香港：香港佛經流通處，1970年），頁 32-39。

　　戒體是一種能領受戒法的心理狀態。這種心理狀態能夠自我要求，潔淨己心，不作惡行，並有足夠的智慧定力去使自己的動機與行為跟原先所自我要求的，順應各種境界。也就是說，以自我期待之心，同一切戒法相應，由是生起潔淨的戒行。這種狀態領受凝結在心中，稱為「戒體」。授戒、得戒、捨戒、失戒，都是指的這個「戒體」的得失授捨。故授戒的最核心也是這個，經由「白四羯磨」的程序，而有授戒、得戒。❺

　　律學中討論到戒體有「作」、「無作」兩種。從唯識的說法是：「今明戒體，造雖在六，起必因八。造已成種，還依於八。」認為戒體的根源在於第八阿賴耶識，由於「種子生現行」，通過三羯磨的儀式領受戒體於心，之後「現行熏種子」，又熏成第八識中的新種子。❺

　　依天台智者大師的說明則認為戒體是本來一切眾生先天所具的東西，只依受戒機緣而顯現出來罷了，戒體是從本來具有的力量，借著機緣顯發出來的，這是天台的「戒體性具發顯說」。❺

　　印順法師判「尸羅」為天生性善的見解和天台「性

❺ 見：勞政武，《佛律與國法：戒律學原理》，頁 426-428。
❺ 見：勞政武，《佛律與國法：戒律學原理》，頁 448。
❺ 見：李世傑，〈佛教法律哲學的精要〉，張曼濤編，《律宗思想論集》（臺北：大乘文化，1980 年 10 月），頁 74-77。

具發顯」的戒體觀，頗有可相參的地方。印順法師根據
《大智度論》說明：尸羅是善的習性，是戒的體相。可
說是人類生而就有的（過去數習所成），又因不斷的爲
善而力量增強。所以戒是內在的，更需要外緣的助力。
例如受具足戒的，依自己懇篤的誓願力，僧伽（十師）
威力的加護，在一白三羯磨的作法下，誘發善性的增
強，也就是一般所說的「得戒」。但是後代的律師們，
忽視了戒是通於「有佛無佛」；也忽視了性善是藉緣力
而熏發，所以會偏重認爲戒是從「受」而得，這就會有
問題發生。印順法師表示：

　　重於「受」，重於學處及制度的約束，終於形式化
而忽視性善的尸羅。受戒，除了團體制度外，著重
於激發與增強性善的力量，這非受戒者為法的真誠
不可。等到佛教發展了，利養多了，出家者的出離
心淡了，為道的真誠也少了；受戒的不一定能發戒，
受了戒也不一定能持，也許根本沒有想到受持。❻

　　因此有人以羯摩時是否頭頂有癢麻的覺受做爲得不

❻　見：印順導師，《初期大乘佛教之起源與開展》（臺北：正聞出版社，
　　1982 年 9 月再版），頁 296。

得戒的判準，實在是不相干的比附，因為那是把禪觀時身體的覺受轉作而來。有此覺受不表示得戒，無此覺受亦不表示不得。得不得戒的重要判斷，當是在受戒當下甚至受戒期間是否由此戒會戒儀生起難得希有之心，並深刻地發起依戒依律依法行持的意願。

所以從法鼓山的戒儀上看，從受四不壞信開始，受三聚淨戒、受十善戒、受十無盡戒，皆名為「受」，也都是菩薩戒儀中的重要程序，但三番啓白請佛證明並做意觀想戒善流入，卻是在受十善戒之後，發〈四弘誓願〉後受十無盡戒之前。聖嚴法師是因為參照通行的傳戒範儀，故未注意及此，或是有意淡化由「受」而得，以平衡《大智度論》所論的「性善尸羅」？若是後者，則三番啓白請佛證明並做意觀想戒善流入的程序或宜挪前於「受三聚淨戒」前，甚至是「受四不壞信」之前。或者往後移置於「受十無盡戒」之後，如此便是把「四不壞信、三聚淨戒、十善戒、十無盡戒」都完整地含括。

（二）布薩與諫議

受戒過後，必須持續地學習，才能熟悉戒法，俾能以戒律檢拾身心。這便涉及了集體教育共同成長的布薩制度。

　　布薩制度在近代以來多是以誦戒的方式進行，因此法鼓山傳授菩薩戒時也有「定期誦戒」的告誡，各地區道場也多有集體誦戒的聚會安排。但是誦戒只是布薩整個程序的一部分而不是全部。誦戒等於是把檢驗的標準提出來，提出標準的主要目的是要進行檢驗。只提標準而不檢驗，就好像公布答案不考試。除非有相當的自覺意識與自省能力，否則無法真正了解自己的程度，也不容易促進成長。

　　印順法師從分辨戒和律的不同而判斷，誦戒不是布薩的主要意義；因為「布薩的真意義是實現比丘們的清淨」。他說：

> 「教授波羅提木叉」……是道德的、策勵的；而「威德波羅提木叉」是法律的、強制的，以僧團的法律來約束，引導比丘們趣向解脫。❻

　　所指強制的，促進個人成長，維繫團體清淨的設計便是諫與議的制度，這是布薩設計的原義。❻ 能夠自

---

❻　見：印順導師，《初期大乘佛教之起源與開展》，頁 217。
❻　參見：釋仁俊，〈律制最重視諫與議〉，張曼濤編，《律宗思想論集》（臺北：大乘文化，1980 年 10 月），頁 95-98；釋昭慧，〈諍事與滅諍法〉，《律學今詮》（臺北：法界出版社，1999 年 9 月初版）。

我要求自我約束自然能成就守戒精嚴的個人，但當自我
反省不足、自我約束無力時又當如何？聖嚴法師曾提出
戒律在今日所受到的挑戰，其中之一即為「菩薩僧團」
的問題。❸在家眾是否能擔任僧眾，這涉及住持佛法及
信仰中心的問題，今且不論。只就與世間職業公會社團
等組織對照來說，以解脫自他煩惱為職志的修行團體，
「對內和合而共同成長、對外和合而能生信心」這一目
標如何達成？名義上雖是已經發心學佛的菩薩，本領見
地仍是徹頭徹尾的煩惱眾生，只靠道德勸說地訴諸個人
良心是否足以維繫團體必要的紀律？如果答案並非肯
定，則紀律的維持又該經由什麼樣的機制來進行？

　　印順法師探究大乘佛法興起的因緣時曾推斷，菩薩
的風格帶有個人的、自由的傾向，沒有傳統佛教過著集
體生活的特性。這和大乘佛法的性格有相當的關聯。❹
此或許是歷史只出現聲聞僧團而沒有菩薩僧團，只有
菩薩戒而沒有菩薩律的主要原因。然而自由與紀律是否
必然相違？傳統智慧中布薩設計原義的諫議制度，是否
可能透過什麼樣的詮釋提供當代菩薩團體達成「利益個
人、利益團體，正法久住」的戒律目標？❺

---

❸　參見註❹。
❹　印順導師，《初期大乘佛教之起源與開展》，頁147。
❺　釋昭慧發揮印順法師戒律學理念，將戒律原理歸納為三大類十小項；勞

（三）戒律的現代化

原始佛教的戒學，曾經歷「四清淨」、「戒具足」、「戒成就」這三個階段。前兩類，律家稱之為「化教」，「戒成就」則是「制教」，已制定有明確的戒法。而由於大迦葉強制決定：「若佛所不制，不應妄制；若已制，不得有違」的影響，戒律流於形式的繁瑣的制度。重法學派於是嚮往回到「制教」以前的狀況。印順導師探討大乘佛教的起源時發現：「不滿論師的繁瑣名相，不滿律師的繁瑣制度，於是期望上追釋尊的修證與早期的生活典範」是大乘興起的一項重要因素。❻

研究中國禪宗的學者也發現，自從道信開展戒禪一致的典範後，經過惠能吸收《維摩詰經》中維摩詰對優婆離尊者開示的戒律觀這一思想，於是視奉戒守律的形式主義為異路，主張名檢內德、涵養德性。再結合禪宗山林佛教的特色，使得南宗禪在會昌法難及唐末五代離亂後，在都市佛教不振的情形下，開出「盪滌戒律、抖落陳規，自由自在地尋求人生安立與解脫的新路」。❼

政武則修正李世傑的律學體系，亦統合為三大項。二者互有異同。詳見：釋昭慧，〈結戒原委與制戒原理〉，《律學今詮》（臺北：法界出版社，1999 年），頁 109-114；勞政武，《佛律與國法：戒律學原理》（臺北：老古文化，1999 年臺初版），頁 386。

❻　見：印順導師，《初期大乘佛教之起源與開展》，頁 299。

❼　見：王月清，〈禪宗戒律思想初探——以「無相戒法」和《百丈清規》

　　反對煩瑣的戒律，先在印度有大乘佛教的興起，而後在中國也形成了禪宗的壯盛。聖嚴法師探討菩薩戒的核心項目時發現：除了日本佛教外，漢傳、藏傳佛教的菩薩戒都有一種由約而繁，由繁而約的演變情況。❸因此反應在法鼓山的菩薩戒新典範上便也有類似這種物極必反兩端循環的思考。「反璞歸真」、「去繁就簡」真的是唯一的路嗎？就算不是唯一的，這條路真的是必然有效的路嗎？

　　從學科發展的角度來衡量，會這麼由簡而繁、由繁而簡地起落，意味著學科的發展不夠健全不夠成熟，因此無法承載應有的負擔，只能以素樸原始的方式循環。律法漸細，且需有專業從事的專家如戒師、律師出現，此正如今日法律學科需有精於實務的律師、精於法理的法學家一樣，這是戒律漸趨成熟的表徵。而會讓人有煩瑣的感覺，引人生厭，原因之一是執法的專家在戒條詮釋時忽略了或遠離了倫理實踐的宗教目標，另外原因則是律法的設計缺乏去腐生筋、新陳代謝的機制，於是堆疊累贅。學科的成長不必然會引致與生命實踐無關的煩

　　為中心〉，《佛學研究中心學報》第 4 期（臺北：國立臺灣大學出版中心，1999 年 7 月），頁 131-146。
❸　聖嚴法師，〈從三聚淨戒論菩薩戒的時空適應〉，《菩薩戒指要》，《法鼓全集》01-06，頁 36。

瑣細碎。

因此，考量立法根源與立法目的，以現代法學觀念將戒律區分憲法、法律、規定等層級，並建立起修法解釋的機制，似乎才能與時俱進，對實際倫理實踐生起指導衡判的作用。只是茲事體大，牽涉到整個法學基礎的問題。以我國法律制度而言，自清朝末季參照外國法律改定律例，❻從此傳統與現代分為兩截。西洋法律以《羅馬法》為代表，是以保障權利為預設的法律觀念，我國則以《唐律》為代表是以禮教精神為預設的法律思想。❼由於時局的倉促，兩者並未有充分的融通過程，致使傳統智慧傳承有限。佛教戒律思想與《唐律》近而與《羅馬法》較遠。如何才不致重蹈覆轍，使二者轉接恰切而又充分保留原初制戒精神。此事自非輕易，然若不能面對此難題，則堆疊累贅、煩瑣細碎的趨向或將不免。

六、小結

八○年代起，先由香港首創繼由臺灣許多佛教

---

❻ 徐道鄰，〈中國法律制度〉，《中國法制史論集》（臺北：志文出版社，1975年初版），頁1。

❼ 徐道鄰，〈唐律中的中國法律思想和制度〉，《中國法制史論集》（臺北：志文出版社，1975年初版），頁58。

團體引入了「短期出家」的活動。這是爲了提昇信眾
對戒律的修學和素養,仿擬泰國男子出家的制度而舉
辦。活動期間剃髮、受沙彌戒,完全比照正式的出家
儀制。這在戒律學上是一個新典範的創立。對於信眾
來說,不論是希望測試自己出家的潛能,或者是熟悉
寺院增進對僧侶生活的認識,都有充分的教育意義。
因此佛教界大多是認同而沿用此一新典範。但是,
「短期出家」的立名,聖嚴法師認爲並不妥當,因
爲,立意出家就是要盡形壽的。在出家之先,在授受
沙彌戒的同時就已經有限期還俗的打算,這是與佛制
不合的。所以聖嚴法師在舉行類似的進修活動時就改
稱爲「出家生活體驗營」,表示是藉此活動來體驗出
家生活,用來和發心出家有所區隔。**⓫**

　　這案例在佛教的現代化經驗中應有相當的啓發意
義。在創發新活動新制度時,「現代化」是呼應時代脈
動的必要舉措,佛教必須現代化才會有鮮活的生命力,
但是不能在現代化的過程忽略了佛教的本質。否則佛教
現代化的命題發展到後來只膾下現代化,佛教卻不見
了。佛教現代化的眞正意義當是佛教在演進過程開展出
和時代的對話,佛教的某些本質能爲世界盡一分貢獻,

⓫ 參見:林其賢,《聖嚴法師七十年譜》,頁 917-918。

而時代的某些特質和需求也能開發佛教原來潛隱的意義。佛教現代化而失去佛教之所以為佛教的特質，這樣的現代化對雙方而言都是一種損失。

　　本文從思想與制度層面探討聖嚴法師在菩薩戒的現代詮解上所努力為初學菩薩所爭取的空間。在詮釋上，法師採取「內部轉化」抽換式的典範轉移是其基本策略；聚焦於三聚十善以突出重點，俾以簡單確實的目標保住有效地踐履。這些在詮釋策略上都是十分高明的。而藉大量的經證教證取得合法性，從時代需求的體會掌握適應性，努力確保契理與契機的兩重要求。

　　但是受戒後的實踐仍會是問題。沒有定期的誦戒且不論，即使有定期的誦戒，以戒持身增上修學的命題仍然無法獲得保證。中國聲聞僧團長久以來缺少諫議羯摩的經驗，佛教史上沒有出現過菩薩僧團更增加這個制度落實的難度。如何從中發展出新的詮釋典範以保持自由而有紀律的菩薩風格，會是另一重要課題。律學的現代化則是關涉得更大更深範圍的另一個難題。

　　百丈禪師面對莊園式的佛教發展，毅然以清規轉換在遊化生活為預設所制定的律法，成功地維繫了中國佛教的僧團發展。而今，面對變動不已的現代社會，佛教界如何對傳統戒律做出有效的現代詮釋是我們持續關懷的焦點。

全面開展的生死關懷

　　現代人由於科技與社會發展，對生命的起點、終點有不同的定義，因此對生命如何開始與如何結束有不同的思維，也引帶著對生命起點到終點的中間過程如何面對產生不同的態度。對現代社會在生命倫理上產生的這些新興問題，佛教提出了什麼樣的合理標準，做為判斷的標準或解決的程序？有哪些新的詮釋策略？

　　生死關懷一直是佛教傳統中的核心大事。但由於科技與社會發展，對生命的起點、終點有不同的定義，因此對生命如何開始與如何結束有不同的思維，也引帶著對生命起點到終點的中間過程如何面對產生不同的態度。對現代社會在生命倫理上產生的這些新興問題，佛教提出了什麼樣的合理標準，做為判斷的標準或解決的程序？有哪些新的詮釋策略？本文以聖嚴法師為主要考察對象，探討聖嚴法師所展現的關懷實踐，並從實踐軌跡中尋繹其生命關懷之核心準則，探究其面對社會新興

事件與科技發展引生實際問題的具體回應。❶

一、生命意義與生命關懷

（一）發現生命的意義

　　生命教育在當前社會之所以普被關注且深予期待，有多重的因素，而深層的原因當是出於對社會擾攘不安已威脅到生命存在的感受。從刑事案件的增加、犯罪人口年齡的下降、自殺人數的攀升，甚至有擴及校園的趨勢，以致引動社會、教育各界的注意，並想方設法提擬對策。生命教育就是在這樣的因緣下受到期待。這雖難免有出於應急而用做治標的動機，但卻也可適時做一根源性的考察做治本的準備。

　　所謂根源性的考察是，當前社會這些引動觀瞻的事件，其生發的根源性原因是什麼？其可能解決的前提何在？不同學科會從社會條件、經濟景氣、政治環境……

---

❶ 一九九七年，哲學家撒米爾‧戈倫維茲（Samuel Gorovitz）把生命倫理學定義為「對於做出與健康相關的情境，以及包括生命科學情境決定道德維度的評論審查。」引據托馬斯‧香農（Shannon, Thomas）著，肖巍譯，《生命倫理學導論》（哈爾濱：黑龍江人民出版社，2005 年 1 月）。生命倫理學家邱仁宗則指出：「生命倫理學是要問，在有關生命科學技術和醫療保健的問題上，我們應該做什麼和我們應該如何做？它是對科學技術行動的規範，將科學技術的研究及其成果的應用引向有利於人類的方向。生命倫理學不謀求建立體系，而是要圍繞問題來研究。」

等諸多因素來討論。例如，從不同時期、各個國家的統計得知，社會經濟發展到什麼程度，國民生發精神疾病的比例是多少。這些從政經社會體制各方來探究社會總體亂象原因的討論，也的確都提供了相當程度的解釋力度而十分可貴。但和這些討論的範疇有別，生命教育要討論的重心是：生命，這些社會問題的生發在生命的層次是哪裡出了問題？這是倫理學、宗教學探究的核心。

從生命教育來說，刑事犯罪的各種案類，不管是搶奪、勒索或是殺人威脅，都是對他人生命以及財產等所有權的漠視；而吸食毒品、自傷自裁則是對自己生命的輕忽。這些經常失當的行為，或者是因為人格健康受損嚴重失調或者是觀念偏差價值錯位，而根源都在於對生命意義和生命價值的解讀失焦。因此，根源性的消解社會總體的亂象，就必須先行建立清晰的生命目標，當發現並明見這有親和力、值得付出、有價值感的生命目標有可能達成時，生活的安排、生命的能量才有投注的方向而不致放肆溢流。因此，生命關懷的第一步是從「WHY——為何」著手，而不是從「HOW——如何」著手。「為何」探尋並回答「為什麼生命要這麼活」、「為什麼人生要這樣過」，並從探尋的過程建立起生命的意義和價值；「如何」則著重操作的方法和程序。如何的提問是在為何的問題得到解答之後才開始的，在

「為何」的問題尚未解答前就提供「如何如何」的答案，容易落入「教條」式的現成。為什麼呢？

道德規範的成立來自於道德判斷，判斷這個規範是否具備道德價值或者判斷是否具備道德意義，而道德價值的判斷則來自於行為與目的之間的相關性。倫理學是從行為所達成的目的來衡量行為的價值高低，然後由此來判斷規範的優劣程度。❷舉例來說：「（人）應該保護青蛙」是不是一個優良的道德規範，是從「（人）保護青蛙對環境有好處」的價值判斷而來；而「（人）保護青蛙對環境有好處」的價值判斷則是從「（人）保護青蛙」的行為和「對環境有好處」的目的兩者之間的關聯性推斷出來。行為實踐的難易程度、達成目的的效益程度，以及兩者之間的相關程度，都決定這個判斷價值的高低和規範的優劣。而在生命教育過程，如果對倫理規範推斷的元素與歷程缺乏足夠的理解或體會，沒有適度地澄清「為什麼」這樣的行為和那樣的目的有關聯、「為什麼」那樣的目的值得追求……，那就會變得只聽到「應該……」、「應該……」的「如何」而沒有「為何」。

---

❷ 王海明，〈應該的邏輯〉，《新倫理學》（北京：商務印書館，2001年2月），頁65-71。

生命意義或生命目標的抉擇決定面對世界的態度，這原就是個難題。聖嚴法師曾區分佛教徒面對世界的幾種不同態度為：戀世、厭世、混世、入世、化世。留戀、追求且放不下是戀世；失望、怨恨、逃避是厭世；搗蛋、擾亂是混世；參與、努力服務社會是入世；不求任何回饋，無條件為眾生離苦得樂而奉獻是化世。然後指出當代佛教徒面對世界的正確態度是：「以入世的方式做化世的事業。」❸這對已經依照佛法建立起對世界信心的佛教徒當然不是問題，但對尚未是佛教徒、對認識世界尚有困擾的人來說，就會覺得不相應。那麼，這第一步要從哪裡開始？

（二）生命的意義：責任與發願

從倫理學來看，道德實踐來自於道德判斷，而道德判斷來自於道德認知。道德認知是道德實踐的基礎。但是「理智無力欲無眼」，道德認知只能處理方向正確與否的問題，而不能處理實際行動的問題。行動來自於「欲」——情緒、情感的認同與驅使。而情感發動的最初機緣則在：對自己有感覺、對自己的情緒有感覺、對

---

❸ 〈二十一世紀的佛教徒〉，《禪門》，《法鼓全集》04-11，頁 169-170。

自己的生命有感覺；然後「推己及人」，對別人的存在
有感覺、對別人的情緒有感覺。道德認知是在道德情緒
或道德情感的發動下，才能形成道德判斷的價值確認，
從而付諸實踐。因此，生命目標最容易聚焦、最容易被
清晰感覺到有價值有意義的起始點就在情感的發動處。
儒家道德實踐的起點所以訴諸道德感情的「四端」如
此，聖嚴法師的觀點亦是從這裡發動去建立起生命關懷
的核心。他以宗教信徒的倫理實踐為例說明，從宗教情
緒開始，再由波動的宗教情緒開展為穩定的宗教情操，
倫理教育就才算完成。他說：

> 宗教生活的履行與體驗，到了至誠懇切生死不渝
> 的程度，也是宗教情緒及宗教精神的汨然流露，一
> 個宗教信徒的宗教情緒及其精神的汨然流露，毫不
> 矯揉造作，出乎一片純真而平靜的心境之際，波動
> 的宗教情緒，變成了穩定的宗教情操之後，他的宗
> 教教育也就完成了。❹

倫理實踐的初始是從生活體驗或是從情感聯結，

---

❹ 〈教育·宗教·佛教的宗教教育〉，《教育·文化·文學》，《法鼓全
集》03-03，頁 27。

但從倫理情感發展為情操則仍需要經過正確的認知才能轉換。聖嚴法師認為對生命意義的發現最有助益的是宗教教育，特別是宗教裡三世的觀念。所有的宗教都是從出生之前的過去談到死亡以後的未來，有根源有歸宿，對生命就會有安定感，就會對自己的現在負責。而如果對生命沒有這樣的認識和信念，在壓力波折下，難免茫然衝動。法師認為：生命教育的內容，應說明生命如何形成、死亡是必然，以及從生到死的人生過程中，如何安身立命。而這其中，宗教教育扮演非重要的角色。這個角色便是確認今生在三世流轉生命長河的責任。

法師指出，人的出生，有兩項目的，即負責任和盡責任。負責任是對自己這一生的行為要負責任，乃至也要對無量過去生的行為負責任。也就是說，要面對應該接受的果報，要償還應該償還的債務。即便是年紀老大，不要等死，也不要怕死；因為怕死、求死是不負責任，等死則是不盡責任。一定要面對現實的人生，它怎麼來，我們就怎麼接受，在未死之前，正好可以用宗教信仰改善現在，準備未來。到人生的最後，儘管只剩下幾天、幾分鐘，也要好好地看待它、享用它。❺而這個

❺　〈淨化人生的責任、權利、義務〉，《禪門》，《法鼓全集》04-11，

責任是苦是樂,則不要抱著還債的心情,而要把還債的態度轉為「還願」。也就是說,吃苦是自己心甘情願的,那麼,既對我們虧欠的人有所交代,也會使自己更有尊嚴。倘使能在平時就建立起三世因果的生命觀,自然能珍惜生命,發揮生命價值。❻

二、生命意義的新詮釋:受災受難是菩薩

(一)親子關係與身心障礙

聖嚴法師從生命的最直接親切的關係來建立起生命的正面價值:生命中的一切遭遇都是有價值的;人間的際遇、親子的相逢,甚至生命中的災難都是有價值的。

民間常俗有認為父母子女是「相欠債」,佛教常見的說法也有以子女是來報恩或者報冤的。聖嚴法師對這樣的說法雖未直接否定或反對,但卻教導父母要保持正向思考正面解讀。他說:

> 懷胎的時候要想:這是菩薩來入胎,我們懷的是一尊小菩薩。千萬不要認為:「生孩子嘛!把小鬼生出來就好了。」如果你認為那是小鬼,他真的會變成

頁 145-146。

❻ 〈勇敢面對挫折〉,《人間世》,《法鼓全集》08-09,頁 108。

小鬼；如果你視他為菩薩，他會是個菩薩。心的念
頭是非常重要的。❼

不只是把平常小孩視爲菩薩，即使是需要父母更
加費心照顧的身心障礙小孩，也都視爲菩薩，並把這樣
的關係理解爲是父母過去所作業在今生要受的罪報，因
此連帶讓小孩折磨受苦是父母對不起小孩。用這樣的理
解，就會生起慈悲心來願意好好照顧小孩。❽

非正式地統計，據了解，身心障礙的朋友如果有宗
教信仰的，信奉佛教者爲數較少，大部分都是基督教或
天主教。主要原因來自於對佛教因果業報說法的排拒。
常招致身心障礙者的抱怨，認爲這種業報業障的說法對
身心障礙者是二度傷害。因此甚至會有質疑的聲音，認
爲「這種歧視殘障的宗教，如何能成爲心靈的寄託、生
命的依歸」。因此學者也贊同並根據聖嚴法師前述的觀
點主張身障者是「另類的菩薩示現」❾。

❼ 〈如何建立美滿婚姻？〉，《法鼓山的方向》，《法鼓全集》08-06，
頁 353。
❽ 《聖嚴法師心靈環保》，《法鼓全集》08-01，頁 202-203。
❾ 引見單德興，〈身障者，不是宗教的弱勢者〉，《人生》251 期（臺
北：人生雜誌社，2004 年 7 月），頁 62-64。

（二）災難罹難者

　　把身心障礙視為菩薩是一種正面解讀、正向思考的理解方式。這樣的理解方式，對遭受意外災害的當事人或是罹難者的家屬親友更是意義重大。一九九九年，臺灣發生「九二一大地震」，很多家庭從此破碎，很多災民遭遇遽變，哀慟、悲傷、恐懼、無助至無法自拔；心理學及精神科專家都擔心災後會出現自殺潮。聖嚴法師鼓勵受苦災民從已逝親友者的立場來感覺：「已逝去的人，一定會希望活著的親人能平安在人間，這樣他們才能平安地轉生，或是到天國、西方極樂世界。」❿並且在當時各媒體普遍刊布的「台灣，加油」公益廣告，現身說法致詞鼓舞人心，他說：

　　　　我們什麼都損失的時候，你還有一口呼吸，表示說你還非常的富有。在受苦受難當中，還能夠把自己的苦難放下，還能夠幫助他人、利益他人，那就是大菩薩。事情已經過去，我們一定要面對現實，樂觀奮鬥，這次在災難之中，受苦受難的人都是菩薩們。⓫

---

❿　《台灣，加油》，《法鼓全集》08-07，頁110。

⓫　〈二二、百年大地震〉，《抱疾遊高峰》，《法鼓全集》06-12，頁142-143。

　　聖嚴法師這種理解方式便起了極大的撫慰作用，他說：「所有罹難者是大菩薩、是老師，用生命做爲教材，現身說法，代替二千二百萬的臺灣人受災受難，救了我們下一代；我們應該從過去的錯誤中學習重生、感恩，讓社會充滿祥和與善良。」⓬聖嚴法師提示大家，二千多條的寶貴生命，「都是對『生命』做現身說法的菩薩，是活教材、最好的老師」。因爲他們教導世人領會到：每一個人生來就確定會死亡，因此對於生死都要有所準備，如此才會珍惜自己的生命，也珍惜他人的生命，同時也善用自己的生命；如此一來，自己什麼時候死亡都沒有關係，也不會被死亡嚇到。⓭如此一來，遭遇災難便從「罹難者是因爲過去造惡業所以今生罹患災難」的認知，轉化爲「罹難者現在的受苦受難是爲了幫助我們未來不再受苦」的正向價值。

　　二○○一年，美國發生「九一一事件」，聖嚴法師代表中國佛教界於百日祭時親履受難現場祝禱，也特別於禱詞中向罹難者致謝，感謝罹難者都是菩薩的化身，爲全人類承受了苦難，爲人類的後代做了消弭種族及宗教仇恨的教材。禱詞是這麼說的：

⓬　《台灣，加油》，《法鼓全集》08-07，頁 103。
⓭　《台灣，加油》，《法鼓全集》08-07，頁 111-112。

　　諸位罹難的先生女士，自從事件發生以來，今天已是百日，全世界的善人，都在懷念你們，人類的歷史上，永遠感恩你們。站在佛教徒的立場，你們都是菩薩的化身，為我們全人類承受了苦難，為人類的後代作了消弭種族及宗教仇恨的教材。現在，雖然尚有你們之中的數千位遺體，已無法找出被你們的家人領回安葬，但是，你們已完成了這一生的偉大任務，願你們放下一切，面對無常的事實，讓我們一同祈禱：由於你們的信仰和善行功德，早日上生天國，求生佛國淨土。❶

（三）為人生善與對治悉檀

　　這樣對遭遇災難的詮解，與傳統佛教對因果業報的解說有別，但卻是當前社會所需要的。教育心理學的「比馬龍效應」也是如此：積極正面的期待與評價會產生正面的結果，負面消極的期待與評價則會產生負面的結果。有人質疑：這會不會太唯心主義太一廂情願了？如果是與事實不相符合而硬要如此解釋，便會是酸葡萄或阿Ｑ式的心理防衛機制，但如果是無法否證的，既然

---

❶　〈一七、東西岸的三場演講和九一一百日祭〉，《真正大好年》，《法鼓全集》06-13，頁154-155。

沒有可以確定的事實可以核對，就沒有與事實符不符合的問題。而從這樣的解讀中，建立起正向的感情關係，對生命發展確實是有幫助的。

這樣的解釋方式並未否定因果業報的基本教說，而是在不同情境做適度的調節。曾經有身障朋友向聖嚴法師抱怨佛教這樣的說法對他們不公平，他們並沒有做壞事，為什麼說盲、聾、啞、癱、跛是受業報。聖嚴法師仍然是根據三世因果的善惡業來談受苦樂報，鼓勵面對現象、繼續努力。❶只是在時機、對象等各種條件的考量下，需在契理與契機間有所調節。《大智度論》曾解說有四種成就眾生的教法名為「四悉檀」，除了最初的世界悉檀和最高的第一義悉檀，中間的為人生善悉檀和對治悉檀，所以排序有第二和第三的差別，當就是在於需先考量對象的根機時機是否已經成熟。根機尚未成熟，只宜擴大優點，從擅長專長處鼓勵而不宜批評缺點從不足處鍛鍊。

聖嚴法師在呼籲宗教對話交流以促進世界和平時，也提出這種新的詮釋策略來。❶

---

❶ 〈法鼓傳法音〉，《法鼓山的方向》，《法鼓全集》08-06，頁 44 -45。
❶ 見《致詞》「上篇 演說」各篇，特別是〈建立全球共通倫理價值的重要性〉、〈以教育來建立全球共通的倫理價值〉，《法鼓全集》03-12。

三、臨終關懷

　　原始佛教以出離生死證得涅槃爲修學的主要目的。大乘佛教雖然以度一切眾生甚至以「情與無情同圓種智」爲目標，因此有「有一眾生未得度，終不於此取泥洹」的誓願，但解脫煩惱、生死自在仍是必然追尋的目標。生死大事、末後一著，都是佛教行者特別重視特別要著力的。聖嚴法師對此亦多有開展，從臨終面對心態的調整、醫護方式的選擇、臨終助念的指導，乃至停殯、奠祭與喪葬處理，有完整的理念教說與實作經營。此一臨終關懷的歷程，所關涉的議題主要有：佛教徒如何面對死亡？佛教徒如何面對臨終醫療，能選擇「拒絕醫療」嗎？死後能捐贈器官嗎？會不會影響往生去處？

　　佛教徒的生死觀決定臨終醫護方式以及器官捐贈的選擇和喪葬的處理。因此先就面對死亡的態度以及往生處的選擇討論起。

（一）如何看待死亡

1.生命無盡經提昇而圓滿

　　佛教與現代醫學對生命態度的最大區別是：生命三世輪迴的。現代醫學的哲學預設大致是實證論或甚至是唯物論的，唯物論的生命觀，從佛教的立場來看謂之

「斷見」：只見今生，前後世是斷滅的。與斷見相反的
生命觀爲三世的生命觀，認爲生命有前生有後世，前生
與後世是相關聯的。三世的生命觀又可區分爲「常見」
與佛教的生命觀。「常見」是認爲生命就是自然會不斷
延續。「斷見」的生命觀會引生一切努力到最後一場空
的慨嘆，「常見」則也可能會產生「來日方長」的懈怠
心理。佛教的生命觀則是在生命無盡、一生一生延續的
基礎上否定「斷見」，但並不同意「常見」的生命觀。
佛教以涅槃或菩提爲生命的終極圓滿，而把生命延續
的每一生每一世，視爲指向終極圓滿不斷提昇的累積過
程。聖嚴法師曾把李商隱的〈登樂遊原〉改製爲「夕陽
無限好，不是近黃昏，前程美似錦，旭日又東昇」，
用來說明「生命無盡因提昇而圓滿」的佛教生命觀。
他說：

> 人既然出生，就不可能不離開世間，所以人的一
> 生是有限的，可是在每一生一世中，皆是在行菩薩
> 道，直到成佛爲止，再回到人間來廣度眾生；所以，
> 人生是有限，而生命是無盡。在無盡的生命中奉獻
> 自己成就眾生，這就是修行的菩薩法門。❼

---

❼　〈佛化聯合祝壽致詞〉，《法鼓山的方向》，《法鼓全集》08-06，頁

因此以佛教的觀點看生命歷程，出生時固然抱有無限的
希望而來，死亡時同樣也抱著似錦的前景而去。所以，
人生的結束，雖不是喜事，也不是喪事，乃是一件莊嚴
的佛事。也因此，人生的終點，就不是生命的結束，而
是無限的延伸以及圓滿的連續。[18]

從佛教來看，一期一期的生命之間是延續著的，因
此所有的努力都是有效的。只是這些努力的成果會轉換
另一個形式出現。錢財帶不去，但福報福業不會消失；
親友會別離，但是善緣善業不會消失，此所謂「萬般帶
不去，唯有業隨身」。「業」不是只有惡業而已。抱持
著這樣的理解面對死亡，最好的態度就是：(1) 不要怕
死；(2) 不要等死，應該做他想做而能做的利人利己的
事；(3) 深信三寶，發菩提心。[19]怕死是不負責任，等死
則是不盡責任。即使到了人生的最後，仍然把握機會自
利利人不斷提昇品質。

2. 往生去處選擇：人間淨土與佛國淨土

然而，一世一世地學習、提昇，如此漫長的過
程如何保證一路向上而不會退墮？佛教因此開展出往

379-380。
[18] 〈佛化聯合奠祭守則〉，《法鼓山的方向》，《法鼓全集》08-06，頁
333。
[19] 〈現代佛教與生活〉，《禪的世界》，《法鼓全集》04-08，頁 274。

生佛國淨土的教法來，並因著偏重聲聞道或菩薩道的
不同傳統，往生淨土的教法也隨之而有視佛國淨土為
目的，以及視佛國淨土為過程的區別。❷於是往生的
目標就因空間、性質與層次的不同分類標準，產生幾
種不同的對照。如：從空間區分，可分成：東方、西
方……等他方佛國和此土；從性質上則分成淨土和穢
土；從層次則有人間、天國、二乘、佛乘等淨土。❷
中國佛教徒最熟悉的佛土往生處是阿彌陀佛的西方極
樂淨土，此外還有東方藥師佛淨土等十方佛國。此處
世界則有晉朝道安、唐朝玄奘、窺基，近代的太虛大
師、慈航法師發願往生的兜率內院彌勒菩薩淨土，以
及釋迦牟尼佛所化的人間此土。

　　以禪修指導名、以建設人間淨土名的聖嚴法師，對
人往生何處是如何指導的？

　　聖嚴法師倡導「建設人間淨土」，但並未如太虛大
師之以慈宗為主往生內院；❷從他幾次刊布的「預立遺

❷　把往生佛國視為目的，指的是把往生佛國當作修學的終極目標；把往生
佛國視為過程，指的是把往生佛國當作修習佛法的進修階段，就像出國
留學但終究是要歸國的。
❷　參見：印順導師，〈第十一章　淨土與念佛法門〉，《初期大乘佛教之
起源與開展》；聖嚴法師，〈淨土思想之考察〉，《學術論考》，《法
鼓全集》03-01，頁147。
❷　太虛大師自述其修學旨要而歸結迴向於彌勒菩薩之兜率內院云：「民十
二元旦，序慈宗三要，束禪觀於真實義品，攝律行於瑜伽戒本，特發揮

囑」，也看不出明顯的指歸。

二〇〇〇年九月，聖嚴法師於「生命的教育座談會」上第一次公布遺願書，經《聯合報》全文刊出：

一、病危醫療照顧：我若病危已失神智，而也確定不能復甦時，請讓我有尊嚴地自然往生，勿用機器來增加折磨。

二、身後事的處理：我是佛教徒，悉從佛化的臨終助念及簡樸莊嚴的追思火化。勿建墓塔、勿立碑像，乘風化去，隨水流逝。

三、財物及事物處理：我是僧侶，任何財物，不屬俗家親屬，不歸任何私人，一切權責均由法鼓山僧團依制依法處理。❷

二〇〇四年四月，《法鼓》雜誌刊布了經修改過比較詳細的〈預立遺言〉，末後有偈，禪家的氣息較濃：「無事忙中老，空裡有哭笑，本來沒有我，生死皆可

彌勒上生經旨，遂於內院淨土有其專趣，則由禪律而淨矣。頃年以境緣增上，受習密咒，然最後所歸仍在回向兜率。」見：〈判攝〉，《太虛大師全書·第一編佛法總學》，頁 365；而太虛大師往生時，隨侍弟子等亦確實「助念彌勒聖號，祝上生兜率，再來人間」。《太虛大師年譜》，頁 538。
❷ 《抱疾遊高峰》，《法鼓全集》06-12，頁 255。

拋。」〈預立遺言〉第一點指示處理後事「不發訃聞、不傳供……」等原則，其中有「唯念「『南無阿彌陀佛』，同結蓮邦淨緣。」❷但這只可視為隨順大眾熟習的佛教臨終儀式，並未能據以做為法師往生之確指。

聖嚴法師雖然以指導禪修名，但亦未反對往生西方淨土，認為禪淨並不需要分開。「禪修者，若能明心見性，心淨則所居國土亦淨。」因此，他不僅教人用禪的修行方法，同時也鼓勵人們念佛。❷對於禪修等仗自力的修行者並不想往生西方的，如果不是貪戀人世，聖嚴法師贊歎，認為在人間努力於人間淨土的建設，更近乎佛陀出世化世的本懷。❷但也強調，如果信心不夠堅強，則求往生西方淨土也是踏實的。❷「建設人間淨土」和「往生西方淨土」雖非必然關係，但並不衝突。「建設人間淨土」是「往生西方淨土」的必要條件，但「往生西方淨土」並不是「建設人間淨土」的必然目標。建設人間淨土可以是修學不同法門的所有佛教徒的共同基礎。只因為修學極樂淨土法門普遍而易學，因此

❷　《法鼓》雜誌 172 期（臺北：法鼓山文教基金會，2004 年 4 月 1 日），第 1 版。

❷　〈禪──如來如去〉，《禪與悟》，《法鼓全集》04-06，頁 128。

❷　〈生死事大〉，《拈花微笑》，《法鼓全集》04-05，頁 210。

❷　〈農禪寺第四十期禪七〉，《禪的體驗‧禪的開示》，《法鼓全集》04-03，頁 233。

修學的人多，因此法師於兩者的關聯也說明得較多。㉘
聖嚴法師明確提倡的是今生的「建設人間淨土」，至
於次生往生處所的選擇，或者是往生西方、或者是再來
人間，因著大眾心力因緣，法師贊歎在人間修學近於佛
陀本懷，但對往生西方也稱許爲踏實良策。

　　以自力修行的禪者來說，既不求生西方，而又無
法確證解脫生死，會是怎麼個去處呢？淨土行者常說有
「隔胎之迷」或「隔陰之迷」，會造成今生的修學與次
生結果的阻斷力量嗎？對這樣的困惑，聖嚴法師舉佛陀
的說法開解道：

　　　　佛陀說：「不要害怕，你看見過樹嗎？如果用繩索
　　　將一棵樹從小就向西面拉，長大後它是朝向西面的；
　　　砍伐時不論吹著什麼方向的風，乃至是從西方臨面
　　　吹來，這棵樹倒下的方向，一定還是朝向西面的。」

㉘　如說明傳統淨土行者多以專念佛號爲主，但現在「雖然也鼓勵念佛的
　　人往生西方，但在未生西方之前，應先努力把我們現在的人間，建設
　　爲淨化的社會」。〈提昇人品的佛教〉，《禪的世界》，《法鼓全集》
　　04-08，頁 241；又，參禮印光大師關房時說明印光大師所教示的「敦倫
　　盡分」，就是每一個人都當盡人的責任，加上發菩提心，才能談到往生
　　淨土、蓮花化生。求生淨土是目標，把人做好是基礎。這不就是先要建
　　設人間淨土，臨終便能往生極樂淨土的內容。〈印光大師在靈嚴山〉，
　　《步步蓮華》，《法鼓全集》06-09，頁 163-164。

這是說，用功重在平時的努力方向，不必擔心死後
的去處；平時修行，信願具足，就不愁死後隨業墮
落。眾生的毛病是重果不重因，菩薩則重因不重果；
修行的本身就是目的，不須擔心未來的結果如何！❷

　　不論是求生西方淨土，或是立願再來人間，同樣的
都會遭遇到條件的問題。求生西方有條件的要求，再來
人間也有條件要求。但有些淨土行人誤會阿彌陀佛的淨
土法門，以為淨土法門就是為了求得臨命終時，彌陀來
迎，手執金台，接引往生，於是全心全力只要念佛。聖
嚴法師指出，這樣的理解只對了一半，他指出：「修行
臨終關懷及發願往生，的確是彌陀信仰的特勝之處，但
就往生西方淨土的條件來說，仍是因人而異，生到淨土
的品位也因所修條件的多少而有差別，故有三輩九品的
往生果位及因行之說。」心繫往生淨土，但往生前需是
在人間自利利他，能夠在現生致力於人間淨土的建設，
死後才得以往生極樂淨土。❸

　　有人懷疑，佛教界不注重慈善事業的推展，不著力
於現世生活的努力，跟許多佛教徒一心嚮往西方極樂淨

❷　〈生死事大〉，《拈花微笑》，《法鼓全集》04-05，頁211。
❸　〈人間淨土〉，《法鼓山的方向 II》，《法鼓全集》08-13，頁82。

土，不留戀這個世界有關。法師指出，「修行淨土法門的人，一定是首先對現在的生活是肯定的；從現在的生活裡修淨土法門，而用修淨土法門的條件，落實在現實的生活中，同時祈求往生西方極樂世界。」❸臨命終時才得聞佛法，或是作惡甚多的人臨終時的特殊接引，這些雖然是有可能的，但根據淨土經典《觀無量壽經》及《無量壽經》的記載，要往生西方淨土，除了需發願往生淨土及念佛外，最要緊的是發菩提心。菩提心即慈悲心，立意要從現在開始直到成佛之後，都要盡其所能幫助他人、利益眾生。❸

在這樣的理解基礎上，才能進行器官捐贈的討論。

（二）助念殯殮與器官捐贈❸

器官捐贈屬布施，為佛法修行六波羅蜜之首，經典多有記載布施頭目手足之事蹟者，歷來行者燃指供佛、燃臂香、燒戒疤，主要也只是為了練習「捨得」，以成就「放下」的能力。因此佛教徒實行布施原該是毫無疑

❸ 《慈雲懺主淨土文講記》，《法鼓全集》07-04-3，頁 7。
❸ 〈讓殘障者生活得更好〉，《聖嚴法師心靈環保》，《法鼓全集》08-01，頁 121。
❸ 本節改寫自：林其賢、郭惠芯，〈佛教臨終關懷的當代難題〉，《中華佛學研究》第 8 期（臺北：中華佛學研究所，2004 年 3 月），頁 279-293。

義的，何況是死後器官的利用。但爲什麼有不同的作法？不捐贈器官是否就是違反佛的教說？不願意捐贈器官的考量是什麼？

器官捐贈有自活體摘取器官捐贈，以及從屍體摘取器官捐贈之別。自活體摘取器官捐贈是在生時捐贈器官，如捐贈腎臟、捐贈皮膚。佛陀往昔有捨身餵虎、割肉餵鷹之舉❸，即是活體捐贈的模範。目前我國自活體摘取器官捐贈限制移植於三親等以內之血親或配偶。從屍體摘取器官捐贈則是在判定腦死後，摘取器官移植。照說，活體器官捐贈與屍體器官捐贈兩者應是以活體器官捐贈的難度較高爭議較大，卻不料，佛教界對活體器官捐贈反而爭議較少，對死後捐贈器官的爭議較多。

爭議的焦點在於死後處理遺體時，有不同時間點的考量，以及器官捐贈在布施修行上的次第安排，因此在自利、利他之間的選擇會有不同的掌握。

當代佛教徒從人的臨終至死亡的安置，大致有命終八小時之後方可哭泣及接觸亡者遺體的說法，這主要是依據弘一大師〈人生之最後〉一文而來：

❸ 《金光明經》，《大正藏》第 16 冊，頁 354；《六度集經》，《大正藏》第 3 冊，頁 1。

　　既已命終，最切要者，不可急忙移動。雖身染便穢，亦勿即為洗滌。必須經過八小時後，乃能浴身更衣，常人皆不注意此事，而最要緊。惟望廣勸同人，依此謹慎行之。

　　命終前後，家人萬不可哭。哭有何益，能盡力幫助念佛乃於亡者有實益耳。若必欲哭者，須俟命終八小時後。

　　命終之後，念佛已畢，即鎖房門。深防他人入內，誤觸亡者。必須經過八小時後，乃能浴身更衣。（前文已言，今再諄囑，切記切記。）因八小時內若移動者，亡人雖不能言，亦覺痛苦。❸

　　印光大師則根據「壽、煖、識，三者常不相離」的經教❸，說明「如人生有煖，則有識在，識在則壽尚未終」。印光大師云：

　　人死氣斷之後，彼不即去，必待至通身冷透，無

---

❸ 弘一大師，〈人生之最後〉，《弘一大師演講全集》（臺北：天華出版公司，1980 年 4 月）。

❸ 《雜阿含經》卷 21：「壽暖及與識，捨身時俱捨，彼身棄塚間，無心如木石。」（《大正藏》第 2 冊，頁 150）；《成唯識論》卷 3：「又契經說，壽煖識三，更互依持，得相續住。」（《大正藏》第 31 冊，頁 16）

一點煖氣，彼識方去，識去，則此身毫無知覺矣。
若有一處稍煖，彼識尚未曾去，動著觸著，仍知痛
苦，此時切忌穿衣、盤腿、搬動等事。若稍觸著，
則其痛苦最為難忍，不過口不能言，身不能動而
已。❸

聖嚴法師對臨終處理與助念也大抵依循淨宗大德教
說，臨終應保持安靜以佛號助念云：

　　站在佛法的立場，病者氣絕後，鼻息雖斷，但
神識卻尚未離去，這時仍是有知覺的，須經過一
段時間，通身冷透，神識出離，方算死亡。在神
識未去之前，心靈正是最痛苦的時刻，此時家屬
的哭泣聲和任何不當的碰觸遺體，都會增添亡者
無邊的痛苦和煩惱，為了亡者的善終，最好是在
他身邊安靜念誦「阿彌陀佛」聖號，因為佛經告
訴我們，臨終的亡者只要聽到一句佛號，就不致
於墮落惡道受苦。❸

---

❸ 印光大師，〈臨終舟楫〉，《印光大師全集》第三冊（臺北：佛教出版
社，1967 年），頁 1539。
❸ 《法鼓山的方向》，《法鼓全集》08-06，頁 338。

此外，並詳細說明：換壽衣宜在八小時後；將亡者冰凍，則更應在十二小時後。

由於關係到亡者下一生的去處，因此，佛教徒奉行者多，多年來亦少異議。異議之起，始於器官捐贈之討論，因為死後器官捐贈是在判定腦死後即行摘取器官。此時，時間尚未滿八小時，體溫猶存，不摘取則無法成全器官捐贈；摘取，則有妨礙亡者去處之虞。

為成全死後器官捐贈而從教理提出支持論點的是當代大德印順導師。繼程法師曾於一九八○年訪問時提出問題道：捐獻眼角膜者，必須在六小時內取出。這與傳統佛教人死後八小時內不可摸觸的說法是相違的。面對如此兩難，應如何處理？印順導師從唯識學理論分析，認為死後即摘取器官，並不會妨礙亡者。他說：

　　人死了以後，前六識（眼、耳、鼻、舌、身、意）都已停止作用，即使第八阿賴耶識未離身，也不會有痛苦的感覺，因為身體有痛苦是身識與意識的作用。阿賴耶是『無記』性的，不會有痛的感覺。❸

❸ 釋繼程，〈綜貫一切佛法而向於佛道〉，藍吉富編，《印順導師的思想

　　爾後，印順導師更明確地表示：死後即摘取器官，不會妨礙亡者。印順導師和印光大師一樣，也是從識、暖、壽三者的關係來談：

　　　如沒有了識與暖，壽命也就完了。這三者，是同時不起而確定為死亡的。這樣，如還有體溫，也就是還有意界（識）與壽命，而醫生宣告死亡，就移動身體；或捐贈器官的，就進行開割手術，那不是傷害到活人嗎？不會的！如病到六識不起（等於一般所說的「腦死」），身體部分變冷，那時雖有微細意界——唯識學稱為末那識與阿賴耶識，但都是捨受，不會有苦痛的感受。移動身體，或分割器官，都不會引起苦痛或厭惡的反應。所以，如醫生確定為腦死，接近死亡，那麼移動身體與分割器官，對病（近）死者是沒有不良後果的。❹

　　印順導師從唯識學的教理去判斷，在「腦死」的情況下，身體部分變冷，此時雖有微細的末那識與阿賴耶識，但都是「捨」受，不會有苦痛的感受。印光大師則

與學問》（臺北：正聞出版社，1986 年重版），頁 174-175。
❹ 印順法師，〈中國佛教瑣談〉，《華雨集》第四冊（臺北：正聞出版社，1993 年 4 月），頁 117-118。

認為：只要身上還有一處稍煖，則神識未去，「若稍觸著，則其痛苦最為難忍」。聖嚴法師亦表示：縱然在死後移植，也必須預先取得死亡者生前的首肯，否則亡者對於遺體尚有一分貪戀和執著，便會引起他的瞋恨及怨怒，甚至影響他的轉生善道或往生淨土的去向。❹ 兩種見地如此相異，癥結應在於：

1.「臨終」人有否知覺感受？

2.「臨終」的時間界定。

如果只有微細的末那識與阿賴耶識，因為都是「捨」受，自然不易引生苦痛的感受。但是如何確知亡者是在「前六識不起」，僅有七、八兩識作用？時間的起始與結束如何掌握？如果太早，則僅是前五識不起，雖然沒有身體的痛覺，但是「心痛」的感覺還是有的。如果太晚，則神識已離身而成中陰，中陰身是有知覺的。❹ 雖然處在中陰的狀態，不會有生理上的痛覺，但對「我」的身體、「我」的所有……仍有殘

---

❹ 〈殺生的定義和範圍是什麼〉，《學佛群疑》，《法鼓全集》05-03，頁33。

❹ 透過近年對濱死經驗（NDE：Near Death Experience）的研究，可以比擬出人死後神識離身的可能狀態。研究顯示：有濱死經驗者在體驗的當時，多有從自己身體出離，漂浮在天花板上，「看」到自己的身體正被處置救護。參見：林綺雲編，《生死學》（臺北：洪葉文化公司，2000年7月），頁399。

留的指揮控制的習性,面對身體受播弄,是否也還會有「心痛」的反應。

聖嚴法師對這個問題並未直接回答,但從「一般」和「特殊」通別兩種情形來分辨:

> 一般的狀況下,如果往生者尚不知道自己已經死亡,對於肉體尚有眷戀執著,甚至尚有若干觸覺,最好不要立即碰觸,而是經過助念,引導他們的神識,求生佛國或者轉生善道。
>
> 至於在特殊的狀況下,佛教徒是可以隨緣變通的。譬如有人問我,在生前預立遺囑,願將器官捐贈給需要的人,是否會妨礙往生佛國的路?我說:菩薩誓願,捨己救人,乃是往生佛國的增上緣。❸

一般而言,在亡者過世後的八至十二小時,對亡者最好的作為是:助念;但在特殊狀況下,則對亡者最好的作為是「從其誓願」。而不管是採取哪一種方式,其實都是符合倫理判斷的「尊重自主」原則。亡者親友在既定時間內為亡者助念,「助念」意謂著輔助、幫助的次要

---

❸ 〈學習臨終關懷〉,《法鼓山的方向 II》,《法鼓全集》08-13,頁47。

地位或從屬地位，亡者的意願才是主導地位。而如果亡者意願是捐贈器官，則輔助者自亦宜予成就。這時候，就算有「心痛」的感覺、不捨的感覺，也不會有影響。聖嚴法師指出：

> 　　一個人如果生前已交代，在死後願意捐出有用的器官或填寫器官捐贈卡，這也表示他心裡早有準備，所以即使死後有知覺，也會忍耐，因為他出於自願，願意捨身助人，如此則是無礙的。
>
> 　　目前慈濟功德會也鼓勵大家加入大體捐贈（整具遺體捐做醫學、解剖用途）的行列，也表明佛教界是開明的，不會因為「不得立即挪動遺體」的古訓，就反對器官捐贈。❹

佛教原來就鼓勵應修捨心、練習放下。心痛而願施且能施，自是行者本色。但是佛教也不主張「強迫施」。因此，臨終是否捐贈器官的問題關鍵並不在是

---

❹ 《歡喜看生死》，《法鼓全集》08-10，頁 122-123；另，在〈殺生的定義和範圍是什麼〉中亦指出：「如果立下遺言，捐贈器官，爲了挽救另一人或數人的生命，這是捨身救人的菩薩行，因此，若生前確立有遺願，移植人體器官當不成問題。」見：《學佛群疑》，《法鼓全集》05-03，頁 33。

否違反佛教，也不在五識不起時是否有痛覺，而在是
否能承擔可能會遭遇的對自己身心的不捨。不論臨終
人是否有意識，都應該在臨終前做好布施的各項準
備。事前的準備愈充分，則臨終時所能產生的變數就
愈有限。聖嚴法師說明決定投生處所的原則：第一優
先是隨重：由生前所做的重大善惡業決定；其次是隨
習：再由最深的習氣決定投生處；再次為隨念：依命
終時心識憶念所及決定投生處；第四則為隨願：依所
發誓願而決定生處。❹前三個原則是通則，依次由前
而後決定；第四原則是變數，依願力與業力之大小
決定。

　　至於會不會影響助念的功效或是干擾亡者的正念
呢？聖嚴法師舉《阿含經》中譬喻說明，只要平常業習
都培養得充足，就算臨終時有特殊意外而無法正念分明
一心不亂，也不會影響意識的動向：

　　　　信心與願力，只要深切了牢固了，它就牢牢地印
　　　在我們八識田中，它就有力量左右我們的神識的動
　　　向。比如一棵樹，從小就把它的重心拉向東方，那

---

❹ 法師早年只提三個原則，日後則增加「隨願」的第四個原則。見：〈為
　什麼要做佛事？〉，《學佛知津》，《法鼓全集》05-04，頁100-101；
　《歡喜看生死》，《法鼓全集》08-10，頁114-115。

麼，當它成材之時，不論被風吹倒也好，被人砍倒
也好，它倒下時的傾向，必定是向著東方。這就是
平時的工夫，可以決定臨終以後神識動向的最好比
喻。❻

（三）拒絕醫療與安樂死的抉擇

生命臨終的「拒絕醫療」是一個概括的稱呼，本文
用來指稱臨終時的幾種選擇，包括：1. 不進行侵入性治
療，而以食療、運動等自然衛養方式，或是以緩解症狀
的照護為主的應對方式；2. 以作為或不作為而使生命的
延續中止。這兩點即是一般通稱的「自然死」和「安樂
死」。宗教界以及一般大眾對「自然死」沒有倫理上的
諍議，但由於對「安樂死」尚有許多不同觀點，以致在
「自然死」與「安樂死」之間也就有許多模糊的空間。
其間發生的問題如：病人有沒有權利拒絕醫療？怎麼樣
的情形是道德的，怎麼樣的方式是不道德的？如果當事
人失去意識無法表達意思時，誰可以代為決定？會面對
這些現代臨終議題，佛教如何回應？本文不討論自然
死，而將重心放在安樂死，以及安樂死與自然死之間的

---

❻ 〈怎樣準備人生的最後〉，《神通與人通》，《法鼓全集》03-02，頁
110-111。

模糊地帶。先說明目前對安樂死的理解。

1. 安樂死與自然死

「安樂死」，英文為：euthanasia，語源於希臘文，eu 的意思是「好」，thanatos 的意思是「死」，其字面意義乃指「好好的死，或者是無痛苦的死」，原來只是描述臨終的狀態與面對死亡的態度。韋氏字典（*Webster's Dictionary*）將「安樂死」定義為：「安靜而容易的死亡」、「引致安靜容易死亡的舉動」，則進一步說明了趨向死亡的方法。日本人將之譯為「安樂死」，字面上容易引生爭議。因此傅偉勳曾著文提議將此譯名改譯為「安易死」，以避開「快不快樂的爭議」[47]。

人類過去長久的歷史，不論中西，為了社群的利益而將病人或老人視為無價值者，幫助他們自殺，甚或殺死他們；或允許並幫助疾病、悲傷、羞辱的人自殺，史籍中屢有著述。如：紀元前一世紀，希臘就有為年老公民舉辦的服毒盛宴，以及供給尋死者申請毒藥的公開程序。[48] 凡此種種，可見「安樂死」的觀念與操作早已存

---

[47] 見釋慧開，〈附錄 1：未知死，焉知生？〉，傅偉勳，《死亡的尊嚴與生命的尊嚴》（臺北：正中書局，2000 年 1 月臺五版），頁 297。

[48] 參見：楊鴻台，《死亡社會學》（上海：社科院，2000 年），頁 230-231；大衛‧韓汀（Hendin, David）著，孟汶靜譯，《透視死亡》（臺

在人類社會。

西方傳統在第三世紀以後，由於基督教的崛起，人們對安樂死和自殺的態度產生了極大的改變，聖徒保羅便堅決反對任何形式的自我毀滅行為，聖奧古斯丁等教會長老也支持這種看法。由於此種演變，「安樂死」的內涵有了不同的取向。之後興起的臨終照顧，如歐洲中世紀時代（約西元四百多年）基督宗教修道院附設的「安寧院」（Hospice，源於拉丁語「招待所」之意），中世紀以後的西方，基督教根據「生命神聖原則」，長期視自殺為反神、反倫理的不道德行為。佛教則從原始教典所提及的「塔寺」（vihara）❹即可見出，負有幫助信徒療病，進而平靜地面對死亡，而達善終的作用。兩大宗教傳統對「安樂死」精神的積極性延伸實踐──即幫助重病者「好好死去」（easy death）。

近代則因醫療科技的飛躍進展與生活水準普遍提高，生命的品質和意義的要求呼聲更加殷切。但也因為對生命品質與生命意義的要求與解決不同，而有許多不同的對應方式。例如：呼吸器、維生系統、心肺復甦

北：東大圖書，1997 年），頁 67。

❹ 有關「塔寺」語義，可參閱《十住毘婆沙論·解頭陀品》，《大正藏》第 26 冊，頁 112。

術、電擊、升降壓藥、強心藥物等之使用，延長許多病
人的生命，相對也延長了許多病人的瀕死時間。❺ 因此
對病人及家族的精神與經濟，產生了極大的壓力。這是
延長壽命或是拖延死亡？傳統宗教原本將「安樂死」
定義為：當任何治療對瀕死者只是延長死亡而不是生命
時，聽任其自然地死或尊嚴的死。然而，何種狀態稱為
「自然」？不用高科技呼吸維生系統是「自然」？不
採取放射化學治療是「自然」？不用胃管餵食是否也是
「自然」？在醫療萬能的迷思裡，傳統的死亡判準一再
隨工具科技的改進而變動，「自然與人為」的界線到底
在哪裡？又，如果「尊嚴」來自全然的自主，它可有客
觀的認證標準？譬如：人對自己的生命擁有「絕對」的
自主權嗎？

　　十七世紀以來，伴隨著人文主義、世俗主義的興
起，人們質疑「生命為神所創造」的前提，進而質疑
「宗教」，儘管來自經驗主義的「尊重生命倫理學」
仍視生命為神聖，但進入科技文明大幅躍進的十九世

---

❺ 中國社會科學院應用倫理中心邱仁宗教授謂：「生物醫學技術的進步救
　活了許多本來要死亡的病人，同時也延長了許多臨終病人的生命。這
　種延長是『延長生命』，還是『延長死亡』？如果是『延長死亡』，
　這種延長是否應該？如果不應該……，那又應該怎麼辦？」見：邱仁
　宗，《生死之間：道德難題與生命倫理》（臺北：臺灣中華書局，1988
　年），頁163。

紀，生命品質的要求終於和生命神聖論尖銳對壘；墮胎、安樂死、死刑……等爭議於是成爲現代人規避不得的倫理難題。

經由理性論證的結果❺，「安樂死」的範疇被推廣成仁慈助死與仁慈殺死的情況。將以上助死與助殺分類，再加上病人自由意志的有無，便出現四種安樂死的型態：❺

---

❺ 一般論述安樂死之合理性不外三個理由：1. 爲維護重症病患或垂死病人的生命（生活）品質以及生命尊嚴。2. 爲避免殘酷和不必要的痛苦繼續侵襲病人，並解除家屬必須見其親人受病痛折磨，以及現實上沉重的負擔（如：經濟上、精神上等）。3. 爲尊重病人個人的自由與自主權，對已失去存在價值、毫無意義的生命，如出於其自由意願，則應當是被允許的。詳見：蕭宏恩，〈由儒家的觀點來看寬容與臨終關懷〉，《哲學與文化》27 卷第 1 期（臺北：哲學與文化月刊雜誌社，2000 年 1 月），頁 67-81。

❺ 參見：波伊曼（Pojman, Louis P.）著，江麗美譯，《生與死：現代道德困境的挑戰》（臺北：桂冠圖書，1997 年），頁 68；傅偉勳，《死亡的尊嚴與生命的尊嚴》（臺北：正中書局，1993 年），頁 39；大衛·韓汀（Hendin, David）著，孟汶靜譯，《透視死亡》（臺北：東大圖書，1997 年），頁 70；孫效智：〈安樂死的倫理反省〉，《文史哲學報》45 期（臺北：臺灣大學文學院，1996 年 12 月），頁 85-113；李瑞全，〈「安樂死」之語意分析〉，《應用倫理研究通訊》第 4 期（中壢：中央大學，1997 年 10 月），頁 3。

名稱		內容	對象
自願	積極	1. 自己決定。 2. 協助痛苦而無治癒希望的病人自殺或仁慈殺人。	痛苦而無治癒希望的病人
自願	消極	1. 自己決定。 2. 拒絕接受治療。 3. 未使用異常或冒險的治療方法。	痛苦而無治癒希望的病人
非自願	積極	1. 未經病人同意導致死亡。 2. 仁慈殺死無行為能力或殘障嬰兒。	無行為能力或殘障嬰兒
非自願	消極	1. 未經病人同意導致死亡。 2. 停止治療。 3. 主要針對殘障新生兒、無行為能力病人或植物人。	殘障新生兒、無行為能力病人或植物人

這裡有兩項重要分野必須特別指出：

1. 病人自由意志的有無，即自願、非自願的分野。

2. 消極與積極的分野則在於：積極的安樂死是：刻意地給予處方或藥物以結束病人生命。消極的安樂死則是：以不作為的方法導致病人死亡。

積極的安樂死與消極的安樂死其間差別十分明顯，但消極安樂死與自然死則並不易掌握。現行法律對臨終拒絕醫療的規範為《安寧緩和醫療條例》，從該《條例》的修法過程便可看出區分兩者在實際運作上的困難。《安寧緩和醫療條例》是二〇〇〇年五月二十三日經立法院制定全文，兩年後修法，於二〇〇二年十二月

十一日修正公布第三、第七條條文。與此相關的是在第
七條增列第六項：

> 末期病人符合第一項、第二項規定不施行心肺復甦
> 術之情形時，原施予之心肺復甦術，得予終止或
> 撤除。

　　爭議點即在對原來「不施行」心肺復甦術的情形
加上得予「終止或撤除」。「不施行心肺復甦術」現在
大多臨床醫師多已接受，但「終止或撤除心肺復甦術」
不僅在臨床醫師間引起廣泛爭議，醫病亦常引起衝突。
主要的差別在於「不施行」是以「不作為」的方式，而
「撤除」則是以「作為」的方式。而「終止或撤除心肺
復甦術」在過去一直被視為是「消極安樂死」應也是原
因之一。❸

---

❸　有研究指出，「終止或撤除心肺復甦術」與「消極安樂死」雖有重疊部
　　分，但仍屬不同之概念，為避免混淆與誤解，目前醫學上已甚少使用
　　「消極安樂死」之名稱。李瑞全亦指出，「消極安樂死」常與「自然
　　死亡」有意義上的混淆。但是在概念上，這兩者還是應當可以而且嚴
　　格區分，以免使已經非常難以處理的爭議更混淆不清。參見：李瑞全，
　　〈「安樂死」之語意分析〉，《應用倫理研究通訊》第 4 期（中壢：中
　　央大學哲學系，1997 年 10 月），頁 3；王志嘉、楊奕華、邱泰源、羅
　　慶徽、陳聲平，〈安寧緩和醫療條例有關「不施行，以及終止或撤除心
　　肺復甦術」之法律觀點〉，《台灣家醫雜誌》13 卷 3 期（臺北：台灣

2. 佛教對安樂死的態度

由於安樂死在現代的語義牽涉到人為死亡，有「殺自」和「殺他」的事實存在，而「戒殺」是佛教自始以來至高無上的原則。儘管大乘佛法興起後，有生死一如、慈悲利他的入世精神，但對安樂死的觀念始終保持在：設立病僧安置的場所（無常院、塔寺），訂定「瞻病」之種種規定與制度。亦即局限於臨終安寧照顧的範疇。因此要了解佛教以何種立場回應「安樂死」的倫理挑戰，需先檢視佛教對殺害生命的基本態度。

佛教論「殺生」

佛教為何戒殺生？如何算殺生？

在早期的佛典中（如：《雜阿含經》卷四十七、《善見律毘婆沙》卷十一、《俱舍論》卷五等）可以發現嚴厲禁止殺生的教導，殺生，為四波羅夷之一，十重禁之一，五戒之一，八戒之一，十戒之一。凡親自下手殺害人命，或持刀予人而勸人自殺，皆屬犯波羅夷（極重罪）。

佛教戒殺生，主要是基於對每一個生命個體的尊重。「愛生惡死」是每一個生命的本能，當生命受到威脅時，自然會有保護、防衛、反擊、報復的行動。為了

不惱害眾生，於是有戒殺生的制定。

殺戒中，以殺人為重。而殺人，又以五個條件的完具與否來判定輕重：是人、人想、殺心、興方便、前人命斷。❹ 亦即殺人罪輕重的論定是以：對象是不是人、知不知道對象是人、有殺人動機或是無意之失、殺人的方法、結果是否殺人致死。

安樂死的實施，在上述五項條件中，「是人、人想、前人命斷」這三者應無疑義，略過不表。此處僅就「動機」與「方法」來討論。從殺人動機來論罪責，則有下述幾種差別：

1. 為了殺人而有放火、置毒⋯⋯等施設動作致人於死，則罪重；致畜生死，則罪較輕。

2. 為了殺非人而施設動作，非人死，犯中罪；人死與畜生死，皆犯輕罪。

3. 為了殺畜生而施設動作，致人於死，罪亦較輕。

4. 不定對象，遇到人就殺人、遇到畜生就殺畜生，則致人於死，亦是重罪。❺

這裡面，沒有談到「基於仁慈而起殺心」的那種動機。

---

❹ 詳見：聖嚴法師，《戒律學綱要》，《法鼓全集》01-03，頁 99。
❺ 聖嚴法師，《戒律學綱要》，《法鼓全集》01-03，頁 100。

殺人方法，有：親自殺、勸人自殺、教人殺人、派人殺人等類別。「親自殺」包括殺人，以及自殺。佛教不只是禁止殺人，自殺也在禁絕之列。自殺似乎是厭棄生命、捨離生命；但實際卻是深細的戀著生命。並不是對生死沒有愛著，而是深深地愛著生命、愛著自體，所以對自己不滿意。是以佛教反對自殺，因為自殺不但無法解決各種煩惱，還會增加問題。❺

然而，也有某些自殺情形，在佛教是做例外處置的。

如佛陀有弟子闡陀、跋迦梨，都是因為身罹重病不堪其苦而自盡。佛陀對他們的評論是：「我不說彼有大過。若有捨此身餘身不相續者，我不說彼有大過。」「若於身無可貪無可欲者，是則善終，後世亦善。」❻

也就是說，已經達到相當的證悟程度，能不起愛貪、瞋惡的，佛雖不鼓勵，至少是默許的。❼ 如何算是

---

❺ 佛法裡把戀著歸為三類：對境界的貪愛與追求是「欲愛」；對自體的愛著是「自體愛」；另有一種，由於因愛著而追求，但卻追求不得，於是討厭、怨恨，而企圖擺脫這種不快，稱作「無有愛」；無是否定的意思，但卻沒能超越。欲愛、有愛、無有愛，這三種都是生死的根本。參見：印順法師，《佛法概論》（臺北：正聞出版社，1984 年 2 月），頁 85。

❻ 參閱：《雜阿含經》卷 47，《大正藏》第 2 冊，頁 346-348。

❼ 請參見：釋恆清，〈佛教的自殺觀〉，《哲學論評》第 9 期（臺北：臺灣大學哲學系，1986 年 1 月），頁 1-5。

「相當的證悟程度」？也許可以有個簡單的判別標準：
如果是不必使用工具的，或者是已能生死自在的，因為
已不受後有煩惱的侵擾，故可以有許可。

佛教對安樂死的態度

了解佛教對「殺生」的基本立場，便可以得知，
在四種安樂死中，佛教對非自願的安樂死，不論是「非
自願的積極安樂死」或是「非自願的消極安樂死」，都
無法許可。因為那違反了愛生惡死的眾生本性，代做主
張而致之死地，是會引發眾生更大的抗拒和不安。有人
會質疑：「也許當事原就希望有人能協助其安樂死，只
是無法表達罷了。」也許是，也可能不是；如果無法確
知，是否應採取比較保留的立場。如惠敏法師依據原始
教典，認為：

> 佛教戒律應該是反對所謂「仁慈助死」之行為，
> 更何況是「仁慈殺死」？……
> 依佛教的倫理觀，主張「仁慈助死」、「仁慈殺死」
> 的方法而「使人們早日脫離痛苦」的理由是不能成
> 立的。❺❾

---

❺❾ 釋惠敏，〈安寧療護的佛教倫理觀〉，《安寧療護》（臺北：中華安寧
照顧協會出版，1996 年 8 月號），頁 45-49。

佛教蓮花臨終關懷基金會董事長、台灣安寧照顧協會理事長陳榮基醫師也說：

> 佛教的諸多戒律中，「不殺生」是第一大戒，蜎飛蠕動都不可殺更何況是「人」。「安樂死」不論用意是好是壞都是「殺人」，嚴重違反佛教徒的戒律。佛教徒必然反對以任何方式「致人於死」。佛教徒不但反對「殺人」，也反對「自殺」，一息尚存，不管他的身體機能有多大的缺陷（如長期昏迷或植物人），都是「生命」，不可以任何理由處以「安樂死」。❻⓪

但由於有佛陀弟子闡陀、跋迦梨因為不堪病苦而自盡的前例，於是現代佛教大德在面對安樂死的議題時，也有持不同態度的。

藏傳佛教的格西，頂果欽哲仁波切❻①，在被詢及有關消極被動安樂死問題時說：

> 當一個人沒有痊癒的機會時，使用維生系統是無

---

❻⓪ 陳榮基，〈緩和醫療與自然死不是安樂死〉，《蓮花會刊》41 期（臺北：佛教蓮花基金會，2000 年 5 月）。
❻① 頂果欽哲仁波切（1910－1991）為公認大圓滿教法最偉大的上師，也是達賴喇嘛等重要喇嘛的上師。

意義的。讓他們在安詳的氣氛下自然去世，並代替
他們採取正面的行動，是一件很好的事。當裝上維
生系統，卻沒有一點希望時，那麼停止機器就不是
罪惡。⑫

卡盧仁波切對那些「自己決定拿掉維生系統而結束
生命的人」，慈悲地表示：

人們如果自己認為受了夠多的痛苦，希望獲准死
亡時就是處在不能稱為善或不善的情況下。我們絕
對不能責怪任何人做了那個決定。這不是一種惡業，
他只是希望避免痛苦而已，這正是一切眾生的基本
願望。另方面，這也不是特別善的業，……這不能
算是結束生命的願望，而是結束痛苦的願望。因此，
他是無記業（中性的行為）。⑬

他進一步討論「仁慈助死」的業報：

如果病人要求治療者拿掉維生系統時，會讓治療

---

⑫ 引見：索甲仁波切著，鄭振煌譯，《西藏生死書》（臺北：張老師文
化，1996 年），頁 457。
⑬ 引見：《西藏生死書》，頁 459。

者處在困難的地位，因為直覺也許會告訴他們：「如果這個人還裝上維生系統，他就可以活下去。如果拿掉，他就會死。」業報決定於治療者的動機，因為治療者是在剝奪某一個人繼續活下去的方法，即使那是病人叫我們這麼做的。如果治療者的基本動機一直是要幫助和利益那個人，並解除他的痛苦，那麼這種心態似乎不會產生什麼惡業。**❻**

達賴喇嘛也說：

在極端狀態中的人，允許自殺；……不可避免的殺人不能算是惡。**❻**

但他也非常謹慎地說，每個案例都必須個別處理，很難定出通則。**❻**

幾位藏傳大德的言論，一則築基於晚期大乘佛法的見地：視死亡為解脫的極佳契機**❻**，再則也可能是從戒

---

❻ 引見：《西藏生死書》，頁 460。

❻ 見：達賴喇嘛，《生命之不可思議》，頁 22、27。

❻ 見：《西藏生死書》，頁 457。

❻ 「積有精神修養的人，死亡越加迫近，心就越加充實安穩，充滿了喜悅。因為，時刻到了，朝氣蓬勃、新鮮，充滿希望的肉體與新生命來臨的時刻已到。」參見：《生命之不可思議》，頁 6。

律上討論罪責形成來自行為的意圖、對象、方法、結果等，⑱ 因此，只要目的不在殺而在死，動機是慈悲（與樂拔苦）而非瞋恨，拿掉維生系統這樣的行為似乎藏傳仁波切並不是全然不予許可。

南傳佛教的態度亦同。因為「拿掉維生系統」也是殺業的五個條件之一的「興方便」，因此唯一的可能就只賸下「動機」。甦諦果比丘據巴利律及南傳論典，更從中仔細分辨道：

> 當事人必須謹慎地檢查自己是否有「殺心」（想讓對方提早結束生命的心念）。若有，必須淨化直到完全消除為止，不管其動機是善或惡，只要有「殺心」存在，就有可能犯下「殺生業」（殺人）並成就不善業道。⑲

但是由於動機肇端於心，而與解脫相應的清淨心或與輪迴相應的染心極難被一般人明確區分 —— 病患如何

---

⑱ 聖嚴法師在《戒律學綱要》中論及殺生的果報說：「殺生以心為主，無意殺者，不犯重罪」；又說「戒的持犯，全在於心」。見該書頁 101、103。

⑲ 甦諦果比丘，〈論拆除維生系統與殺生罪之成立〉，2001 年 7 月 20 日，http://www.charity.idv.tw/d99.htm（查索日期：2019 年 12 月 3 日）。

區分「瞋恨病痛」與「真心歡喜接受死亡」之間的微細
分別；仁慈助死者對自己應站在慈悲病患、慈悲家人，
或珍惜社會資源以福利更多人的哪一個角度，恐怕也是
爲難萬端。所以，面對「安樂死」能否執行、誰有權執
行的爭議時，當事者平常的「修行力（真正利他的慈悲
心）」仍被視爲最重要的檢驗考慮。

　　聖嚴法師明確反對任何意義的安樂死，因爲那意謂
著自殺或他殺，也違反生命責任承擔的本質。[70]但是對
於「自然死」和「消極安樂死」之間的灰色地帶，則亦
認爲應隨順業緣而主張「順其自然」。聖嚴法師表示：

　　　有一位一百零一歲的老人在醫院的加護病房住了
　　很久，他的女兒問我：「師父，我的爸爸在加護病房
　　已經很久了，靠機械幫助他維持生命，我們全家都
　　受不了了，如果我的爸爸還活下去，我們全家都會
　　被拖垮，該怎麼辦？」
　　　我說：「順其自然吧！自然是最好的，不要不自
　　然，否則，病人及家屬都受痛苦啊！」
　　　她說：「師父，這樣我們不是殺了他嗎？」

[70]　〈不可「安樂死」〉，《明日的佛教》，《法鼓全集》05-06，頁96-
　　98。

　　我說：「我沒有叫你們殺他。能夠用醫療治得好就治，可是現在他用機械呼吸，用注射補充養分，這已經不是自然了。」[71]

倫理學界贊成安樂死的一邊有「生命品質與生命自主權」做為支撐論據；反對安樂死的人則以「生命神聖性原理」及「滑坡理論」[72]做後盾，互為攻防。特別是有關「終止或撤除」的「不作為」已經各界廣泛思索論辯，對其正當性（道德性）與必要性，已被普遍理解。[73]而從上例亦可看出，聖嚴法師對《安寧緩和醫條

[71]　《動靜皆自在》，《法鼓全集》04-15，頁 132。

[72]　「滑坡理論」指一旦啟動，便無可避免地會發展到極端。參見：波伊曼（Pojman, Louis P.）著，江麗美譯，《生與死：現代道德困境的挑戰》（臺北：桂冠圖書，1997 年），頁 71。

[73]　美國醫學聯合會法律顧問委員會於一九八六年做出「不用或撤除拖延生命醫療」建議：「醫生對社會的承諾，是要維持生命和減輕痛苦。當……二者不可兼得時，病人的選擇……應予優先考慮。……如果病人已無可救藥，可以停止或不作治療，但醫生不應故意使病人死亡。……儘管死亡並非迫在眉睫，但如果病人的昏迷是無可置疑地不能挽回，且有充足的穩妥步驟，來保證診斷的正確，在負責照料病人者的同意下，不繼續維持生命的醫療，並不是違反倫理的做法。」參見：葛培理（Billy Graham）著，余國亮譯，《如何面對死亡》（香港：浸信會出版社，1990 年中文初版），頁 94。佛教界則有昭慧法師於《安寧緩和醫療條例》修法二讀時對此修正表示理解。見：釋昭慧，〈「自然死」與「安樂死」：一個佛法向度的倫理探索〉，《弘誓雙月刊》58 期（桃園：弘誓學院，2002 年 8 月 1 日），頁 46-47。

例》的修正條文，是許可的。

（四）佛化奠祭與自然葬

　　一九九四年，法鼓山先與內政部合作，而後與臺北市合作，開始推動佛化奠祭儀式。二〇〇七年，設置全國首座骨灰植存專區，推廣環保自然葬法。此係由法鼓山捐給臺北縣，再由臺北縣委託法鼓山認養承擔維護管理工作。

　　這兩件可稱為喪葬禮儀的創發或改革，在觀念的推廣或是事實達到的成效，對社會有相當正面的價值。

　　1.為什麼要推動佛化的聯合奠祭？

　　有鑑於當時喪葬儀式重視形式與排場，除了在經濟上負擔沉重，儀典的舉行對生者的心理情緒都又形成另一個負擔。聖嚴法師因此倡議推動佛化奠祭，希望以宗教的淨化理念，提供佛化的臨終關懷，更期望能引導大眾以節約、惜福、隆重、肅穆而又祥和的奠祭儀式，為社會帶來新的生命觀：有尊嚴的生命存在和莊嚴的死亡歷程。

　　聖嚴法師於先期舉辦的座談會上說明提倡佛化奠祭儀式的目的在改善風氣、建立正確之死亡觀念：「以佛教的立場來看，死亡不是喜事，也不是喪事，而是莊嚴的佛事。是亡者走上成佛之道的起點或

過程；而對參與佛化喪儀的人，則是修學佛法的機會。」而對非佛教徒來說，亦期許能以莊嚴的儀式達到生命教育的目的，他說：

> 法鼓山為了提倡禮儀環保，發揚中國固有的倫理精神，並以佛教的信仰和現代人的立場，推動慎終追遠和冥陽兩利的佛化聯合奠祭。在簡化、節約、惜福、培福的原則下，完成隆重、肅穆、整齊、祥和而又莊嚴的佛事。對亡者做懇切的追思及虔敬的祈福，對其家屬親友也能達到安慰及關懷的目的。讓人人感受到人生的終點，不是生命的結束，乃是無限的延伸以及圓滿的連續。❼

現行傳習已久的喪禮，因為時代環境與社會背景的差異，禮文與禮意多已脫節，多數人已無法理解其中的意義。於是儀程形式化變成具文，儀典的舉行並沒有能夠達到「通過儀式」撫慰生者的功能。建立符合現代社會所能理解的喪葬儀式，使參加者能從喪葬儀典的過程肯定生命的價值並認識死亡的意義，在倫理實踐或倫理

---

❼ 〈佛化聯合奠祭守則〉，《法鼓山的方向》，《法鼓全集》08-06，頁333。

教育上都有很高的價值。聖嚴法師因此思考從現行流行的喪葬習俗抉發具有傳統倫理道德的價值觀，融入現代元素，而以佛法理念爲依歸。

　　提倡佛化奠祭儀式改善不良喪儀風氣的根本，首先應建立正確的死亡觀。正確的死亡觀，從佛法來看，即要正視死亡是必然的，是生命過程中必然遭逢的大事，應該有面對的準備和先期教育。不該因恐懼、忌諱而避談。而一面對死亡的討論，就會觸及精神、心靈層面，以及生命延伸的問題。面對他人的死亡，人也同時面對了自己的生命。因此，喪葬儀式是生命教育的一環，宜提昇喪葬儀式的教育功能。

　　佛教徒因此從喪葬儀式中認識到生死之間中陰身的存在，以及中陰期間如何才是對亡者最好的做法。臨終八至十二小時的助念，奠禮以惜福培福爲主的布置以及七七期間的佛事超度，都是在這樣的基本理念下而進行。聖嚴法師指出：因爲助念的因緣，於是成爲亡者走上成佛之道的起點或過程；而對參與佛化喪儀的人，則是修學佛法的機會。因此以佛教的立場來看，「死亡不是喜事，也不是喪事，而是莊嚴的佛事」。㊄

㊄　〈訪聖嚴法師談佛化奠祭的精神與內涵〉，《法鼓山的方向》，《法鼓

而習俗儀式中所涵有的中國傳統的孝道倫理亦加以保持宣揚，但轉換原來「路哭」、「跪迎壽材」的方式，改以追思懷念來表達：「在儀式中讓參與者知道亡者生平的美德，使亡者覺得此生不虛度；而讚美亡者，等於勉勵後進，能激勵後人見賢思齊。」這即是對家庭倫理的肯定。

2. 佛化喪儀和一般喪儀的不同

禮儀應講求的是禮意和禮文的符應。但是一般喪葬儀式的主持人多為地方小廟或是葬儀社從業人員，對於宗教理解有限，於是佛道不分、儒道與儒佛的區分自更缺乏認識，於是有許多儀式和教義是矛盾的地方。如，民間習俗常是要在病人過世前，先行淨身、穿壽衣，這時的考量是如果在過世前沒有先穿上，就來不及了；而過世的第一時間，要燒紙錢、點腳尾燈、拜腳尾飯……，使亡者有氣力上路赴陰曹地府。但對佛教來說，人一旦過世，神識離身時只有業力相隨，衣服原來就帶不走，紙錢、燈、飯……也都用不上，因此臨終時候，只要全力助念做佛事以幫助亡者提起正念。

由於世界觀、生命觀的差異，因此在喪事的處理與儀節的安排亦需依教義而做相應的調整。從臨終開始到

喪儀的完成，大致佛化喪儀和一般喪儀不同處有：臨終處理、喪服、禮堂布置、禮儀流程等的改變。⓰

（1）臨終處理：從過世前開始與病人一起，鼓勵提起正念或安靜助念，持續至過世後八至十二小時。人手不足時，則由親友輪班或蓮友支援。此段期間只有助念等佛事，不燒紙錢、不點腳尾燈、不拜腳尾飯。更衣淨身可於助念過後為之，壽衣亦不必新置，原有乾淨衣物即可。亦不拘件數層數。

（2）居喪：亡者家屬喪服改著黑衣，不披麻帶孝。以佛珠取代孝誌。喪葬期間，不得以殺生的葷腥招待親友，更不可以酒肉葷腥來祭祀亡者。靈前則以香花、蔬果、素食供養。

（3）禮堂布置：飲食、祭品、輓聯、排場方面的花費從簡而不失莊嚴，避免流為家屬或弔祭者宣傳炫耀作用。對佛教徒來說，紙錢、紙屋、紙車以及紙人，均應取消。

（4）禮儀：主體是主持的法師或居士帶領大家為亡者誦經，參與大眾均跟著持誦。然後由主持者介紹亡者生平，及為善、利人、學佛的功德，並做簡短的開示，

⓰ 本節依據個人參與經驗並參考〈佛化聯合奠祭守則〉（收入《法鼓山的方向》，《法鼓全集》08-06）整理。

一則度化亡者超生佛國淨土，同時也安慰、啓發亡者的
家屬親友，聞法修行。無需引魂、樂隊、孝子隊、儀仗
花車陣頭等。

(5) 葬禮：火葬爲比較理想的方式。

這些改變後的儀式，因爲與亡者家屬的情緒與心
理相應，加上事前的溝通與說明，能強化儀式與作用的
關聯，不致流於形式，對家屬心情有相當安定撫慰的作
用。自一九九四年開始推動，爾後每年舉辦二至三次，
共舉行了約三十場次。改變原來冗長、吵嘈、而形式化
的喪葬儀式爲簡淨、肅穆、莊嚴而有實質感受力的儀
典；也使原來以儀式爲中心而非以亡者家眷爲中心的取
向，使家眷能在居喪期間獲得撫慰哀傷的功效。推動以
來，普遍成爲臺灣各地殯葬禮儀學習的典範，確實達到
改善喪葬風氣的目的。

3. 自然葬

葬禮的方式因爲地理環境與地方風俗的不同，於是
有土葬、水葬、天葬……各種方式。佛教傳統向以火葬
爲主，中國人則崇尙土葬，講究「入土爲安」。臺灣
地狹人稠，可供殯葬設施用地極爲不足，採取火葬較爲
經濟。但是火葬後的骨灰，仍需存放的空間以及管理維
護的付出，於是又有將火化後的骨灰抛灑於河海森林，
不占用任何空間位置的「自然葬法」。

　　與中國人習用的土葬相比，火葬有經濟、環保、以
及心理與心靈上的優點。火葬比較經濟，因為用地少，
節省土地資源；比較環保，因為沒有屍體腐化後，滲入
泥土或水中，造成自然生態汙染的可能；採用火葬，遺
體不僅沒有腐爛的問題，也不會汙染環境。至於心理與
心靈上的優點則是從宗教層面來看。一九九九年「九二
一地震」，臺中殯儀館即是接受聖嚴法師的建議，因此
幾乎所有地震罹難者均採火葬處理。❼聖嚴法師的建議
是這樣的：

　　依照佛教的信仰，並無必須擇日的說法，而且從
教主釋迦牟尼佛起，乃至現代的佛教徒們，身後的
遺體，均主張以火葬為原則。特別是在災難中去世
的遺體，最好是採用火葬，免得讓亡者老是守著傷
殘的遺體難過，捨不得又看不開，火葬之後，亡者
神識，便會接受死亡的事實，離開人間而往生天界
及佛國去了。如果早日火葬，這對於亡者的家屬們，
也可以早日從悲痛中安定下來，一邊好好念佛，一
邊也能好好安排正常的生活了。❼

❼　〈罹難者以火葬最好──給罹難者親屬〉，《台灣，加油》，《法鼓全
　　集》08-07，頁54。
❼　〈罹難者以火葬最好──給罹難者親屬〉，《台灣，加油》，《法鼓全

亡者家屬之所以接受這個建議，當也是著眼於唯恐亡者會「捨不得又看不開」，爲了使生死兩相安，於是用火葬接受死亡的事實。

雖然火葬有這麼多的優點，但是仍有不足處需要改善，因此聖嚴法師進一步推廣自然葬，因此於二○○七年，於金山設置「環保生命園區」爲骨灰植存專區。❼

自然葬指的是〈殯葬管理條例〉所稱的將骨灰拋灑於海域，或於公園綠地森林等處所拋灑或植存，即常稱的海葬、灑葬、樹葬。海葬爲灑葬之一種，但灑葬地點則包括了海域和綠地。樹葬和灑葬的區別則在將骨灰藏納土中而非拋灑於土表。自然葬的三種方式，都需加工處理火化後之骨灰，使成更細小之顆粒。這樣的處理方式，由於骨灰快速地分解回歸大地，使用容器材質均要求容易腐化且不含毒性成分，而且現場不施設任何有關喪葬外觀之標誌或設施，沒有墓碑、沒有名牌……，沒有任何破壞原有景觀環境之行爲，所以稱爲「自然葬」。

自然葬和火葬一樣，都需經過將遺體火化成骨灰的過程，不同的地方在於自然葬需要將骨灰再處理成更

集》08-07，頁 54-55。
❼ 格於現行法律，該園區係由法鼓山捐出土地給新北市政府設置植存專區，再接受市政府委託管理。

小顆粒然後拋灑於海洋或綠地，而火葬則是將骨灰存放於「納骨塔」。從世俗觀點看，火葬後塔葬仍需存放的空間以及管理維護的人力。而從佛教觀點來看，則仍然會有死後流連不去的可能。自然葬則這些可能都進一步降低。

為免亡者及其家屬執著於傳統風水理論或是「據洞為親」的墓穴觀念，聖嚴法師特別指示：骨灰植存時，由家屬將先人的骨灰裝進五個環保紙袋，再分別安置於五個洞穴。希望解除心靈束縛，讓骨灰真正回歸大自然，讓土地得以繼續循環利用，落實環保葬法。

聖嚴法師由心靈環保出發，關懷人心而關懷禮儀關懷環境保護，於是有對受災改良殯葬風氣的提倡。從土葬、火化後塔葬，到火化後自然葬，亡者所占用的土地愈來愈少，也愈形經濟環保。然從喪葬禮儀推動後的造成風氣，自然葬並未有同樣風行的現象，這一方面當是舉辦示範的規模尚小次數亦少，但也有可能是出於習俗改變的抗拒。

佛化奠祭與自然葬的著眼點都在於經濟、環保，同時期望能產生消解情執、撫慰哀傷的作用。但是經濟、環保雖然是喪葬禮儀中的重要考量，卻並不是唯一的考量。歷史上儒墨對厚葬久葬的討論，當可想見葬儀中最重要的是情感的發抒與表達。佛化奠祭禮儀取消複雜喧

囂的花車儀節,並簡化禮堂繁多的輓聯輓帳布置,正可滿足亡者親友將情感專注投向追思與懷念。居喪期間的佛事助念與超度,正可做為報恩與感懷的表達,也有同樣的作用。但是自然葬沒有任何標誌可供憑依,如此高度的超越,對祖靈崇拜信仰深重的中國人來說,是一高難度的挑戰。

聖嚴法師指出:臺灣是世界人口密度最高的地區之一,唯有推行自然葬,臺灣才能永續享有美好的環境,才能讓所有的人永續享用我們這個大好的自然環境。這部分當是許多人在理性上都能認同。但以神識並非遺骨,因此「即使見不到遺骨所在,依舊可以進行緬懷追思」,❽這樣的指導恐怕還需要相當的努力才能達到。而這當也是法師對佛法教育、心靈環保的重心所在。

四、推動宗教交流促進世界和平

一九九三年,世界宗教會議在美國芝加哥召開,來自世界各地不同宗教共六千多人參加。會議通過《全球倫理宣言》。此係由德國天主教神學家孔漢斯(Hans

---

❽ 聖嚴法師,〈環保自然葬研討會致詞〉,《致詞》,《法鼓全集》03-12,頁116。另參見:〈「歡喜看生死」研討會致詞:永續享用大好的自然環境〉,《法鼓》雜誌183期(臺北:法鼓山文教基金會,2005年3月1日),第6版。

Küng）起草，仿傚一九四八年聯合國在巴黎的會議上
所通過的《普世人權宣言》，擬做為世界性的倫理規
範。《全球倫理宣言》提出了一項最高倫理原則，以及
由此一原則衍生的四項主要準則，做為全球倫理求取共
識的基礎。最高的倫理原則明確地引述儒家「己所不
欲，勿施於人」的倫理原則，以及基督教的「黃金律」
（Golden Rule）：「你希望人怎樣對待你，你也要怎樣
待人。」由此最高倫理原則衍生的四項準則是：

1. 提倡非暴力、尊重生命的文化。
2. 提倡實現公正經濟秩序的文化。
3. 提倡寬容、誠實生活的文化。
4. 提倡男女平權、合作互助的文化。**㉛**

四項準則的基礎來自基督教「十誡」中的不可殺人、不
可偷盜、不可說謊、不可奸淫；和佛教五戒中的不殺、
不盜、不淫、不妄以及儒家的仁、義、禮、智、信也都
十分相契。

　　《全球倫理宣言》「奇跡似地」**㉜**經大會通過後，

㉛　《全球倫理宣言》https://www.weltethos.org/erkl%c3%a4rung%20zum%20
weltethos/（查索日期：2019 年 12 月 3 日）。
㉜　此為劉述先所形容。劉因回應孔漢斯演講的因緣，對此運動參與甚深。

孔漢斯等人發起「全球倫理運動」，努力爭取《全球倫理宣言》在聯合國通過。唯後來聯合國放棄通過世界倫理宣言的努力，轉而支持區域性推動普遍倫理的計畫。❽

　　世界宗教會議之所以通過《全球倫理宣言》，是看到當前處境需要各宗教文化傳統捐棄成見，凝聚共識，才能避免矛盾衝突、同歸於盡的命運。聖嚴法師雖未參與「全球倫理運動」的推動計畫，但主張和精神十分相符。

　　一九九七年，聖嚴法師應邀前往教廷參加「第十一屆國際宗教領袖和平會議」；從此以宗教領袖身分參與世界和平之相關會議日漸頻繁。其犖犖大者有：二○○○年參加聯合國所召開的「千禧年世界宗教暨精神領袖和平高峰會」，並於大會第一場會議演說，提出正視「心靈貧窮」的議題；二○○二年一月參加「世界經濟論壇會議」於美國紐約召開第三十二屆年會，提出「存異求同」，接受多元文化價值觀；同年，「第一屆世界宗教暨精神領袖理事會」在泰國曼谷聯合國大會堂

　　見：劉述先，《全球倫理與宗教對話》（臺北：立緒文化，2001 年 4 月）。

❽　詳見：劉述先，《全球倫理與宗教對話》（臺北：立緒文化，2001 年 4 月）。

召開，聖嚴法師為主席團成員；二〇〇三年以世界宗教領袖理事會主席身分率同二十餘位世界各宗教領袖專程前往中東，會見巴勒斯坦總理以及多位以色列政治宗教領袖；二〇〇四年出席在曼谷召開的「世界宗教領袖理事會」與「亞太地區世界青年和平高峰會」；同年，出席在約旦召開的「世界宗教領袖理事會」，並獲選為「世界宗教領袖理事會董事會」主席。

從聯合國放棄通過世界倫理宣言的努力，可以想見推動的困難處而更見出其必要性，特別是在二〇〇一年「九一一事件」發生，宗教間的交流和世界和平的相關性更被期待，這樣的努力更見迫切。聖嚴法師參與這些國際會議的目的，主旨亦均在呼籲交流對話增強溝通以促進世界和平。各次會議或者致詞、主題演說、討論發言，或是擔任主席推動議事，雖間亦從「為何」面表達建立全球倫理必要性的支持，而大多是從「如何」角度提出建立全球倫理的方法。其主張大致有三：

1. 尊重多元，求同存異。
2. 以人間價值做為全球倫理的衡量標準。
3. 豐富心靈以救濟心靈貧窮。

這幾點，從佛教來看，第二點談的就是人間淨土的理念，第三點談的就是心靈環保。但是放在世界宗教交流的視角，又有不同的意義。

（一）尊重多元、求同存異：寬容、尊重與支持

由於科技所帶來的交通便捷、傳播快速，文化間的衝擊與交流同時增進。互助互動者有之，排斥攻擊者有之，隔離鄙薄者亦有之。亨廷頓（Samuel P. Huntington）提出文明衝突的警告在先，而九一一事件的發生更是文化差異引生政治經濟衝突的慘痛驗證。

如何消解或是降低終將互相毀滅的報復攻擊？如何相互分享各自的優點與長處？交流、對話是增進了解消除誤會的唯一途徑。而交流對話建立在尊重與寬容的基礎上。尊重自己的宗教是最好的，但也尊重他人認為自己宗教是最好的權利。聖嚴法師舉佛教為例：

　　我們佛教，雖以因緣論為至高的神聖，但是不否定一神論的價值觀，不是認同接受，卻能理解尊重。我們能夠承認：任何一種優良的宗教，都有繼續發展的空間，也都有權利宣稱是世界最好的宗教；而我自己則不得不說，佛教是最好的宗教。❽

---

❽　〈多元化世界人類所應認知的「神聖」是求同存異〉，《致詞》，《法鼓全集》03-12，頁 39-40。

彼此尊重便能化解宗教間的衝突和種族間的歧視，而達到「求同存異」的初步相互接受。宗教多元、文化多元雖然並不就是「倫理相對主義」，但是願意承認彼此、讓彼此有生存空間，共存共榮是發展真正認識真誠溝通的第一步。而這需要長時間的來往互動才有可能建立互信來進一步發展。在這之前，需要的是寬容、善意與等待。即使是在最艱難的時刻。

　　九一一事件發生，美國因遭受攻擊，受創嚴重，愛國情緒與愛國主義陡然高漲。百分之九十以上的國民都主張對恐怖組織採取全面報復的行動。聖嚴法師以最快速度於九月十三日用中英文兩種語言，向全球法鼓山體系以及媒體和通訊社，包括美聯社和法新社等，發出一項文件，除深表哀痛，動員在美國紐約的法鼓山組織人員投入救災，並懇切呼籲和平博愛，勿存怨恨報復，不要以暴制暴，因為主事者策動如此兇猛激烈的手段，必然有其長久以來所累積的因素，是由於信仰、思想的偏差與激進，造成行動的殘暴。而如果冤冤相報，則因果循環永無了期。聖嚴法師主張用人道的立場來思考，付出耐心和努力，以求永久的和平，否則首謀繩之以法，還會有另外的首謀出現。㊹

㊹　《真正大好年》，《法鼓全集》06-13，頁96。

　　至於努力以求永久和平的方法，在法師於翌年
（2002 年）二月應邀參加「世界經濟會議」時的專題
演講，即有完整的說明。該次演講主題為〈應當以「經
濟及教育支援」來轉變基本教義派的認知〉，演講中提
出：軍事報復或有暫時嚇阻作用，長久和平則需要付出
愛心和耐心進行四項工作：

　　1.以經濟的支援，促使他們生產力的增加。

　　2. 以教育設施的支援，協助他們接觸到現代化、
多元化、全球化的資訊。

　　3. 以友善的方式和他們做朋友，促使他們知道，
唯有尊重他者，就會受到他者的尊重；唯有包容異
己，自己才會獲得真正和永久的安全保障；唯有愛
的力量才能永遠和普遍地征服世界。

　　4. 以文化的交流與互動，促使基本教義派，重新
詮釋他們的聖典聖訓，由他們自己來修正他們的價
值觀。⑧

支持經濟發展、改善教育設施，因為貧窮和愚昧往往相
互關連，從幫助脫貧提昇教育以袪除蒙昧；然後從友善

---

⑧　《致詞》，《法鼓全集》03-12，頁 38。

與尊重中體會到被包容，最後才是價值觀的修正。**⑰** 由自己修正才會達成有意義的改變。這便是倫理目的與倫理原則的設定問題。

（二）以人間為衡量標準：尊重生命、仁愛和平

1. 人間淨土在世界宗教交流的意義

不同的社會、不同的文化，有其各自不同的倫理原則與道德規範。誰的才是正確的？誰的才是優良的倫理原則？哪一種道德原則最能達至終極道德目的？各宗教的神／造物主／教主／先知……都是神聖不可侵犯，各宗教的教義都是正確不可移易。每個倫理體系內的成員在倫理判斷時，也都會有不同倫理原則適用的衝突，因此需要對這些倫理原則的優先性或上下位有所規範。《孟子》中「其父攘羊，而子證之」顯示的就是誠實與孝親倫理原則的選擇問題，倫理原則的優先順序安排不同，會有不同考量和選擇，於是有後續相應的不同行動與後果。此社會衝突之由來。從知、情、意三分來看，真理、仁愛、公正哪一個優先？而單是仁愛，又有等差之愛與平等博愛的區別。中國歷史上儒釋道三家間的異

---

⑰ 〈應當以「經濟及教育支援」來轉變基本教義派的認知〉，《致詞》，《法鼓全集》03-12，頁38。

同之辯聚訟不已，而當不同文化不同倫理體系之間發生
衝突時，由於已經有政治、經濟、歷史與現實……等十
分複雜的因素錯雜激盪，加上倫理原則的優位選擇又
有差異，這時當以什麼做為判斷是非的標準？真理、仁
愛、公正、正義……這些倫理原則，當以何者為優先？

　　社會學和史學有一「中層法則」的方法論取向，期
望在「見林不見樹」的統一性理論做總體性解說，以及
在「見樹不見林」只從非總體性的細節描述兩者之間求
取平衡。因為統一性理論並無法完全合轍地解釋包羅萬
象的世界現象，而個別的命題也仍然需要有概括抽象的
解釋系統。「中層法則」因此成為聯結並解決兩端問題
的可能途徑。❸倫理學上也有類似的選擇策略。當不同
倫理體系或道德理論有爭議時，暫時不管各體系中「上
層原則」的相異，也不管體系內部各倫理法則間的上下
位關係，而只就各體系的中層倫理原則著眼。中層的道
德原則和道德規則常是解決兩造不同道德理論最有說服
力的理據。❸

---

❸　參見：楊念群，《中層理論——東西方思想會通下的中國史研究》（南
　　昌：江西教育出版社，2001年5月），第五章。
❸　道德行為的抉擇，依據的是有普遍意義的行為規範或「道德規則」。當
　　道德規則與相當的道德規則衝突時，則需訴諸一更高的「道德原則」。
　　系統而整體地支持道德原則的則是一貫的「道德理論」。理論、原則、
　　規則這三層即構成倫理體系的結構。通常而言，愈上層則愈有說服力，

　　以儒釋道三家間的異同之辯爲例，到最後的處理方式是「莫勘三教異同，先辨人禽兩路」；❾❶得要回歸到人的最基本立場此一共通點來討論。世界各宗教之間要建立共通的倫理，當也要從神聖的上帝、神聖的天國回到人間，從人的立場來估定共同的倫理價值、建立共同的倫理原則與規範。聖嚴法師當也是從此思考而提出以「人間淨土」的觀念來面對全球共同倫理的建立問題。

　　「人間淨土」的觀念在佛教內部指的是從他方的佛國淨土回到人間、落實在人間，而在世界宗教的交流，也有類似的作用，把宗教間無法驗證、無法交流的上帝、造物者、天國……，暫時都先「置入括弧」；不是否定，而是暫不討論；先從可見的、可感受的、可驗證的做爲討論的基礎。聖嚴法師在二〇〇〇年參加聯合國所召開的「千禧年世界宗教暨精神領袖和平高峰會」時致詞指出，要「先把神的天國和佛的淨土，建設在人間」，因爲我們「若能努力於人間天國或人間淨土的建設工程，不論於何時死亡，必定能夠蒙受神的恩典及佛

因其涵蓋較廣。但是最高層的理論卻並非最有說服力，因爲不同的擁護者會形成相互排拒的情形。但是中層原則常是關心道德爭議的人所共同認可，反而是最有說服力的理據。參見：李瑞全，《儒家生命倫理學》（臺北：鵝湖出版，1999 年 1 月），頁 5-8。

❾❶ 劉蕺山原句爲：「莫懸虛勘三教異同，且當下辨人禽兩路。」（《明儒學案》卷 62〈蕺山學案〉）

的接引」。[91]

　　而聖嚴法師於「九一一事件」一週年時在日內瓦舉行的「第一屆全球和平婦女宗教暨精神領袖會議」致詞亦再次強調：

　　　　所謂「人間淨土」，就是呼籲全人類，在尚未進
　　　　入終極的歸宿之時，先把無私的智慧及平等的慈悲，
　　　　在現實的地球世界，積極並普及推展。便能使得一
　　　　切的仇恨、衝突、歧視、誤解、暴力、恐怖、破壞、
　　　　不公平等人為的災難消失，天然的災難，也會相對
　　　　地減少了。[92]

　　因此建議以如此思路做為國際宗教交流的基礎，把各宗教定義「神聖」、「正義」的不同內涵先行擱置，而先著眼於各宗教文化相同共通的部分。這個部分就是全球共通的倫理價值，而其內涵即是對每一個生命的尊重，就是尊重每一個人的生存權。當承認每一個人都有生存的權利，每一個人也都有保護及愛惜一切人的責任。建立了這樣的觀念，則對正義的問題

[91]　《抱疾遊高峰》，《法鼓全集》06-12，頁 267。
[92]　〈結合婦女力量尋求世界和平〉，《致詞》，《法鼓全集》03-12，頁
　　　56。

就不會再那麼計較了。❾

2.重新詮釋教義

對各個宗教來說，上帝的問題、世界的起源，這些都是根源性問題，宗教從此而得建立；因此對上帝的服從與信仰是神聖不可違背的。某些基督徒對違反「神造世界」教義的演化論仍然多方排拒，伊斯蘭教以「崇拜阿拉，代治人世」爲倫理目的，並奉「悅主行善」爲倫理最終標準，非人所能制定。❾但是從宗教學及倫理學來看，這些宗教的「神聖」、「眞理」，以及據此而來的倫理原則其實是來自於人對宗教聖典的信仰和理解，即使也有來自於神聖的宗教啓示，但也是從個人經驗揉合了地域、時代、文化環境等諸多元素而成。「神聖」的定義，是因人、因地、因時而異的。聖嚴法師指出：「每一個宗教所崇仰的最高眞理，應該都是完滿無缺的、絕對神聖的，可是，一旦加入了人爲的因素，給予詮釋、賦予使命之後，便成爲主觀的認知，就有了各別的差異。」❾

---

❾ 〈以教育來建立全球共通的倫理價值〉，《致詞》，《法鼓全集》03-12，頁 70。

❾ 參見：努爾曼・馬賢、伊卜拉欣・馬效智，《伊斯蘭倫理學》（北京：宗教文化出版社，2005 年 10 月），頁 114-126。

❾ 〈多元化世界人類所應認知的「神聖」是求同存異〉，《致詞》，《法鼓全集》03-12，頁 39。

　　基於這樣的認識，也基於所有宗教的人間共同關懷是「尊重生命」，普遍愛護一切人類乃至一切生命的前提，聖嚴法師於是提出這樣的呼籲：

　　　　為了世界的永久和平，如果發現你所信奉的教義，或有不能寬容其他的族群之點，或有與促進世界和平抵觸之處，都應該對這些教義，作出新的詮釋。❻

期待不推翻原來聖典的教說，而從「人」的立場做出新的詮釋，以取得相互承認共存共榮的可能。聖嚴法師在二〇〇〇年出席聯合國「宗教暨精神領袖和平高峰會議」的開幕演說中提出，而後亦不斷提出呼籲。

（三）從教育豐富心靈，救濟心靈的窮困

　　推動宗教交流以促進世界和平，目的在使每一個生命都受到尊重與包容。而考量到貧窮和愚昧往往相互關聯，所以有幫助脫貧以祛除蒙昧的思考。世界銀行以及許多國際性組織，就是長年投注於對第三世界貧窮國家的救濟工作，期能改善世界貧富懸殊的問題。聖嚴法師肯定這些救貧工作，但提醒：「物質的貧窮，使人的生

---

❻　《抱疾遊高峰》，《法鼓全集》06-12，頁267。

活困苦，心靈的貧窮，卻能造成毀滅性的大災難。」爲
什麼呢？他說明：

　　心靈的貧困會帶給人類毀滅性的災難，遠比物質
　　的貧窮，具有更爲嚴重的威脅，如果觀念和信仰的
　　問題不能解決，貧困地區永遠是貧困的；因爲大家
　　都沒有安全感，所以由防衛性的措施，演變成攻擊
　　性的戰爭，而戰爭便使人類淪於飢餓貧窮；周而復
　　始，永無了期！❼

人類的全面和平，從眞正的安全感來；眞正的安全感則
需要從宗教觀念中提昇愛的精神。而其實踐方法便是透
過教育：轉變掠取和占有的自私心，成爲奉獻和布施的
慈悲心。聖嚴法師認爲：不但物質富裕的族群應當奉獻
和布施，物質貧窮的族群也該用隨喜的心做布施。從奉
獻和布施的運動，來紓解物質的貧窮，也可解決心靈貧
窮的問題，如此世界的永久和平才有希望。❽這種透過
改變觀念，把掠取占有轉換爲奉獻布施，同時能改善物
質貧窮和心靈貧窮的，就稱作「心靈環保」。

❼　《抱疾遊高峰》，《法鼓全集》06-12，頁289。
❽　〈世界宗教領袖在二十一世紀的任務〉，《致詞》，《法鼓全集》03-
　　12，頁52-53。

　　佛教是心靈環保的教育，建立全球倫理價值觀的方法，也是通過學校教育、社會教育、宗教教育、家庭教育等多層面的教育機制，來普遍和持久地推動。然而和重視知識的當前教育重心不同，宜把焦點集中在尊重生命，從人格教育、品德教育，從承認每一個人都有生存活命的權利，每一個人都要有包容異己的心量，每一個人都應負擔起保護全體人類平安幸福的責任。❾

五、小結

　　生死關懷是佛教傳統的核心大事，生命困擾也一直是當代社會的重大問題。佛教如果想進入二十一世紀現代社會，對現代人的心靈產生教化的效用，便無法迴避現代人的真實困境。當西方宗教界已積極與科技文明對話的同時，佛教當然也應更積極去揭露其宗教核心 —— 神祕經驗、超乎世俗的價值、多次元的生命藍圖，以說明人類生存狀態的千差萬別，顯示果報業力的複雜性，激起人類對神聖解脫的嚮往；但同時卻不應漠視世俗倫理的階段性價值，做為方便接引的手段。

---

❾　此為二〇〇四年一月發表於紐約聯合國哈瑪紹紀念堂舉辦的「防止恐怖主義：以教育來促進世界和平及催生全球共通的倫理價值」研討會的講詞，講題為〈以教育來建立全球共通的倫理價值〉，收入《致詞》，《法鼓全集》03-12，頁69-72。

　　聖嚴法師將法鼓山志業發展歸納為三大教育：大學院教育、大普化教育、大關懷教育，其中大關懷教育是以生命教育為主軸而開展的全面關懷：從男女婚禮開始，到胎教幼教等家庭倫理教育，以致於臨終關懷的生死教育，包括人的一生，是貫徹始終的人性教育與人格教育。⑩ 聖嚴法師從佛教最傳統的念佛助念出發，進而推動佛化奠祭改善喪葬儀式、設置生命園區、推動自然葬；再由天然災害的教濟而關心自殺人數漸趨攀昇的社會現象；進而參與世界宗教組織呼籲宗教對話以消弭暴戾促進世界和平⋯⋯；這些日後發展成如此龐大的法業，已然超出一位傳統宗教師的範限，而應以一社會運動家來看待。然而聖嚴法師自謂其始終並未稍離其佛教宗教師的本職：以生命關懷為主軸開展的社會關懷。

　　生命關懷各方面的努力，有十分成功者如推動佛化奠祭改善喪葬儀式，也有尚待繼續充實者如自然葬的理念教育，而這些原來就是長期的、非一時一人所能竟功。所惜者，原來擔任「世界宗教領袖理事會」主席並多次參加會議推動宗教交流以促進世界和平的工作，因為健康的因素只得中斷，這部分工作的參與與推動則恐一時尚不易有人承續了。

---

⑩　《法鼓山的方向》，《法鼓全集》08-06，頁507。

參考文獻

一、叢刊古籍工具書

Audi, Robert（羅伯特・奧迪）主編，《劍橋哲學辭典》，臺北：貓頭鷹出版，2002 年。

【南朝宋】求那跋陀羅譯，《雜阿含經》，《大正新脩大藏經》第 2 冊，CBETA 電子佛典集成，臺北：中華電子佛典協會，2018 年。

【隋】達磨笈多譯，《金剛般若論》卷 1，《大正新脩大藏經》第 25 冊，CBETA 電子佛典集成，臺北：中華電子佛典協會，2018 年。

【隋】吉藏疏，《百論疏》，《大正新脩大藏經》第 42 冊，CBETA 電子佛典集成，臺北：中華電子佛典協會，2018 年。

【唐】窺基註解，《大乘百法明門論解》，《大正新脩大藏經》第 44 冊，CBETA 電子佛典集成，臺北：

中華電子佛典協會，2018 年。

【唐】懷海造，【元】德輝重編，《敕修百丈清規》，
　　《大正新脩大藏經》第 48 冊，CBETA 電子佛典集
　　成，臺北：中華電子佛典協會，2018 年。

【唐】釋湛然，〈授菩薩戒儀〉，《卍續藏》第 105
　　冊，臺北：新文豐，1994 年。

【宋】釋遵式，〈授菩薩戒儀式〉，《金園集》，《卍
　　續藏》第 101 冊，臺北：新文豐，1994 年。

【宋】釋元照，〈授大乘菩薩戒儀〉，《芝苑遺編》，
　　《卍續藏》第 105 冊，臺北：新文豐，1994 年。

【宋】睦庵善卿，《祖庭事苑》，《卍新纂續藏經》第
　　64 冊，CBETA 電子佛典集成，臺北：中華電子佛
　　典協會，2018 年。

【元】馬端臨，《文獻通考》，臺北：臺灣商務印書
　　館，1987 年。

【明】釋幻輪，《釋鑑稽古略續集》，《大正新脩大藏
　　經》第 49 冊，CBETA 電子佛典集成，臺北：中華
　　電子佛典協會，2018 年。

【明】釋智旭，《教觀綱宗》，《大正新脩大藏經》第
　　46 冊，CBETA 電子佛典集成，臺北：中華電子佛
　　典協會，2018 年。

【明】釋讀體，〈傳戒正範 —— 三壇傳授菩薩戒正

範〉，《卍續藏》第 107 冊，臺北：新文豐，1994年。

佛光山電子大藏經委員會，《佛光大辭典》，臺北：佛光文化，2003 年電子版第 3 版。

朱貽庭主編，《倫理學大辭典》，上海：上海辭書，2002 年 10 月。

二、論文

王月清，〈禪宗戒律思想初探 —— 以「無相戒法」和《百丈清規》為中心〉，《佛學研究中心學報》第 4 期，臺北：國立臺灣大學出版中心，1999 年 7月，頁 131-146。

王志嘉、楊奕華、邱泰源、羅慶徽、陳聲平，〈安寧緩和醫療條例有關「不施行，以及終止或撤除心肺復甦術」之法律觀點〉，《台灣家醫雜誌》13 卷 3期，臺北：台灣家庭醫學醫學會，2003 年 9 月，頁 101-108。

王書慶，〈敦煌文獻中五代宋初戒牒研究〉，《敦煌研究》，1997 年第 3 期，蘭州：敦煌研究院，1997年 8 月。

王開府，〈初期佛教之「我」論〉，《中華佛學學報》第 16 期，臺北：中華佛學研究所，2003 年 7 月。

王順民，〈當代臺灣佛教變遷之考察〉，《中華佛學學
　　報》第 8 期，臺北：中華佛學研究所，1995 年 7
　　月。

文思慧，〈集體下的個人 —— 自由主義與非自由主義傳
　　統的探索〉，《鵝湖學誌》第 2 期，臺北：鵝湖月
　　刊社，1988 年，頁 123-133。

冉雲華，〈延壽的戒律思想初探〉，《中華佛學學報》
　　第 4 期，臺北：中華佛學研究所，1991 年 7 月，頁
　　297-310。

古正美，〈大乘佛教孝觀的發展背景〉，傅偉勳主編，
　　《從傳統到現代：佛教倫理與現代社會》，臺北：
　　東大圖書，1990 年 10 月，頁 61-105。

何炳棣，〈「克己復禮」眞詮 —— 當代新儒家杜維明治
　　學方法的初步檢討〉，《二十一世紀》第 8 期，香
　　港：中文大學，1991 年 12 月。

吳秀瑾，〈關懷倫理的道德蘊涵：試論女性主義的道德
　　知識生產與實踐〉，《國立政治大學哲學學報》第
　　16 期，臺北：國立政治大學哲學系，2006 年 7 月，
　　頁 107-162。

宋光宇，〈爲什麼佛教可以征服華人而基督教不
　　能？〉，《佛學與科學》6 卷 2 期，臺北：圓覺文
　　教基金會，2005 年 7 月，頁 66-87。

李世傑，〈佛教法律哲學的精要〉，張曼濤編，《律宗思想論集》，臺北：大乘文化，1980 年 10 月，頁74-77。

李四龍，〈教理、僧制與儀軌 —— 宗派佛教成立的三個因素〉，《普門學報》第 14 期，臺北：佛光山文教基金會，2003 年 3 月，頁 99-120。

李明輝，〈孟子的四端之心與康得的道德情感〉，《鵝湖學誌》第 3 期，臺北：鵝湖月刊社，1989 年，頁1-35。

李富華，〈佛教典籍的傳譯與中國佛教宗派〉，《中華佛學學報》第 12 期，臺北：中華佛學研究所，1999年 7 月，頁 97-112。

李瑞全，〈「安樂死」之語意分析〉，《應用倫理研究通訊》第 4 期，中壢：中央大學，1997 年 10 月，頁 3。

杜維明，〈從既驚訝又榮幸到迷惑而費解 —— 寫在敬答何炳棣教授之前〉，《二十一世紀》第 8 期，香港：中文大學，1991 年 12 月。

汪暉，〈當代中國的思想狀況與現代性問題〉，《台灣社會研究季刊》第 37 期，臺北：臺灣社會研究雜誌社，2000 年 3 月。

沈清松，〈情意發展與實踐智慧〉，《通識教育季刊》5

卷 1 期，臺北：中華民國通識教育學會，1998 年 3
月。

肖巍，〈關懷倫理學：主題與思考〉，《教學與研
究》，北京：中國人民大學，1999 年第 3 期。

念生（蔡），〈依《瓔珞本業經》傳在家菩薩戒之管
見〉，張曼濤編，《律宗思想論集》，臺北：大乘
文化，1980 年 10 月，頁 113-120。

林火旺，〈自由社會倫理體系中家庭的定位〉，《中國
家庭及其倫理研討會論文集》，臺北：漢學研究中
心，1999 年 6 月，頁 387-410。

林朝成，〈關懷與正義：佛教觀點的詮譯〉，《第四屆
印順導師思想之理論與實踐「人間佛教・薪火相
傳」海峽兩岸學術研討會論文集》，桃園：弘誓文
教基金會，2003 年 3 月。

法鼓山，〈菩薩戒戒壇儀範〉，臺北：農禪寺，2004 年
1 月。

夏金華，〈圓瑛大師與上海普濟寺、靜安寺改制的因
緣〉，《香港佛教月刊》581 期，香港：香港佛教
聯合會，2008 年 11 月。

孫文憲，〈批判理論和文化研究的“問題意識”〉，《西
北師大學報（社會科學版）》44 卷 1 期，蘭州：西
北師範大學，2007 年 1 月，頁 17-21。

孫效智，〈安樂死的倫理反省〉，《文史哲學報》45期，臺北：臺灣大學文學院，1996年12月，頁85-113。

陳榮基，〈緩和醫療與自然死不是安樂死〉，《蓮花會刊》41期，臺北：佛教蓮花基金會，2000年5月。

甦諦果比丘，〈論拆除維生系統與殺生罪之成立〉，2001年7月20日，http://www.charity.idv.tw/d/d99.htm（查索日期：2019年12月3日）。

黃慶明，〈休姆論道德觀念〉，《鵝湖月刊》，臺北：鵝湖月刊社，1984年1月，頁11-23。

楊白衣（龍慧），〈戒律大綱及刑罰〉，張曼濤編，《律宗思想論集》，臺北：大乘文化，1980年10月。

楊白衣（龍慧），〈梵網與瑜伽〉，張曼濤編：《律宗思想論集》，臺北：大乘文化，1980年10月。

楊郁文，〈以四部阿含經為主綜論原始佛教之我與無我〉，《中華佛學學報》第2期，臺北：中華佛學研究所，1988年，頁1-65。

楊惠南，〈不厭生死·不欣涅槃——釋印順「人間佛教」的精髓〉，《印順長老與人間佛教——第五屆祝壽研討會論文集》，桃園：弘誓學院，2004年。

楊惠南，〈不厭生死·不欣涅槃——印順導師「人間

佛教」的精髓〉，《慶祝印順長老百歲嵩壽論文集》，臺北：文津出版，2005 年 4 月。

楊惠南，〈佛在人間──印順導師之「人間佛教」的分析〉，《佛教的思想與文化：印順導師八秩晉六壽慶論文集》，臺北：法光出版，1991 年 4 月。

楊惠南，〈從「境解脫」到「心解脫」建立心境平等的佛教生態學〉，《佛教與社會關懷學術研討會──生命、生態、環境關懷論文集》，臺南：財團法人中華佛教百科文獻基金會，1995 年。

楊惠南，〈當代台灣佛教環保理念的省思──以「預約人間淨土」和「心靈環保」爲例〉，《當代》第 104 期，臺北：當代雜誌社，1994 年 12 月。

業露華，〈中國佛教孝道觀的發展〉，《五臺山研究》第 1 期，太原：五臺山研究會，1997 年 1 月，頁 3-9。

葉文意，〈貪之研究〉，《法相學會輯刊》第一輯，香港：法相學會，1968 年 10 月。

葉保強，〈有關應用倫理學的誤解與迷思〉，《應用倫理研究通訊》第 29 期，中壢：國立中央大學哲學研究所應用倫理研究室，2004 年 2 月，頁 24-29。

劉述先，〈從方法論的角度論何炳棣教授對「克己復禮」的解釋〉，《二十一世紀》第 9 期，香港：中

文大學，1992 年 2 月。

劉毓珠，〈印度辯經學院：學僧喇嘛的搖籃〉，《十
　　方》17 卷 9 期，臺北：十方月刊社，1999 年 6 月。

鄭世興，〈教育目的〉，田培林主編，《教育學新
　　論》，臺北：文景出版社，1982 年。

蕭宏恩，〈由儒家的觀點來看寬容與臨終關懷〉，《哲
　　學與文化》27 卷第 1 期，臺北：哲學與文化月刊雜
　　誌社，2000 年 1 月。

霍韜晦，〈原始佛教「無我」觀念的探討〉，《原始佛
　　教研究》，《現代佛教學術叢刊》第 94 冊，臺北：
　　大乘文化，1978 年 12 月，頁 135-160。

釋仁俊，〈律制最重視諫與議〉，張曼濤編：《律宗思
　　想論集》，臺北：大乘文化，1980 年 10 月。

釋印順，〈冰雪大地撒種的癡漢 ——「台灣當代淨土思
　　想的新動向」讀後〉，《當代》第 30 期，臺北：當
　　代雜誌社，1988 年 10 月。

釋明性，〈瑜伽菩薩戒本與梵網經略談〉，張曼濤編，
　　《律宗思想論集》，臺北：大乘文化，1980 年 10
　　月。

釋果賢，〈編者序：美好晚年的本來面目〉，《美好的
　　晚年》，臺北：法鼓文化，2010 年。

釋恆清，〈佛教的自殺觀〉，《哲學論評》第 9 期，臺

北：臺灣大學哲學系，1986 年 1 月，頁 1-5。

釋昭慧，〈「心靈環保」之我見〉，《自立晚報》，
2001 年 5 月 23 日。

釋昭慧，〈「自然死」與「安樂死」：一個佛法向度的
倫理探索〉，《弘誓雙月刊》58 期，桃園：弘誓學
院，2002 年 6 月 5 日。

釋昭慧，〈人間佛教・薪火相傳〉，《活水源頭——釋
印順思想論集》，臺北：法界出版社，2003 年。

釋淨空，〈弘法三十年之心得〉，1989 年講於屏東東山寺。
（錄音 MP3）http://www.amtb.org.tw/baen/jiangtang.
asp?web_choice=93&web_rel_index=521（查索日期：
2019 年 12 月 1 日）。

釋惠空，〈佛教僧團辦大學的理念與展望〉，《佛藏》
22 期，臺中：佛藏雜誌社，2001 年 6 月。

釋惠敏，〈「心淨則佛土淨」之考察〉，《中華佛學學
報》第 10 期，臺北：中華佛學研究所，1997 年 7
月。

釋惠敏，〈安寧療護的佛教倫理觀〉，《安寧療護》，
臺北：台灣安寧照顧協會，1996 年 8 月號，頁 45-
49。

釋惠敏，〈漢傳「受戒法」之考察〉，《中華佛學學
報》第 9 期，臺北：中華佛學研究所，1996 年 7

月，頁 65-82。

釋湛如，〈敦煌菩薩戒儀與菩薩戒牒之研究〉，《敦煌研究》1997 年第 2 期，蘭州：敦煌研究院，1997 年 5 月，頁 74-85。

釋聖嚴，〈漢傳佛教的智慧生活〉，《人生》180-181 期，臺北：人生雜誌社，1998 年 8 月，頁 4-8；頁 4-9。

釋續明，〈菩薩律儀〉，張曼濤編，《律宗思想論集》，臺北：大乘文化，1980 年 10 月。

釋續明，〈聲聞戒與菩薩戒〉，張曼濤編，《律宗概述及其成立與發展》，臺北：大乘文化，1980 年 10 月。

三、專書

Alex Inkeles 著，黃文星譯，《社會學是什麼？》，臺北：香草山出版公司，1976 年 6 月。

Anderson, L.W.（安德森）等編，譚曉玉等譯，《布盧姆教育目標分類學 40 年的回顧》，上海：華東師範大學出版社，1998 年 6 月。

Bauman, Zygmunt（齊格蒙・鮑曼）著，郁建興等譯，《生活在碎片之中：論後現代道德》，上海：學林出版社，2002 年 10 月。

Berlim, Isaiah（以賽‧柏林）著，陳曉林譯，《自由四論》，臺北：聯經出版，1992 年 5 月。

Drucker, Peter F.（彼得‧杜拉克）著，許是祥譯，《有效的管理者》，臺北：中華企業管理發展中心，1994年 11 月。

Fearn, Nicholas（尼古拉斯‧費恩）著，許世鵬譯，《哲學——對最古老問題的最新解答》，北京：新星出版社，2007 年 7 月初版。

Gilligan, Carol（卡羅爾‧吉利根）著，肖巍譯，《不同的聲音》，北京：中央編譯，1999 年 2 月。

Graham, Billy（葛培理）著，余國亮譯，《如何面對死亡》，香港：浸信會出版社，1990 年中文初版。

Hendin, David（大衛‧韓汀）著，孟汶静譯，《透視死亡》，臺北：東大圖書，1997 年。

Jaffe, Dennis T. 著，周榮輝譯，《家族企業：解讀‧體檢‧求生‧應變》，臺北：商周文化，1994 年。

Kaplan, RobertS. & Norton, David P. 著，ARC 譯，《劃時代的策略管理架構——以平衡計分卡有效執行企業策略》，臺北：臉譜出版，2001 年 12 月。

Kohlberg, Lawrence，郭本禹等譯，《道德發展心理學》，上海：華東師範大學出版社，2004 年 9 月。

Küng, Hans（孔漢斯）等，《全球倫理宣言》，https://

www.weltethos.org/erkl%c3%a4rung%20zum%20
weltethos/（查索日期：2019 年 12 月 3 日）。

MacIntyre, Alasdair C.（麥金太爾）著，宋繼傑譯，《追
尋美德》，南京：譯林出版社，2003 年 12 月。

MacIntyre, Alasdair C.（麥金太爾）著，龔群等譯，《德
性之後》，北京：中國社會科學出版社，1995 年 1
月初版。

Pojman, Louis P.（波伊曼）著，江麗美譯，《生與死：現
代道德困境的挑戰》，臺北：桂冠圖書，1997 年。

Rawls, John（約翰‧羅爾斯）著，姚大志譯，《作為公
平的正義：正義新論》，上海：三聯書店，2002 年
5 月。

Saddhatissa, Hammalawa（哈瑪拉瓦‧薩達提沙）著，姚
治華、王曉紅譯，《佛教倫理學》，上海：上海譯
文，2007 年。

Scheler, Max（馬克斯‧謝勒）著，劉小楓選編，《舍勒
選集》，上海：三聯書店，1999 年 1 月。

Scheler, Max（馬克斯‧謝勒）著，Manfred S. Frings 編，
陳仁華、曾淑正譯，《謝勒論文集》，臺北：遠流
出版，1991 年 10 月。

Schutz, Alfred（阿弗德‧休慈）著，江日新譯，《馬克
斯‧謝勒三論》，臺北：東大圖書，1990 年。

Senge, Peter M.（彼得・聖吉）著，齊若蘭譯，《第五項修練 II 實踐篇》，臺北：天下文化出版，1995 年 8 月。

Shannon, Thomas（托馬斯・香農）著，肖巍譯，《生命倫理學導論》，哈爾濱：黑龍江人民出版社，2005 年 1 月。

Vella, Jane（簡維理）著，王明心譯，《從對話中學習——提昇成人學習的有效互動與改變》，臺北：洪建全基金會，1998 年 8 月初版。

Wallerstein, I.（華勒斯坦）等著，劉健芝等編譯，《學科・知識・權力》，北京：三聯書店，1999 年 3 月。

Weber, Max（韋伯）著，錢永祥編譯，《學術與政治・政治作爲一種志業》，臺北：允晨文化，1985 年初版。

上海人民出版社編，《太炎文錄初編》卷 1，《章太炎全集》第四冊，上海：上海人民出版社，1986 年。

于文傑，《歐洲近代學術思想的心靈之旅》，北京：商務印書館，2006 年 1 月。

王月清，《中國佛教倫理研究》，南京：南京大學出版社，1999 年 6 月。

王臣瑞，《倫理學：理論與實踐》，臺北：臺灣學生書

局，1980 年。

王海明，《新倫理學》，北京：商務印書館，2001 年 2
　　月。

冉雲華，《從印度佛教到中國佛教》，臺北：東大圖
　　書，1995 年。

甘紹平，《應用倫理學前沿問題研究》，南昌：江西人
　　民出版社，2002 年 10 月。

成中英，《1995 年佛學研究論文集：佛教與現代化》，
　　臺北：佛光文化，1996 年 1 月。

但昭偉，《道德教育：理論、實踐與限制》，臺北：五
　　南圖書，2002 年 5 月。

佐滕達玄，《戒律在中國佛教的發展》，嘉義：香光書
　　鄉，1997 年初版。

余秋雨，《文化苦旅》，臺北：爾雅出版社，1992 年 11
　　月。

余英時，〈中國知識份子的邊緣化〉，《中國文化與現
　　代變遷》，臺北：三民書局，1992 年。

努爾曼‧馬賢、伊布拉欣‧馬效智，《伊斯蘭倫理
　　學》，北京：宗教文化出版社，2005 年 10 月。

吳汝鈞，《佛教的概念與方法》，臺北：臺灣商務印書
　　館，1992 年 11 月。

呂澂，《學院五科經論講要》，新北市：大千出版社，

2003 年 3 月。

李亦園、楊國樞編，《中國人的性格 —— 科際綜合性的討論》，臺北：全國出版社，1972 年 7 月初版。

李炳南，《弘護小品彙存》，《李炳南老居士全集》第四冊，臺中：青蓮出版社，2014 年。

李炳南，《修學法要續編》，《李炳南老居士全集》第十冊，臺中：青蓮出版社，2014 年。

杜威著，趙祥、王承緒譯，《杜威教育論著選》，上海：華東師範大學出版社，1981 年。

季羨林，《季羨林佛教學術論文集》，臺北：東初出版社，1995 年 4 月初版。

宗喀巴，《菩提正道菩薩戒論》，香港：香港佛經流通處，1970 年。

林其賢，《聖嚴法師七十年譜》，臺北：法鼓文化，2000 年 3 月。

林其賢，《聖嚴法師年譜》，臺北：法鼓文化，2016 年 2 月。

林建福，《德行、情緒與道德教育》，臺北：學富文化，2006 年 3 月。

林綺雲編，《生死學》，臺北：洪葉文化公司，2000 年 7 月。

法鼓山年鑑編輯組，《法鼓山年鑑 2007》，臺北：法鼓

山文教基金會，2008 年。

邱仁宗，《生死之間：道德難題與生命倫理》，臺北：臺灣中華書局，1988 年。

金剛乘學會編，《西藏密宗初階（一）》，臺北縣：金剛乘雜誌社，1986 年。

金耀基，《中國的「現代轉向」》，香港：牛津大學出版社，2004 年。

青井和夫，《社會學原理》，北京：華夏出版社，2002 年 1 月。

苟嘉陵，《作個喜悅的人：念處今論》，臺北：圓明出版社，2000 年 8 月。

倪愫馨，《組織倫理：現代性文明的道德哲學悖論及其轉向》，北京：中國社會科學出版社，2008 年 8 月。

徐復觀，《中國思想史論集》，臺北：臺灣學生書局，1975 年。

徐復觀，《（新版）學術與政治之間》，臺北：臺灣學生書局，1980 年 4 月臺 1 版。

徐道鄰，《中國法制史論集》，臺北：志文出版社，1975 年初版。

涂爾幹著，陳光金等譯，《道德教育》，上海：上海人民出版社，2001 年。

索甲仁波切著，鄭振煌譯，《西藏生死書》，臺北：張
　　老師文化，1996 年。

康樂，《佛教與素食》，臺北：三民書局，2001 年 10
　　月。

張春興，《心理學》，臺北：臺灣東華圖書，1977 年。

張曼濤編，《律宗思想論集》，臺北：大乘文化，1980
　　年 10 月。

張曼濤編，《律宗概述及其成立與發展》，臺北：大乘
　　文化，1980 年 10 月。

梁乃崇，《眞愛》，臺北：圓覺文教基金會，2007 年。

郭齊勇編，《儒家倫理爭鳴集 —— 以「親親互隱」爲中
　　心》，武漢：湖北教育出版社，2004 年 11 月。

陳玉蛟，《阿底峽與菩提道燈釋》，臺北：東初出版
　　社，1990 年初版。

陳垣，《明季滇黔佛教考》，《中國佛教之歷史研
　　究》，臺北：九思出版社，1977 年。

陳萬益，《晚明小品與明季文人生活》，臺北：大安出
　　版社，1988 年 5 月。

傅偉勳，《死亡的尊嚴與生命的尊嚴》，臺北：正中書
　　局，1993 年。

傅偉勳主編，《從傳統到現代 —— 佛教倫理與現代社
　　會》，臺北：東大圖書，1990 年 10 月。

勞思光，《中國哲學史》，臺北：三民書局，2010 年。

勞政武，《佛律與國法：戒律學原理》，臺北：老古文化，1999 年臺初版。

湯用彤，《隋唐佛教史稿》，臺北：木鐸出版社，1983年 9 月。

費孝通，《鄉土中國・生育制度》，北京：北京大學出版社，1998 年。

馮觀富，《情緒心理學》，臺北：心理出版社，2005年。

黃仁宇，《新時代的歷史觀》，臺北：臺灣商務印書館，1998 年。

黃光國，《科學哲學與創造力》，臺北：立緒文化，2002 年 3 月。

黃俊傑、江宜樺編，《公私領域新探：東亞與西方觀點之比較》，臺北：國立臺灣大學出版中心，2005 年8 月。

楊仁山，〈釋氏學堂內班課程〉，《楊仁山集》，北京：中國社會科學出版社，1995 年 12 月。

楊忠等，《組織行為學：中國文化視角》，南京：南京大學出版社，2006 年 12 月。

楊念群，《中層理論 —— 東西方思想會通下的中國史研究》，南昌：江西教育出版社，2001 年 5 月。

楊國樞、文崇一主編,《社會及行為科學研究的中國
　　化》,臺北:中央研究院民族學研究所,1980 年。

楊鴻台,《死亡社會學》,上海:社科院,2000 年。

趙敦華,《人性和倫理的跨文化研究》,哈爾濱:黑龍
　　江人民出版社,2004 年 1 月。

劉述先,《全球倫理與宗教對話》,臺北:立緒文化,
　　2001 年 4 月。

蔡天生,《非營利組織志工人力資源管理之研究——以
　　管理滿意度與組織承諾為例》,高雄:國立中山大
　　學中山學術研究所碩士論文,2000 年 12 月。

鄭正博,《互補倫理學——倫理學的理論系統釐清》,
　　高雄:高雄復文圖書,1998 年。

謝大寧,《頓悟之道:勝鬘經講記》,臺北:東大圖
　　書,2002 年 4 月。

謝明昆,《道德教學法》,臺北:心理出版社,1994 年
　　8 月。

謝錦桂毓,《做自己是最深刻的反叛》,臺北:麥田出
　　版,2010 年。

藍吉富編,《印順導師的思想與學問》,臺北:正聞出
　　版社,1986 年重版。

釋太虛,《太虛大師全書》,臺北:善導寺,1980 年三
　　版;新竹:印順文教基金會,2006 年 2 月,光碟版

4.0。

釋弘一，《弘一大師演講全集》，臺北：天華出版公司，1980 年 4 月。

釋印光，《印光大師全集》，臺北：佛教出版社，1967年。

釋印光著，李淨通編，《印光大師文鈔菁華錄》，臺中：青蓮出版社，2006 年。

釋印順，《初期大乘佛教之起源與開展》，臺北：正聞出版社，1982 年。

釋印順，《中觀今論》，臺北：正聞出版社，1984 年。

釋印順，《以佛法研究佛法》，臺北：正聞出版社，1984 年。

釋印順，《佛在人間》，臺北：正聞出版社，1984 年。

釋印順，《佛法概論》，臺北：正聞出版社，1984 年。

釋印順，《般若經講記》，臺北：正聞出版社，1984年。

釋印順，《無諍之辯》，臺北：正聞出版社，1984 年。

釋印順，《學佛三要》，臺北：正聞出版社，1984 年。

釋印順，《印度之佛教》，臺北：正聞出版社，1992年。

釋印順，《教制教典與教學》，臺北：正聞出版社，1992 年。

釋印順,《太虛大師年譜》,臺北:正聞出版社,1992年。

釋印順,《華雨集》第四冊,臺北:正聞出版社,1993年。

釋印順,《華雨集》第五冊,臺北:正聞出版社,1993年。

釋印順,《成佛之道(增注本)》,臺北:正聞出版社,2005年。

釋印順,《印順法師佛學著作集》,新竹:印順文教基金會,2006年2月,電子4.0版。

釋見潤(張尤雅),《佛教成人教育課程規劃之研究》,嘉義:國立中正大學成人及繼續教育研究所87學年度碩士論文,1998年。

釋法尊,《法尊法師論文集》,臺北汐止:大千出版社,1997年5月初版。

釋昭慧,《佛教後設倫理學》,臺北:法界出版社,2008年。

釋昭慧,《佛教倫理學》,臺北:法界出版社,1995年。

釋昭慧,《佛教規範倫理學》,臺北:法界出版社,2003年。

釋昭慧,《律學今詮》,臺北:法界出版社,1999年9

月初版。

釋淨海，〈斯里蘭卡佛教史〉，《南傳佛教史》，北京：宗教文化出版社，2002 年 1 月初版。

釋會性，《菩薩戒本經講記》，臺中：青蓮出版社，1994 年。

釋聖嚴，《承先啓後的中華禪法鼓宗》，臺北：聖嚴教育基金會，2006 年 10 月初版。

釋聖嚴，《法鼓全集》，臺北：法鼓文化，1999 年。（網路版，法鼓山基金會，2005 年）

釋聖嚴，《法鼓全集・續編》，臺北：法鼓文化，2005 年。（網路版，法鼓山基金會，2005 年）

釋聖嚴，《自家寶藏——如來藏經語體譯釋》，《法鼓全集》07-10，臺北：法鼓文化，2005 年。

釋聖嚴，《美好的晚年》，臺北：法鼓文化，2010 年。

釋聖嚴，《菩薩戒指要》，《法鼓全集》01-06，臺北：法鼓文化，2005 年。

釋聖嚴，《華嚴心詮》，臺北：法鼓文化，2006 年。

釋聖嚴，《學術論考》，《法鼓全集》03-01，臺北：法鼓文化，2005 年。

釋聖嚴，《釋聖嚴學思歷程》，《法鼓全集》03-08，臺北：法鼓文化，2005 年。

釋聖嚴，《法鼓山的方向》，《法鼓全集》08-06，臺

北：法鼓文化，2005 年。

釋聖嚴，《法鼓山的方向 II》，《法鼓全集》08-13，臺
　　北：法鼓文化，2005 年。

釋聖嚴，《歡喜看生死》，《法鼓全集》08-10，臺北：
　　法鼓文化，2005 年。

釋聖嚴，《法鼓家風》，《法鼓全集》08-11，臺北：法
　　鼓文化，2005 年。

釋聖嚴，《法鼓晨音》，《法鼓全集》08-08，臺北：法
　　鼓文化，2005 年。

智慧海 66

迎向現實人間——聖嚴法師的倫理思想與實踐

Engaging with Social Reality: Master Sheng Yen's philosophy and practice of modern Buddhism

著者	林其賢
出版	法鼓文化
總監	釋果賢
總編輯	陳重光
編輯	李金瑛
封面設計	林秦華
內頁美編	小工
地址	臺北市北投區公館路186號5樓
電話	(02)2893-4646
傳真	(02)2896-0731
網址	http://www.ddc.com.tw
E-mail	market@ddc.com.tw
讀者服務專線	(02)2896-1600
初版一刷	2020年5月
建議售價	新臺幣480元
郵撥帳號	50013371
戶名	財團法人法鼓山文教基金會－法鼓文化
北美經銷處	紐約東初禪寺
	Chan Meditation Center (New York, USA)
	Tel: (718)592-6593 Fax: (718)592-0717

法鼓文化

國家圖書館出版品預行編目資料

迎向現實人間：聖嚴法師的倫理思想與實踐 / 林
其賢著. -- 初版. -- 臺北市：法鼓文化，
2020. 05
　面；　公分
ISBN 978-957-598-842-5 (平裝)

1. 釋聖嚴 2. 學術思想 3. 佛教哲學

229.63　　　　　　　　　　109002242